# FATIMA

## DU MÊME AUTEUR

LE FOU ET LES ROIS
*Prix Aujourd'hui 1976*
(Albin Michel, 1976)
MAIS
avec Edgar Morin
(Oswald-Néo, 1979)
LA VIE INCERTAINE DE MARCO MAHLER
(Albin Michel, 1979)
LA MÉMOIRE D'ABRAHAM
*Prix du Livre Inter 1984*
(Robert Laffont, 1983)
JÉRUSALEM
photos Frédéric Brenner
(Denoël, 1986)
LES FILS D'ABRAHAM
(Robert Laffont, 1989)
JÉRUSALEM, LA POÉSIE DU PARADOXE,
photos Ralph Lombard
(L. & A., 1990)
UN HOMME, UN CRI
(Robert Laffont, 1991)
LA MÉMOIRE INQUIÈTE
(Robert Laffont, 1993)
LES FOUS DE LA PAIX
avec Éric Laurent
(Plon/Laffont, 1994)
LA FORCE DU BIEN
(Robert Laffont, 1995)
*Grand prix du livre de Toulon pour l'ensemble de l'œuvre (1995)*
LE MESSIE
(Robert Laffont, 1996)
LES MYSTÈRES DE JÉRUSALEM
(Robert Laffont, 1999)
*Prix Océanes 2000*
LE JUDAÏSME RACONTÉ À MES FILLEULS
(Robert Laffont, 1999)
LE VENT DES KHAZARS
(Robert Laffont, 2001)
SARAH – La Bible au féminin*
(Robert Laffont, 2003)
TSIPPORA – La Bible au féminin**
(Robert Laffont, 2003)
LILAH – La Bible au féminin***
(Robert Laffont, 2004)
BETHSABÉE OU L'ÉLOGE DE L'ADULTÈRE
(Pocket, inédit, 2005)

*(voir suite en fin de volume)*

MAREK HALTER

# FATIMA

## LES FEMMES DE L'ISLAM **

*roman*

ROBERT LAFFONT

ISBN 978-2-221-13709-3

« Fatima est une part de moi. Ce qui la blesse me blesse. »

MUHAMMAD

« Quand sera brisé l'infini servage de la femme, quand elle vivra pour elle et par elle [...], elle sera poète, elle aussi ! »

Arthur RIMBAUD,
lettre du 15 mai 1871 à Paul Demeny

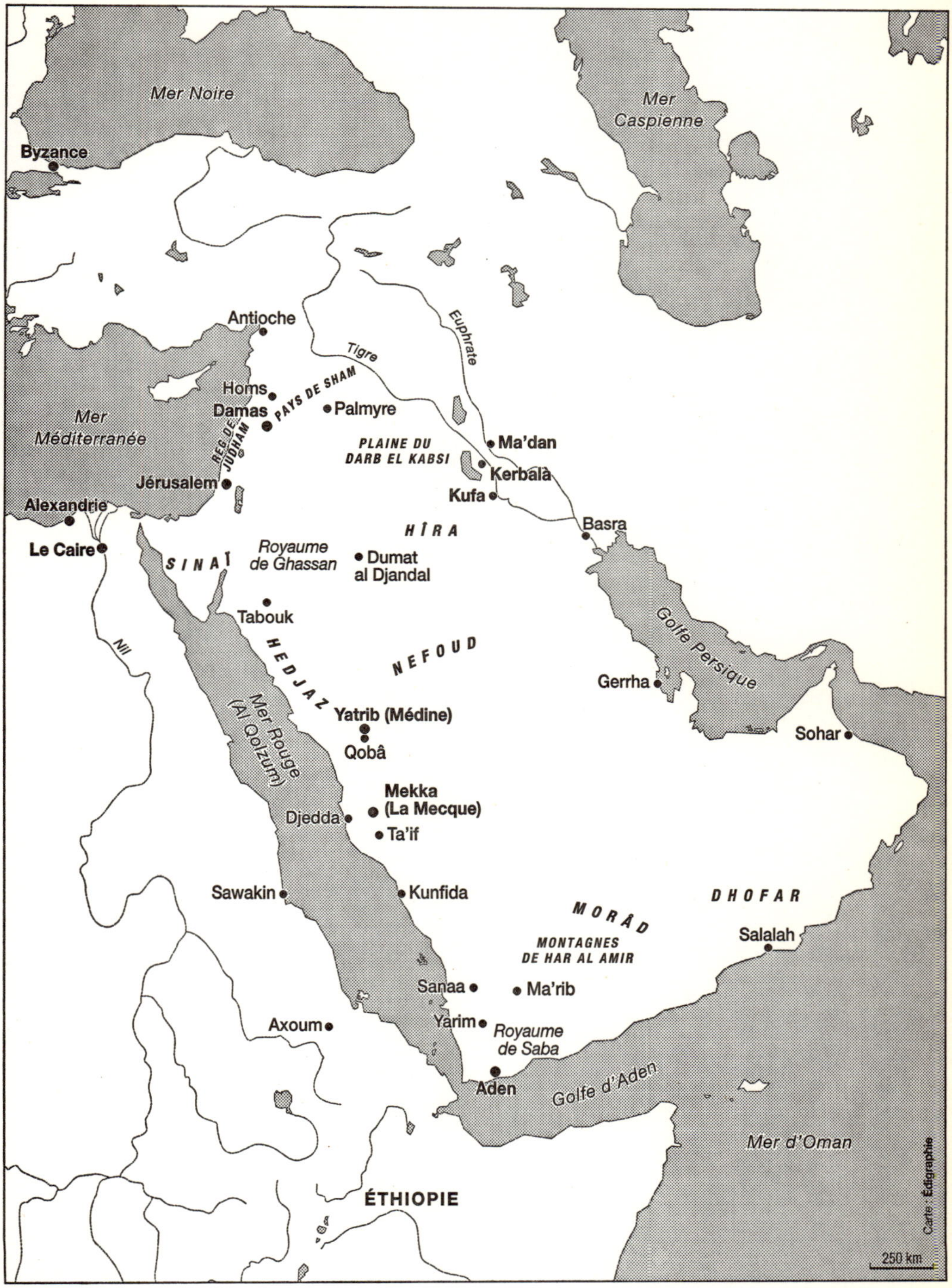


L'Arabie au temps de Muhammad

*Première partie*

# Mekka

# Cinq ans plus tard

Les ombres s'allongeaient sur les pierres blanches du cimetière d'al Ma'lât. La fin du jour n'était pas loin. Fatima retint son souffle.

*Quand le ciel s'entrouvrira,*
*Que les astres seront dispersés,*
*Que les mers gonfleront,*
*Que les tombes seront défaites*[1]...

Les paroles de son père frappaient sa poitrine. La tristesse l'envahit.

Ils étaient peu nombreux, en ce jour du cinquième anniversaire de la mort de la saïda Khadija bint Khowaylid, autour de la tombe de celle que certains d'entre eux appelaient déjà la Mère des Croyants. Chacun avait apporté une sacoche remplie de grains d'orge et, à tour de rôle, la vidait sur la dalle qui couvrait la sépulture. Dès leur départ, les oiseaux s'en accapareraient et les sèmeraient à travers le pays. Ainsi, à la saison prochaine, des centaines d'épis pousseraient en mémoire de Khadija, sa mère bien-aimée.

1. Coran 82, 1-4. Toutes les notes sont de l'auteur.

Puis, selon la tradition que Muhammad, son père, avait instaurée, chacun raconta le bien qu'il avait accompli en pensant à la défunte. Après quoi, la prière reprit :

*... Par l'aube.*
*Par la nuit devenue sereine.*
*Ton Rabb ne t'abandonne ni te déteste.*
*La vie future te sera plus belle à celle de nos jours.*
*Ton Rabb, bientôt, te fera le don nécessaire*[1]*...*

Son père se tut. Il était là, devant elle, les épaules recouvertes de ce manteau d'ocre brune qui ne le quittait jamais et parfois semblait l'engloutir. Il tendit les paumes, les offrant à la lumière déclinante. Lentement, il s'agenouilla sur l'étroite natte tendue à ses pieds, devant la tombe de son épouse. Aussitôt, d'un seul mouvement, tous autour de Fatima en firent autant. Le gémissement douloureux du vieil érudit Waraqâ*, qui tenait sa jambe malade et s'agrippait au bras de Zayd, son disciple, se mêla aux froissements des tuniques.

La dalle blanche de la sépulture absorba doucement les lueurs rougeoyantes du ciel et, un instant, parut recouverte par l'un de ces tissus de soie riches et rares que la saïda Khadija bint Khowaylid avait tant appréciés.

Muhammad redressa le buste sans quitter sa position agenouillée. De nouveau il tendit les paumes vers le ciel déjà lourd de nuit.

D'une voix forte qui résonna contre les pierres du cimetière, il dit :

— Il n'y a de dieu que Dieu, Allah le Clément et Miséricordieux !

Après quoi, ce fut le silence. Un long silence.

Fatima aurait dû se répéter les mots venus de son Rabb. Cela faisait partie de la prière. « Laisse ton cœur s'ouvrir et vois

1. Coran 93, 1-5.
* Voir la liste des personnages en fin d'ouvrage.

s'il est bon, s'il accomplit son devoir », disait son père en souriant, presque amusé, comme s'il lui enseignait un jeu.

Mais ce fut plus fort qu'elle. Les pensées qui l'obsédaient, la colère, les doutes, l'incompréhension, reprenaient déjà possession de son esprit.

Comment était-il possible qu'ils soient si peu nombreux et si faibles autour de son père Muhammad ? Pourquoi son Rabb, soi-disant si puissant, l'Unique, le laissait-Il si démuni ? Pourquoi ne poussait-Il pas les gens vers lui et ne lui offrait-Il pas une bande de solides compagnons, des mercenaires de qualité, pour cette conquête qu'Il réclamait par la bouche et la vie de Son Messager ?

Jamais, bien sûr, elle n'avait osé interroger son père. Mais, cent fois déjà, elle avait questionné la belle Ashemou, l'ancienne esclave de sa mère, ainsi qu'Abdonaï le Perse, deux fidèles parmi les fidèles. Leurs réponses étaient loin de l'apaiser. Bien au contraire.

Inlassablement, ils répétaient : « Ton père sait pourquoi il fait ce qu'il fait. Et quand il ne le sait pas, son Seigneur le sait pour lui. »

Ou Abdonaï se moquait d'elle : « Des “mercenaires de qualité” ! Rien que cela ! Et je suppose que tu te verrais bien avec le casque de cuir du chef sur tes jolies boucles ! »

Ashemou, exaspérante, reprenait le refrain que chacun serinait : « Sois patiente, Fatima. Imagine que ton père est en train de construire une nouvelle et magnifique cité, avec des rues et des maisons comme nous n'en avons encore jamais vu. Crois-tu que cela puisse se faire en un jour ou même en une année ? »

Ashemou n'avait pas tort. Fatima le savait. Mais encore fallait-il que l'architecte restât en vie pour accomplir son œuvre. Or, la haine qui entourait son père était telle que l'on pouvait en douter. Les idolâtres n'acceptaient pas le Rabb de Muhammad. Ce Dieu unique qui déclarait la guerre à leurs dieux ancestraux, ils le trouvaient dangereux. Il leur fallait abattre son Messager.

Comment se faisait-il qu'Ashemou eût plus confiance en son père qu'elle-même ? Parfois, il semblait à Fatima que l'ancienne esclave montrait trop de confiance dans l'avenir. Mais elle ne pouvait oublier son étrange capacité à deviner ce que les autres ignoraient. Et puis, cette *force* dont Ashemou parlait, elle croyait aussi la sentir.

Depuis qu'elle était petite fille, Fatima avait toujours admiré la force et le courage de Muhammad. Or, depuis la mort de Khadija, son père avait changé.

Prétendre qu'il devenait un autre eût été faux. Avec elle, il était toujours le même. Tendre, attentif. Ne manquant aucune occasion de lui montrer son amour de père, surtout depuis que ses sœurs, Zaynab, Ruqalya et Omm Kulthum, la « bande des trois », comme Fatima les appelait secrètement, avaient épousé des imbéciles incapables de se soumettre au Rabb de leur beau-père.

Cependant, il y avait quelque chose de différent. Cela ne venait pas de l'autorité ou de l'intransigeance que Muhammad pouvait montrer. Pas même de ses silences et de ces nuits mystérieuses où il allait marcher dans la montagne. Ou des journées entières qu'il passait dans la chambre de Khadija pour en sortir frais, joyeux, apaisé, comme s'il revenait d'un long voyage. Après l'avoir embrassée, il s'empressait d'aller à la Ka'bâ ou sur la place du marché pour parler jusqu'à la nuit à qui voulait bien l'écouter.

Comme tous ceux de la maisonnée, Fatima s'était depuis longtemps accoutumée à ces bizarreries. Mieux encore, elle aimait voir son père dans ces instants-là, car il lui apparaissait comme le plus beau des hommes que la terre pût porter. Mais son cœur lui soufflait qu'une part de celui qu'on appelait Muhammad le Messager demeurait secrète. Et pas même elle, sa fille la plus proche, le sang de son sang, ne pouvait l'approcher. Cela n'en faisait pas un étranger. Parfois, cependant, son père lui semblait aussi insaisissable que ces ombres très belles qui, à la tombée du jour, plissaient les falaises des montagnes et paraissaient contenir des merveilles impalpables.

Fatima balaya du regard les rares fidèles réunis dans le cimetière, agenouillés autour de la tombe de sa mère. La vérité crevait les yeux : on pouvait les compter sur les doigts des deux mains ! Et qui étaient-ils ? Quelques vieux et des adolescents qui se soutenaient les uns les autres...

Et puis Abu Bakr, parfaitement droit malgré ses cheveux blanchis par le temps.

Le fidèle Tamîn al Dârî, petit, grassouillet, aux gestes rapides et précis.

Abdonaï le Perse qui, après quarante ans de sa vie donnés à Khadija bint Khowaylid, avait reporté sa fidélité sur celui que sa maîtresse avait aimé plus que tout.

Le tendre et savant Zayd ibn Hârita, un fils du pays de Kalb qu'avait adopté Muhammad.

Le vieux *hanif* Waraqà, devenu à demi aveugle et si tremblant qu'il ne quittait plus la cour de sa maison depuis quatre ou cinq saisons. Au moins ne cédait-il jamais devant la menace : seule la mort aurait pu l'empêcher de venir aujourd'hui prier sur la tombe de sa cousine Khadija.

L'oncle Abu Talib, qui avait encore maigri. Jamais il ne serait parvenu au cimetière s'il n'avait pu s'appuyer sur son fils Ali.

Le bel Ali, comme l'appelait Fatima avec une grimace de moquerie. Un garçon plus âgé qu'elle d'à peine deux ans mais présentant déjà toute la ridicule arrogance des garçons. Au printemps, alors qu'Abu Talib s'y refusait encore, Ali s'était détourné des faux dieux de Mekka. Il venait désormais chaque jour prier près de son cousin Muhammad. À la surprise de Fatima, ce bel Ali, bien trop précieux, soucieux de la beauté de ses toges et de l'effet qu'il produisait sur les filles, avait réclamé l'aide de Zayd afin d'apprendre à lire et à écrire sur les rouleaux de Waraqà. Il déployait tant de respect et d'attentions à l'égard de son cousin Muhammad que l'on eût cru qu'il s'adressait à son père. Hélas ! pour manier un bâton, tendre un arc ou refermer ses doigts sur la poignée d'une *nimcha*, il ne fallait pas compter sur lui. Il serait incapable d'affronter un ennemi au combat.

Quant aux femmes, à part quelques servantes au regard craintif, il n'y avait là que la cousine Muhavija, vieille, si vieille et toute fripée, arrimée au bras de la tante Kawla, presque portée par elle. Ce qui était déjà bien beau. Kawla avait dû ignorer les sarcasmes et les menaces de son époux pour venir jusqu'ici.

Un courage que n'avaient pas eu les sœurs de Fatima. Aucune des trois n'avait osé braver les menaces et le mépris de son mari.

Ruqalya et Omm Kulthum avaient épousé deux des fils de l'horrible Abu Lahab, le frère malfaisant d'Abu Talib. Zaynab, l'aînée, était folle amoureuse de son Lass ibn ar Rabi. Un jeune prétentieux adorateur d'idoles, comme tous les ar Rabi. Leur richesse, ils la devaient entièrement à Khadija. Ce qui n'empêchait pas ce Lass ibn ar Rabi de se pavaner dans Mekka, l'insulte et la raillerie aux lèvres dès que l'on prononçait le nom de son beau-père Muhammad.

Pourquoi le Rabb Clément et Miséricordieux permettait-Il cela ? Pourquoi laissait-Il Zaynab, Ruqalya et Omm Kulthum faire honte à leur père ?

## Khadija : souvenir, souvenir !

Fatima ferma les yeux, laissa monter le flot de souvenirs. Le visage maigre et épuisé de sa mère Khadija apparut sous ses paupières closes. Un visage si vrai, si réel, qu'elle aurait pu le caresser. Lorsque Khadija était encore en vie, dans ses derniers moments, Fatima ne l'avait pas fait. Elle n'avait pas osé. C'était trop effrayant. La douleur consumait sa mère depuis des jours et des nuits. Chaque heure qui passait transformait ses traits. Malgré les herbes brûlées dans des braseros aux quatre coins de la pièce, l'air de sa chambre était irrespirable, saturé par l'odeur aigre et sournoise qui enveloppe ceux qui quittent la vie.

C'était il y a presque cinq ans, mais Fatima s'en souvenait comme si c'était hier. Elle s'était agenouillée tout près de la couche de sa mère. Khadija avait tourné la tête vers elle avec difficulté. Elle semblait sortir d'une nuit épaisse. Après un long moment, si long, un sourire avait étiré ses lèvres craquelées. Un sourire de miel sur ce visage terrifiant. Le même sourire qu'elle offrait depuis toujours. Fatima avait failli crier. Une douleur nette et froide lui avait tordu le cœur. Comme si sa poitrine s'ouvrait en grand, tranchée par une nimcha. L'envie de fuir dans la cour l'avait dévorée. Elle y aurait peut-être succombé si Khadija n'avait pas murmuré :

— Fatima... Fatima... Fatima, mon petit ange du paradis...

Elle avait ouvert la main sans avoir la force de la déplacer. Fatima avait trouvé le courage d'y poser la sienne, faisant appel à toute sa volonté pour ne pas la retirer aussitôt. La paume vieillie de sa mère était recouverte d'une sueur glacée. La sueur de la mort...

Khadija avait eu les plus belles mains, les plus fines, les plus douces de Mekka. Des mains qui ne liaient pas les herbes, ne tiraient pas sur les cordes, ne se brûlaient pas aux pierres des fours. Des mains qui vous caressaient comme la tendre brise du printemps. Désormais il ne s'écoulait pas une journée sans que Fatima ne frissonne en se souvenant de la paume glacée, des phalanges dures comme de l'écorce qui avaient agrippé sa main d'enfant, l'avaient retenue tout le temps où Khadija, de sa voix cassée, presque inaudible, avait voulu la consoler :

— Ne sois pas triste, ma Fatima adorée. Je vais sur le chemin où m'attend le Rabb de ton papa... Il m'accueillera. Je ne serai pas perdue. Je ne serai pas seule et je te verrai... Tous les jours je t'aimerai, je te guiderai... Ta vie sera belle et grande. Je le sais.

Fatima était alors trop jeune, et trop impressionnée, pour comprendre toute la douceur, tout l'amour que contenait ce chuchotement. Elle cédait encore trop facilement devant la peur. Peur des joues creuses, peur des yeux étincelants comme une eau trop immobile. Peur de ces lèvres sèches et brûlantes qui se pressaient contre son poignet. Peur du mal qui détruisait pour toujours les souvenirs doux de sa mère tant aimée. Peur de tout, comme une fille ordinaire.

Mais Khadija n'avait plus le temps de se soucier des peurs d'une gamine. De sa voix rauque, à peine reconnaissable et dont le souvenir, si longtemps après, donnait encore la chair de poule, elle lui avait fait faire une promesse. Une vraie promesse. De celles que l'on ne peut oublier toute une vie durant.

— Ne quitte pas ton père, Fatima, mon ange ! Jamais, jamais... Jure-le-moi... Il aura besoin de toi comme il aurait eu besoin de ton frère Qasim. Dieu le Grand, le Clément, a voulu ce qui est. Qu'Il soit béni et te fasse la fille de ton père comme la nimcha dans la main du conquérant... Fatima... Promets-moi.

Tu es forte comme dix garçons. Aime ton père, protège-le comme je l'ai aimé et protégé. Promets-moi, ma Fatima d'amour. Promets-moi !

Bien sûr, elle avait promis.

Et, alors que son père enfouissait Khadija dans la terre du cimetière, elle avait renouvelé sa promesse.

Aujourd'hui, cinq années plus tard, elle comprenait que sa mère avait tout prévu : la solitude de son père, sa grandeur.

Fatima avait pris de l'âge. Elle avait cessé de se comporter en fillette. Elle savait qu'elle tiendrait sa promesse jusqu'au jour où elle serait aussi vieille, aussi mourante que sa mère bien-aimée. Elle savait que jamais, de toute son existence, elle ne deviendrait l'une de ces femmes sans cervelle, sans courage face aux hommes et à leurs mensonges, leurs ruses et leur mauvaiseté, comme l'étaient devenues ses sœurs, Zaynab, Ruqalya et Omm Kulthum. Des sottes et des lâches uniquement préoccupées du bien-être de leurs stupides époux et prêtes, pour cela, à tourner le dos à leur père !

Il y avait désormais tant de choses qu'elle saisissait mieux. Elle ne craignait plus autant la mort. Souvent, elle avait entendu son père répondre à ceux qui lui demandaient, la peur au ventre, ce qu'ils allaient devenir une fois enfouis sous la poussière du cimetière : « Le moment venu, le Seigneur te fera tourner le dos à ce qui t'entoure. Tu deviendras ce qu'Il aura décidé. Tu n'auras d'autre destination que Lui. À Son côté tu parviendras, poussière et vermine, ou heureux dans Sa lumière et le temps qui ne se compte plus. C'est selon ce que tu auras accompli en premier et en dernier. De ta vie, de ce que tu as commis, Il sait tout. S'Il le juge juste, Il saura rassembler dans Son paradis jusqu'à tes phalanges[1]. »

Aujourd'hui, elle saurait prendre tendrement le visage mourant de sa mère. Elle oserait le couvrir de mille baisers qui l'accompagneraient durant son voyage jusqu'au paradis du Rabb Clément et Miséricordieux.

1. À partir de Coran 75, 4-14.

Mais Fatima avait aussi appris que la mort n'accordait que souvenirs, regrets et promesses. Rien ne revenait ni ne recommençait de ce qu'elle emportait.

« Ce que tu dois faire, répétait son père à qui voulait l'écouter, fais-le sans attendre. Ton devoir, tu le connais. Où ton cœur te porte, tu le sais. Le Seigneur t'a donné de quoi avancer sans crainte dans le monde. »

Ainsi, en se montrant chaque jour fidèle à la promesse faite à sa mère, il y avait beaucoup, beaucoup d'autres choses que Fatima avait apprises, et dont nul ne se doutait.

Même son père adoré s'obstinait à croire qu'une fille de quinze ans n'était encore qu'une enfant. Ou une fille à marier. Ce qu'elle ne deviendrait pas. Jamais. Elle n'était pas faite comme les autres femmes. Aucun époux ne pourrait dire à la face de tous que Fatima bint Muhammad lui appartenait. Il n'y avait et n'y aurait jamais, jusqu'à ce que le Rabb Clément et Miséricordieux l'emporte, qu'un homme envers qui elle avait des devoirs : son père.

Oui, Khadija, dans son agonie, avait vu juste. Innombrables étaient ceux qui haïssaient son époux. Ils grouillaient dans Mekka, ricanant, braillant, n'hésitant pas à l'insulter dans les rues ou à la Ka'bâ. L'appelant « Muhammad le Fou », « Muhammad le Démon ». Ou encore « Abu Qasim », afin de lui rappeler qu'il n'était le père que d'un fils mort. Racontant à grands rires méprisants qu'il n'était qu'un impuissant. Un demi-homme capable seulement d'engendrer des filles.

Dix fois déjà, le cœur incendié par la rage et le désir de vengeance, Fatima les avait entendus vomir ces horreurs. Elle avait eu la force de n'en rien laisser paraître, de se taire, de masquer sa honte et d'attendre la nuit pour se vider de son humiliation. Elle se jurait alors que le jour viendrait où elle réduirait ces bouches mensongères au silence. Il n'était plus de soir où elle n'osait, avant de s'abandonner au sommeil, s'adresser directement au Rabb de son père :

— Fais de moi celle que je dois être. Fais de moi le bouclier et la nimcha de mon père, Muhammad le Messager, comme l'appellent ceux qui l'aiment. Ô Puissant et Clément Seigneur, Toi qui peux tout, laisse-moi être son soutien, comme Abdonaï a su soutenir ma mère. Ô Rabb Tout-Puissant et Miséricordieux, ne me laisse pas devenir une fille sotte, une fille faible et inutile. Tu as pris mon frère Al Qasim. Ne T'oppose pas à ce que je le remplace. Tu as voulu mon corps de fille, mais Tu sais que je peux le rendre aussi courageux et puissant qu'un corps de garçon !

Si le Seigneur voyait tout, comme l'affirmait son père, alors Il voyait l'urgence. Partout dans Mekka circulaient des paroles fielleuses envers Son Messager. Des menaces, aussi. Bientôt ceux qui les proféraient ne se contenteraient plus de mots. Bientôt, Fatima n'en doutait pas, il faudrait faire mieux que se taire et se détourner sous les insultes. Elle n'était pas la seule à s'en rendre compte.

L'avant-veille, elle avait surpris un conciliabule entre trois des fidèles entre les fidèles de son père : Abu Bakr, Tamîn al Dârî et Abdonaï le Perse.

Ces trois-là étaient fiables. Bien sûr, Abdonaï avait désormais les gencives aussi nues que son crâne. Ses poumons se transformaient en braise quand il fallait courir. Mais sa main valide savait encore manier la nimcha avec assez d'adresse pour en effrayer plus d'un, et son poignet de cuir pouvait toujours assommer un mouton.

Tamîn al Dârî, on pouvait compter sur lui. Fatima connaissait son histoire. Tamîn lui-même la lui avait contée. Il avait rencontré son père bien des années auparavant au royaume de Ghassan, dans la cohue d'un marché. Il avait entendu parler de lui, de ce Muhammad ibn 'Abdallâh qui n'était encore que le serviteur de la saïda bint Khowaylid. La rumeur disait qu'il avait, à lui seul et avec l'aide de vieilles chamelles, mis en fuite une razzia contre sa caravane. Tamîn en avait beaucoup ri et avait voulu entendre l'histoire de la bouche même de Muhammad.

Leur rencontre avait pris un drôle de tour. Au lieu de se vanter de son exploit, Muhammad, apprenant que Tamîn croyait au Dieu unique des chrétiens, n'avait cessé de l'interroger sur ce Dieu. De même, il ne tarissait pas de questions sur les nombreux voyages de Tamîn plus au nord. Ainsi était née leur amitié, de question en réponse et de curiosité en curiosité.

Aujourd'hui, Tamîn était riche. Il ne devait rien à personne, et le Rabb Clément et Miséricordieux dont parlait Muhammad lui était devenu infiniment plus aimable, simple et réel que celui des hommes du Nord et de Byzance. Jamais il ne craignait de montrer sa fidélité à « Muhammad le Démon ». Jamais il n'hésitait à répéter en public, et jusque sur l'esplanade de la Ka'bâ, les paroles et les messages de son Rabb.

— Il n'est de dieu que Dieu, aimait-il clamer devant ceux qui doutaient. Muhammad ibn 'Abdallâh est Son Envoyé.

Le plus souvent, en réponse, les quolibets pleuvaient. Parfois aussi les coups. Selon les uns ou les autres, Tamîn riait ou frappait avec la même tranquillité d'âme.

Quant à Abu Bakr, Fatima avait l'impression de l'avoir toujours connu. Depuis longtemps, sur les bancs de la mâla, la Grande Assemblée, aux entrepôts ou dans les ruelles de Mekka, on le surnommait « l'ombre de Muhammad ». Et Muhammad, qui l'aimait autant qu'un frère de sang, disait de lui :

— Tu es ma troisième main !

Donc, quand, l'avant-veille, Fatima était entrée dans la grande resserre des armes de la maison à la recherche du vieil Abdonaï, elle l'avait trouvé en train de chuchoter dans la pénombre avec Abu Bakr et Tamîn. Elle s'était aussitôt cachée pour les écouter.

— Ils ne vont plus se retenir longtemps, grommelait Tamîn. La haine les démange. On les dérange trop. Je vous le dis : ils ne veulent plus seulement se moquer. Ils veulent tuer.

Abu Bakr avait approuvé sèchement.

— Tuer... ou nous faire fuir Mekka, avait-il marmonné. Comme si cette ville et ces maisons n'étaient pas les nôtres !

Tamîn avait laissé fuser un petit rire aigre.

— Autant de richesse pour eux s'ils pouvaient nous obliger à filer telles des poules devant le lynx ! Cela se voit comme le nez au milieu de la figure. Ils ne s'en cachent plus. Ils veulent ruiner Muhammad, ruiner le vieil Abu Talib et, si possible, nous ruiner avec eux. Autant de richesse pour leurs fontes pourries de menteurs et de fraudeurs !

— Ce n'est pas à vous qu'ils s'en prendront, intervint Abdonaï de sa voix rauque, mais au maître Muhammad. Et ils le feront sans courage, comme les lâches qu'ils sont. Ils ne montreront pas leur visage. Ils se dissimuleront derrière un fou ou un imbécile. Un étranger à qui ils promettront les femmes du paradis.

— Je suis d'accord avec Abdonaï, fit Abu Bakr. À la mâla, ils ne m'insultent plus, ils m'évitent seulement. Il faut demander à Muhammad de se montrer plus prudent.

Une exclamation d'ironie jaillit de la bouche de Tamîn. Il fit rouler son corps d'une jambe à l'autre.

— Abu Bakr ! Ne connais-tu pas Muhammad ? Crois-tu qu'il puisse être prudent ? Crois-tu que notre Rabb le veuille prudent ?

Au seul souvenir de ces mots, Fatima frissonnait à nouveau. Abdonaï, Tamîn et Abu Bakr avaient mille fois raison. Elle n'avait pas besoin de questionner les amis de son père pour savoir qui étaient ces mauvais sans courage et pleins de haine. Elle les connaissait autant qu'eux : le clan des Abu Makhzum, des Abd Sham, des Al Çakhr, des Abd al Ozzâ, les Omayya, les plus puissants des Qoraych et, pis encore, certains des Abd Manâf et des Abd al Muttalib de l'oncle Abu Talib. Son frère, le puant Abu Lahab, rêvait de le trahir pour prendre le pouvoir à sa place.

Autant dire des centaines.

En vérité, innombrables étaient les mains qui rêvaient de frapper Muhammad le Messager et de le faire taire, afin que le silence étouffe les paroles venues de son Rabb. Afin que cessent les menaces et les remontrances de ce Dieu qui affirmait par la bouche de Son Envoyé être le Seul et Unique Pouvoir du ciel sur les hommes.

Mais Fatima en était tout aussi certaine que le vieil Abdonaï : jamais son père ne se montrerait prudent. Et jamais les mauvais ne perdraient l'envie de le massacrer. Sa mère l'en avait prévenue :

— Ne quitte pas ton père, Fatima, mon ange ! Jamais, jamais... Tu es forte comme dix garçons. Aime ton père, protège-le comme je l'ai aimé et protégé. Promets-moi, ma Fatima d'amour. Promets-moi !

## Les Bédouins

— Fatima...

Le chuchotement d'Ashemou la fit sursauter. Elle rouvrit les yeux. Son père et les autres demeuraient agenouillés dans leur prière silencieuse. D'un geste, Ashemou lui désigna la murette la plus proche du cimetière. Des dizaines de personnes les fixaient avidement. Des vieux aux visages rougis par le soleil du crépuscule, aux rides gravées par les jours de feu et les nuits de gel. Des femmes, certaines avec leur nourrisson serré dans un chèche sur leur poitrine. Des jeunes, aussi : des Bédouins aux manteaux de laine rêche à rayures sombres, quelques-uns déchirés, recouverts de poussière, rapiécés plus ou moins habilement. Les tuniques des femmes étaient sombres pour les plus âgées, vives et colorées pour les jeunes. Des Bédouins comme on en trouvait tout autour de Mekka en cette saison. Chaque automne, ils venaient s'abriter du vent et dressaient leur camp sur les pentes d'al Ahmar, en bordure de la route de Ta'if, tout près des puits d'al Bayâdiyya.

— Regarde, murmura encore Ashemou.

Sur le côté du groupe se tenaient sept très vieux bergers. Des hommes aussi âgés que Waraqâ ou Abu Talib, plus noueux que les bâtons sur lesquels ils s'appuyaient, mais encore droits et dont les yeux, dans le crépuscule, paraissaient scintiller comme du métal. Des patriarches. Ceux à qui chaque Bédouin devait un absolu respect. C'était eux, à n'en pas douter, qui avaient conduit leurs familles jusqu'aux limites du cimetière pour voir Muhammad le Messager prier sur la tombe de son épouse Khadija bint Khowaylid, celle qui les avait tant aidés autrefois.

Une onde de reconnaissance détendit Fatima. Peut-être Ashemou avait-elle raison. Peut-être n'étaient-ils pas si faibles et si peu nombreux qu'elle le croyait.

À cet instant, son père se ploya jusqu'à poser le front sur sa natte. Puis il se redressa avec aisance. Lança un sonore : « Allah Akhbar ! » qui sembla réveiller ceux qui l'entouraient. Ils l'imitèrent. Ashemou s'empressa d'aider Kawla à relever la cousine Muhavija. Fatima vit Ali et Zayd en faire autant avec l'oncle Abu Talib et Waraqà, tandis que son père s'approchait des vieux Bédouins. Lui aussi les avait remarqués.

Fatima s'éloigna du groupe des femmes pour le suivre. Abu Bakr et Tamîn lui jetèrent un coup d'œil de reproche, mais, pour une fois, ils s'abstinrent de lui lancer leur sempiternel : « Écarte-toi, fille, ce n'est pas ta place. »

Malgré tout, par respect pour son père, elle demeura quelques pas en arrière. De là où elle se trouvait, elle ne pouvait entendre ce qui se disait entre Muhammad et les patriarches. Mais, à la manière dont les uns et les autres, par-dessus le muret du cimetière, tendaient les paumes en avant et bougeaient les lèvres, elle sut que son père leur adressait une prière. Puis il se tourna vers les autres Bédouins qui ne le quittaient pas des yeux et répéta ce geste.

Soudain, une Bédouine se précipita vers la murette en criant le nom de Muhammad. Les joues ruisselantes de larmes, elle agrippa les mains du Messager par-dessus les pierres pour les presser contre son front. Elle le fit de façon si brusque qu'elle perdit l'équilibre et s'affala. Fatima ne put retenir un rire. Un rire léger et joyeux qui tinta dans l'air du crépuscule. Abu Bakr se retourna vers elle, offusqué. Mais déjà son père relevait la femme avec l'aide d'un jeune homme qui devait être son fils. La vieille Bédouine, malgré le choc provoqué par sa chute, se mit elle aussi à rire. Un rire qui, comme un saut de criquet, gagna chacun : Muhammad, les vieux patriarches, puis tous les Bédouins. Fatima vit son père se tourner vers elle. Il lui fit signe d'approcher.

— Je te connais, tu es Fatima, la jeune fille de notre Messager ! s'exclama la Bédouine. Je t'ai connue toute petite, pas plus haute que ça.

De la main elle indiqua le niveau de ses genoux. Fatima frissonna. Son père referma la main sur son épaule et l'attira contre lui.

— Fatima est celle que le Seigneur m'a donnée pour que je n'oublie pas ce qu'est l'amour, dit-il de sa voix rauque bien audible.

Des mots qui furent comme une houle brûlante. Le bonheur inonda Fatima depuis les cheveux jusqu'à la plante des pieds. Durant un instant, tout fut un peu confus. Elle n'osa pas se retourner pour voir si les compagnons de Muhammad les avaient entendus. Oh, comme elle aurait aimé que la paume de son père ne quitte jamais son épaule ! La Bédouine, elle, désigna son fils :

— Ta mère, la saïda bint Khowaylid, nous a sauvés, mon fils et moi. Et tant d'autres. Vous, les doigts noirs de la peste ne vous ont pas effrayés. Vous n'avez pas fui comme les seigneurs de Mekka ! Toi, Muhammad ibn 'Abdallâh, si tu dis qu'il y a un dieu plus grand et plus vrai que les idoles autour desquelles les riches de Mekka tournent sur l'esplanade de la Ka'bâ, je te crois. Si tu dis que ton Allah te parle et use de ta bouche pour nous parler, je te crois !

De nouveau la vieille femme baisa avec ferveur la main de Muhammad.

— Je te crois, je te crois, je te crois ! Qu'Allah te donne une longue vie pour chauffer nos cœurs comme le soleil chauffe nos tentes.

Il y eut des murmures, des approbations. Muhammad se dénoua de Fatima pour franchir la murette. Souriant, il redressa la vieille Bédouine et, d'un geste simple, il la serra contre lui, baisant sa tempe comme il l'aurait fait pour une femme de sa maisonnée. Les patriarches se pressèrent aussitôt autour d'eux, saisissant les épaules de la vieille, l'apaisant et la repoussant dans les bras de son fils.

Abu Bakr et Tamîn avaient rejoint Muhammad de l'autre côté du muret. Abdonaï les suivit. Discrètement, Fatima en fit autant. En se retournant, elle aperçut Ashemou et les autres, déjà loin du cimetière, sur le chemin qui descendait vers les premières maisons de Mekka. Avec un pincement de regret elle comprit qu'aucun d'eux n'avait pu entendre les paroles merveilleuses prononcées par son père.

Maintenant la petite foule de Bédouins prenait elle aussi la direction de la ville. Le désert s'irriguait des derniers rayons du soleil. L'ombre déjà commençait à se faire plus sourde. Dans peu de temps, la chaleur serait moins lancinante. Bien qu'il fût déjà tard, Fatima ne doutait pas que son père irait, comme chaque jour, s'installer sous les torches des portes de la Ka'bâ pour transmettre la parole de son Rabb. Et, comme d'habitude, les incrédules lui lanceraient des moqueries et des cailloux.

Au moins, songea Fatima, à partir de ce soir, il ne sera plus si seul et si faible, mais entouré de la ferveur des Bédouins.

À peine cette pensée lui traversa-t-elle l'esprit qu'elle se pétrifia. Comment pouvait-elle être aussi bête ? L'amour de son père lui avait-il fait perdre la tête ?

Mais non, les Bédouins ne pourraient en aucun cas aider Muhammad. Ils devaient se tenir hors de Mekka : la loi de la cité ne leur permettait pas de poser le pied dans la ville.

Toute sa confiance disparut d'un coup. Un mauvais pressentiment lui serra la gorge.

Elle avait vu juste : à l'orée des premières maisons, la petite troupe de Bédouins qui entourait son père s'immobilisa. Fatima se tenait en retrait, à une vingtaine de pas. Des enfants bédouins tournaient autour d'elle, les yeux mangés de curiosité. Comme toujours, l'obscurité tomba vite. Trop vite.

Devant, Fatima entendait la voix de son père et les salutations qu'il échangeait avec les patriarches. Elle s'apprêtait à le rejoindre quand un garçon se planta devant elle, si près que leurs épaules se frôlèrent. Il avait son âge, ou à peine plus, mais la dépassait d'une tête. Son visage paraissait fin et intelligent. Il lui parla tout bas, avec respect. Si bas qu'elle ne comprit pas un mot. Agacée, surveillant le groupe autour de son père, elle grogna :

— Qu'est-ce que tu dis ? Qu'est-ce que tu me veux ?

— Tu t'appelles Fatima et moi Abd'Mrah, dit-il plus fermement.

— Et alors ?

Le garçon eut un geste vers les patriarches qui regardaient Muhammad s'éloigner en direction de la Ka'bâ.

— Mon père suit ton père depuis longtemps. Il a choisi son Rabb. Et moi, je t'ai vu tirer à l'arc avec le vieux Perse qui n'a qu'une main.

Fatima ne répondit pas tout de suite. Au bas de la ruelle que devait emprunter son père apparut la flamme vacillante d'une torche.

— Qu'est-ce que tu veux que cela me fasse ? répliqua-t-elle enfin en se remettant en marche, inquiète.

Le garçon lui barra le chemin à l'instant où Fatima reconnaissait avec soulagement le porteur de torche. C'était Bilâl, le grand serviteur noir. Sagement, Abdonaï l'avait envoyé se munir de lumière afin que Muhammad ne traverse pas Mekka dans le noir.

Elle voulut contourner le garçon. Il lui agrippa le bras. Elle se dégagea sèchement.

— Lâche-moi ou je te fais manger la poussière !

Abd'Mrah ne parut pas impressionné. Les autres gamins s'attroupèrent autour d'eux.

— Moi aussi je sais me battre, dit le garçon.

— Tu ne sais pas qu'un Bédouin ne doit pas toucher la fille de Muhammad le Messager ?

Elle s'en voulut aussitôt de ces paroles. Elles étaient prétentieuses. Mais le garçon les ignora.

— Je sais me battre, insista-t-il. Comme on se bat chez nous. Avec des bâtons. Sans arc ni lame de fer.

Fatima hésita. Là-bas, son père, Abdonaï, Abu Bakr et Tamîn s'éloignaient à grands pas. Pourtant quelque chose dans la posture, ou peut-être le regard, du garçon l'intriguait et la retenait. Elle ne savait quoi. Ne sachant que dire, elle répéta :

— Et alors ?

— Quand tu auras besoin de combattre les mauvais, je pourrai t'aider.

— Je ne comprends rien de ce que tu racontes.

— Viens me voir entre les tentes de mon père. Je t'apprendrai ce que tu ne sais pas.

Fatima ne répondit pas. Elle se mit à courir. Le garçon s'élança à son côté, le temps de lui souffler encore :

— Souviens-toi : je m'appelle Abd'Mrah. Je sais pourquoi tu veux te battre...

Ils dépassèrent les vieux Bédouins. Le garçon ne pouvait aller plus loin. Fatima s'enfonça seule dans le noir, sautant au jugé sur les dalles inégales de la ruelle. Devant elle, la torche de Bilâl agitait des silhouettes gigantesques sur les murs des maisons. Un instant encore les mots du garçon tournoyèrent dans son esprit, bientôt chassés par le vacarme de la Ka'bâ.

# Le complot

Elle rejoignit son père et ses compagnons au pied du sanctuaire. Une vingtaine de torches et deux grandes vasques de naphte y répandaient une lumière lourde, trouée d'ombres mouvantes, qui teintait d'ocre et de pourpre visages et vêtements.

La foule y était dense et bruyante. La plupart des hommes étaient amassés près de la porte placée à l'un des angles de l'édifice carré de la Ka'bâ. Certains y entraient, d'autres en sortaient, tous gesticulant et s'apostrophant avec des saluts interminables. La fête annuelle d'Hobal, le dieu de Mekka, approchait. Dans deux jours, le grand marché regorgerait de nourriture, de tissus rares, de laines colorées, d'objets d'argent, d'or ou d'acier, de cuirs fins provenant des riches royaumes de Ghassan, de Bosra, de Damas ou de Palmyre, ou des pays du Sud, de Saba, de Tarib ou de Manab, ou encore d'Axoum, de l'autre côté de la mer d'al Qolzum. Le bétail, petit ou grand, pullulerait dans les enclos, et toutes ces richesses allaient changer de mains, se troquer, se vendre et s'acheter. Ce serait la plus haute des quatre saisons du commerce du grand désert de Maydan et du Hedjaz, jusqu'aux montagnes d'Assir.

Les caravaniers et les marchands qui parvenaient dans Mekka, avant même de dresser leurs tentes en bordure de la ville, sous les grandes palmeraies de Jarûl ou d'al Layt, s'empressaient de venir à la Ka'bâ. Là, ils tournaient autour de la Pierre

Noire après s'être mouillé le front à la source Zamzam. Puis ils s'inclinaient devant la grande statue d'Hobal afin de quémander protection et fortune. Aussi, comme le voulait la tradition, en cette occasion et pour cinq jours, les portes de la Ka'bâ restaient-elles ouvertes et illuminées jusqu'au matin.

Seuls les hommes y étaient présents. Ce n'était la place d'aucune femme, et encore moins d'une fille de quinze ans. Fatima devait se montrer discrète. Elle se glissa sous une rangée de palmiers bordant le sud de l'esplanade. En plein jour les pèlerins s'y protégeaient du soleil, mais la nuit les halos des torches et des vasques de naphte, concentrés près de la Ka'bâ, la laissaient dans une épaisse pénombre. Surveillant son père qui s'engouffrait dans la foule, elle s'avança jusqu'au tronc le plus proche de l'enceinte. Elle avait à peine eu le temps de s'accroupir sur des palmes séchées, qu'on avait empilées là en guise de sièges, lorsque l'incident éclata.

Bien éclairé par la torche de Bilâl et devançant ses compagnons, Muhammad se trouvait à quelques pas de la porte du sanctuaire. Il y avait là de hautes marches de pierre où il avait coutume de s'asseoir pour tenir de longues conversations avec ceux qui le désiraient. Des années plus tôt, Zayd avait raconté à Fatima comment Muhammad lui-même avait fait construire ces marches. Aujourd'hui, il y passait chaque jour tant de temps que les gens de Mekka, les uns pour se moquer et les autres sans savoir quoi en penser, appelaient ces marches l'école de Muhammad le Fou, ou de Muhammad le Messager.

Ce soir, obstruées par la foule, les marches semblaient impossibles à atteindre. Fatima vit son père et le grand serviteur noir ralentir, sans doute se demandant comment y parvenir. Puis elle devina un mouvement au cœur de la cohue. Un cri fusa, jeté par une voix aiguë :

— Aiiie ! Voici ibn 'Abdallâh et son *sûdân* ! Faites place au Grand Prophète des va-nu-pieds !

Muhammad et Bilâl se figèrent. Le silence saisit l'assemblée. Tous les visages se tournèrent vers les arrivants. Abdonaï, Abu Bakr et Tamîn se placèrent aux côtés de

Muhammad. Quelques ricanements résonnèrent. La foule se fendit et un homme, grand et sec, vêtu d'une tunique de fine laine et d'une cape luxueuse, blanche et brodée, s'en détacha. Quand il se présenta dans la lumière de la torche, Fatima le reconnut aux trois bagues d'or scintillant à sa main droite. Il tenait le manche de son poignard, dont le fourreau était serré dans une large ceinture de soie.

C'était Otba ibn Rabt'â, puissant des Abd Sham et père de la première épouse d'Abu Sofyan. Depuis toujours le pire des ennemis de sa mère et de son père.

Avec son arrogance habituelle, de sa voix d'homme habitué à brailler au-dessus de la tête des autres, il grinça :

— Salut, toi, Muhammad le poète ! Viens-tu enchanter nos oreilles de ta poésie ? On commençait à s'impatienter. La nuit tombait, et toi et ton nègre, on ne vous voyait pas.

Otba ibn Rabt'â éclata d'un grand rire qui fit trembler son opulente barbe. De la masse des spectateurs aussi jaillirent des quolibets pleins de mépris. L'espace se resserra autour de Muhammad et de ses compagnons. La peur mordit Fatima à la gorge. Bientôt, elle ne distinguerait plus le chèche clair noué sur la tête de son père...

Sans quitter la protection de l'ombre ni attirer l'attention, elle s'agrippa au tronc du palmier et l'escalada. Avant qu'elle ne trouve une prise sûre, elle perçut la voix de Muhammad qui répondait avec calme :

— Salut à toi, puissant des Abd Sham. Qu'Allah mon Seigneur te veuille du bien. Mais tu te trompes. Je ne connais rien à la poésie.

— Oh, oh ! Tu ne connais rien à la poésie ? Pourtant tu parles, tu parles, tu parles du matin au soir, ô toi, ibn 'Abdallâh ! Tu noies Mekka sous tes mots ! Tu viens ici devant notre sainte Ka'bâ et tu saoules les bons pèlerins d'Hobal et d'Al'lat... Tu dis que tu ne connais rien à la poésie ? Même à la très mauvaise ? Alors, si tu n'es pas poète, qui es-tu, ô ibn 'Abdallâh ?

Alors qu'elle s'agrippait aux feuilles coupantes du palmier, Fatima entendit les rires qui saluaient les railleries d'Otba ibn

Rabt'â. Elle assura ses pieds sur de larges rognures fraîches et put enfin voir son père croiser les bras sur sa poitrine. Il prenait son temps pour répondre. Mais quand il le fit, sa voix fut si basse et si paisible qu'elle dut tendre l'oreille.

— Ce que je suis, Otba ibn Rabt'â, tu vivras assez avant de rendre compte de ta vie devant Allah pour l'apprendre. Rappelle-toi que je suis celui qui a redressé la Pierre Noire de notre Ka'bâ quand toi et les tiens la laissaient s'écrouler. Rappelle-toi que ces murs, que tu franchis tous les matins, et cette source Zamzam, à laquelle tu t'abreuves tous les jours comme si elle t'appartenait, tes fils et petits-fils, tes beaux-fils, ta maisonnée et toutes tes filles, vous les avez abandonnés comme une ruine du désert quand la peur vous piquait le ventre. La peur de la punition du Seigneur. Et tu voudrais que je parle comme ces poètes que tu paies pour qu'ils te content les mensonges des djinns et des démons ? Détrompe-toi. Non, ma parole n'est pas celle d'un poète. Mes mots sont aussi purs que la source Zamzam. Ils ne viennent pas de moi mais de mon Rabb Clément et Miséricordieux, l'Unique. Quant à tes propres paroles, Otba ibn Rabt'â, tout puissant que tu t'imagines, si tu n'y prends pas garde, elles pourriront dans ta bouche.

— Aiiiie ! Aiiiie ! Qu'est-ce que je disais ?

Le cri éraillé et provocateur d'Otba ibn Rabt'â brisa le silence étrange et peut-être craintif qu'avaient fait naître les paroles de Muhammad le Messager.

— Aiiie ! Aiiie ! On lui donne l'occasion de placer un mot, au veuf de la bint Khowaylid, et il vous en lance mille au visage !

À nouveau des lazzis se firent entendre au milieu des grognements d'approbation.

Le vieux beau-père d'Abu Sofyan n'était pas de ceux que les combats de mots impressionnaient. Depuis longtemps il savait gouverner l'humeur et l'émotion des hommes massés en foule. Il ne laissa ni le doute ni le calme s'installer. Il fit un signe en direction de deux hommes postés derrière lui. Ils s'approchèrent. L'un était vieux. Il se déplaçait avec une canne et des précautions qui rappelèrent Waraqâ à Fatima. L'autre n'avait guère plus d'une vingtaine d'années. Il était vêtu étrangement de deux capes superposées, toutes deux très rapiécées. Un chiffon de laine retenait sa chevelure hirsute, dont des mèches tombaient sur le côté telle une toison de brebis. Ses yeux immenses reflétaient les flammes des torches. Ses lèvres épaisses paraissaient presque noires entre les poils épars de sa barbe et se tordaient en d'incessantes grimaces.

Otba ibn Rabt'â présenta les deux hommes comme de véritables poètes. De ceux que l'on écoutait sans jamais se lasser et dont les paroles étaient à la fois un enchantement pour l'esprit et un flot de vérités puisées auprès du dieu Hobal, des déesses Al Ozzâ et Al'lat. Ou même auprès des démons et des djinns, dans ce monde ténébreux et invisible que les hommes ordinaires, puissants ou non, préféraient éviter.

— Pour cela, lança Otba ibn Rabt'â en posant la main sur l'épaule du plus âgé, il faut autant de courage et de savoir qu'un guerrier dans une razzia. Oui, Abu 'Afak est de ceux qui possèdent ce courage. Dans sa cité de Yatrib, renommée pour sa connaissance des chants anciens, nul ne sait mieux que lui manier les mots de la poésie. C'est pourquoi je lui ai demandé de venir t'écouter, ô ibn 'Abdallâh, et de nous dire ce que valent tes paroles. Et lui...

Otba ibn Rabt'â marqua une pause, le temps d'un souffle, avant de désigner le jeune poète sans même le frôler.

— ... lui, c'est Amr'Nufsya. Ceux de Mekka le connaissent. Il ne faut pas se fier à son apparence, qui est faite pour tromper les démons...

Otba ibn Rabt'â fut interrompu par celui qu'il présentait. Amr'Nufsya venait de se jeter devant Muhammad, agitant dans la pénombre les pans de ses capes, tel un oiseau peinant à trouver son envol. Avec soulagement, Fatima vit Abdonaï, tout aussi vif et le poignet de cuir dressé, venir se placer devant son maître.

La voix nasillarde et puissante du poète explosa jusqu'au-dessus des torches :

— Je t'ai écouté, Muhammad le Fou ! Par Al'lat, la Grande Belle et Toute-Puissante, je t'ai écouté, écouté, écouté, Muhammad le Démon, Abu Qasim, quel que soit le nom que l'on te donne. Là où tu as les pieds, ici même devant notre sainte Ka'bâ, je t'ai écouté jusqu'à ce que mes oreilles et ma tête n'en puissent plus. Et je sais ! Toi, tu ne vas pas voir les djinns. Toi, tu ne vas pas danser en pensée dans le désert. Toi, les démons, tu leur mords la langue pour avaler leurs mots. Oh que oui, toi, ibn 'Abdallâh, toi, tu leur trais la mamelle comme leur nouveau-né ! Oh que oui, par toutes les étoiles de la nuit et la fin des aubes clémentes, je le dis, Muhammad le Démon est leur bouche, aux terribles, aux impies, à ceux qui forniquent avec l'enfer ! Pia, pia, pia ! Il parle, il parle, mauvais poète et bouche de démon. Je le dis, je le sais. Jamais de sagesse et toujours de la colère. Jamais de beauté, toujours de la menace ! Exécrables poètes sont les démons. Je le dis, moi, Amr'Nufsya, *sha'hir* de Mekka. Je le sais !

De nouveau Amr'Nufsya agita ses capes avant de bondir en retrait, comme pour se mettre sous la protection du poignard d'Otba ibn Rabt'â. Les rires et les cris saluèrent son discours. Le spectacle qu'offrait Amr'Nufsya était toujours très apprécié, et il n'était pas à douter que, dès l'aube prochaine, on se répéterait ses saillies dans les cours des maisons.

Gorge nouée et paumes douloureuses à force de se crisper sur les tranches coupantes du tronc, Fatima fixait son père et les trois mauvais qui lui faisaient face. Elle aurait voulu entendre la voix de Muhammad, mais celui-ci ne répondit à la fureur d'Amr'Nufsya que par l'immobilité et le silence. Alors Abu 'Afak, le vieux poète de Yatrib, leva sa canne pour faire taire les cris.

— Amr'Nufsya a dit ce qu'il sait, et moi je le dis aussi : ibn 'Abdallâh est un mauvais poète. Pourquoi ? Parce qu'il ne sait rien de la beauté de notre langue. Parce que ses mots se couchent dans nos cœurs comme les bulles de poussière dans l'acier d'une nimcha. Parce que ses phrases voudraient fendre l'air et se brisent au moindre choc. Parce qu'il ne sait rien des temps passés. Parce que son ignorance est celle des boucs tenus dans les enclos. Il n'aime que calomnier, insulter et fulminer. D'où vient l'arrogance de sa bouche ? Du grand orgueil des ignares. Il se prétend messager d'un dieu qui serait la mesure unique de toute chose quand le monde va et vient entre le vrai et le faux, le visible et l'ignoré, le sang de la naissance et l'écarlate de la mort. Il ne sait pas chanter l'aube et le soir, la main du guerrier et la couche des bien-aimées. Il crache l'haleine de la menace comme les démons du Nufud crachent sur la nuque des hommes égarés. Ses yeux sont aveugles au vent du temps. Et, moi qui ai l'âge d'en avoir beaucoup entendu, je vous le dis : si vous les écoutez, ses mots sont de ceux qui empoisonneront vos oreilles et videront vos entrailles.

Cette fois, il n'y eut ni huées ni quolibets. Le discours d'Abu 'Afak, seriné d'une voix sourde, savante et entêtante, avait glacé les esprits. Avec un frisson qui lui gela la poitrine, Fatima eut soudain l'impression que tous les hommes présents regardaient son père comme un monstre et qu'aucun n'aurait été surpris s'il se montrait capable, dans l'instant même, d'un sortilège démoniaque.

Sans doute le devina-t-il. Et qu'il s'en faudrait de peu pour que les dizaines de visages face à lui ne se transforment en autant de meurtriers. Avant qu'Otba ibn Rabt'â ne souffle de nouveau sur les braises de la haine et de la terreur, il leva la main.

— C'est moi qui parle beaucoup ? demanda-t-il de sa voix imperturbablement calme. Pourtant, c'est vous qui nous noyez de mots. Moi, je dis seulement :

*Je ne sers pas qui vous servez,*
*Et vous n'êtes pas serviteurs de Qui je sers.*
*Je ne suis pas serviteur de vos adorations*
*Et vous êtes impuissants à connaître Celui que je sers.*
*À vous votre créance,*
*À moi la mienne*[1].

1. Coran 109, 2-6.

Puis, sans attendre, il tourna le dos aux trois hommes. Abu Bakr et Tamîn, qui avaient anticipé son mouvement, déjà trouaient la foule pour qu'ils puissent s'éloigner. Abdonaï avait tiré son poignard de sa main valide. Brandissant sa torche, Bilâl, le géant noir, les devançait.

La stupeur laissée par les mots de Muhammad et la vivacité de son départ laissa Otba ibn Rabt'â et ses poètes sans réaction. Une rumeur roula sur la foule. Enfin, ayant recouvré ses esprits, le seigneur des Abd Sham hurla dans la nuit :

— Il s'en va, l'impuissant ! Il fuit, le châtré tout juste bon à sucer l'entrecuisse de la déesse Al'lat ! Mais demain, n'oublie pas, ibn 'Abdallâh, tu seras encore dans Mekka et nous saurons te trouver !

À ces mots, la honte déchira Fatima. Comment pouvait-on cracher de pareilles horreurs, des ignominies qui méritaient qu'on vous tranche la gorge !

Oh, pourquoi était-elle si impuissante, si faible, si jeune ? Pourquoi n'avait-elle ni flèche, ni griffe, ni rien qui pût lui permettre de massacrer le visage infâme d'Otba ibn Rabt'â et de tous ceux qui insultaient son père ?

Une immense fureur lui noua les muscles. Il lui fallut un long moment avant qu'elle ne songe à quitter son perchoir. Son père et ses compagnons avaient déjà disparu.

Quand elle voulut changer de position, elle sentit une violente douleur. Elle s'était entaillé les paumes au tranchant du tronc de palmier. Elle dut faire un effort pour retenir la plainte qui montait dans sa gorge. Regardant au-dessous d'elle pour voir où elle pouvait prendre appui, elle découvrit au pied de l'arbre deux hommes qui complotaient dans l'ombre. Elle entendit le nom de son père.

— Tu l'as vu, maintenant, cet ibn 'Abdallâh, disait l'un des inconnus. Tu l'as bien vu. Tu sauras le reconnaître en plein jour.

La stupeur manqua lui faire lâcher prise. Elle s'agrippa plus fermement au tronc. Par bonheur, l'obscurité la masquait.

Sous elle, les deux hommes n'avaient pas deviné sa présence et poursuivaient leur conciliabule.

— N'agis pas seul, disait le plus âgé du ton d'un homme habitué à donner des ordres. Entoure-toi d'hommes sûrs. Tu en auras besoin. Ibn 'Abdallâh sort toujours accompagné. Méfie-toi du vieux Perse, il peut encore faire mal. N'oublie pas : dès que tu es assez près, vise la gorge. C'est le plus rapide.

— Je ne suis pas né d'hier, répondit l'autre d'un ton irrité. Je sais ce qui est à faire.

Il avait une voix jeune, orgueilleuse et agacée, au fort accent du Sud.

— C'est ce qu'on verra, railla le donneur d'ordre.

— Tu as promis que nous pourrions quitter Mekka sans encombre.

— Ne t'inquiète pas pour cela. Je serai dans la foule avec ce qu'il me faut d'hommes. Quand tu auras accompli ta tâche, nous aussi, nous ferons ce qu'il faut. Toi et les tiens, vous pourrez disparaître sans qu'on se soucie de vous.

— Pas les mains vides !

Le plus âgé eut de nouveau un ricanement sec.

Serrant les dents afin d'oublier la douleur qui enflammait ses paumes, Fatima se contorsionnait pour pouvoir examiner les deux hommes sans être découverte.

Abu Otba et les poètes avaient quitté l'esplanade de la Ka'bâ, entraînant derrière eux le gros de la foule. Plus personne n'entrait dans l'enceinte sacrée de la Pierre Noire. Les deux comploteurs ne craignaient plus qu'on les aperçoive. Ils firent quelques pas à l'écart du palmier. Leurs silhouettes apparurent, découpées par la lueur rouge et mouvante des torches. L'étranger portait la cape ordinaire des caravaniers. C'était un homme plutôt petit et sec. Hélas, son visage disparaissait sous un chèche aux franges bordées d'amulettes d'argent qui luisaient à chacun de ses mouvements.

L'autre se dissimulait adroitement sous le manteau et le pantalon bouffant commun aux riches de Mekka. Dans le mouvement vif qu'il fit pour écarter le pan de son manteau apparut le fourreau luxueux d'une nimcha à poignée d'ivoire. Fatima se mordit les lèvres pour retenir un cri de surprise.

Était-ce possible ? Était-ce vraiment l'arme qu'elle croyait connaître et l'homme à qui elle pensait ?

Mais, déjà, il lui tournait le dos, tirait une bourse de tissu du large baudrier retenant son épée. Il donna la bourse à l'étranger. Cette fois, Fatima dut tendre l'oreille pour comprendre mais, par chance, l'homme ne cherchait plus vraiment à être discret.

— Cinq pièces d'or de Ghassan, comme convenu, dit-il avec une pointe de mépris en regardant l'autre vérifier le contenu de la bourse.

Il attendit que l'étranger en renoue les cordons pour ajouter :

— Quand ce sera fait, tu trouveras les chameaux et les marchandises promises dans l'enclos d'Ajyad. Tu n'auras qu'à prononcer mon nom, et on te donnera les bêtes.

L'étranger glissa la bourse dans la manche de sa tunique.

— Tu n'as rien à craindre. C'est comme si tu entendais déjà le sifflement de ma lame sur le cou de ton faux poète.

Sans un mot ni un signe de plus, il s'éloigna, frôlant le tronc du palmier. C'est alors que l'homme à la nimcha se tourna en entier pour le suivre des yeux. Cette fois, il n'y eut pas d'étonnement, seulement une onde glacée de haine et de crainte qui réveilla les membres douloureux de Fatima.

Yâkût al Makhr !

Elle aurait reconnu sa nimcha entre toutes. Yâkût al Makhr, le grand mercenaire, l'âme damnée d'Abu Sofyan. Avec Abu Lahab, c'étaient là les pires ennemis de Muhammad.

Il y a longtemps déjà, Abdonaï lui avait raconté comment Yâkût avait promis la ruine de la maisonnée de sa mère et de son père après s'être fait ridiculiser lors de la mémorable razzia de Tabouk.

— Un mauvais coup monté par Abu Sofyan pour détruire la saïda Khadija bint Khowaylid. Mais ton père, qui n'était qu'un jeune chamelier, a, à lui seul, mis les hommes d'Abu Sofyan en déroute. Au nez et à la barbe du grand Yâkût al Makhr qui était censé défendre notre caravane ! Tout seul avec cinq vieilles chamelles ! avait ri Abdonaï. Tout Mekka s'en souvient encore. Yâkût n'a jamais pardonné. Depuis, il ne quitte plus Abu Sofyan, et il n'aura de paix qu'une fois vengé...

Combien de fois Fatima avait-elle dû supporter, au détour des rues et des places de Mekka, la morgue d'al Makhr ? Depuis des lunes il ne manquait jamais une occasion de vociférer des insultes au passage de Muhammad le Messager.

Le cœur battant à tout rompre, Fatima le vit qui s'éloignait à son tour vers le haut de la ville avec cette assurance qui lui était propre. Elle attendit que l'obscurité avale sa silhouette pour reprendre son souffle. Ses bras et ses jambes étaient maintenant aussi durs que de la pierre, tétanisés par la rage autant que par la douleur.

À bout de forces, serrant les dents, elle relâcha enfin sa prise, chercha à décoller doucement ses paumes du tranchant des tiges du palmier. La douleur irradia. Alors que ses mains s'ouvraient, elle cria. Elle cria encore en basculant en arrière tel un poids mort.

## Fatima blessée

— Fatima ! Fatima !

Peut-être avait-elle rampé ou même marché un peu avant de s'évanouir de nouveau. Elle était couchée sur le sol, sa tête douloureuse sur son bras. Les palmiers étaient de l'autre côté du parvis, elle les voyait distinctement dans la lumière d'acier de la lune qui à présent éblouissait jusqu'aux murs de la Ka'bâ.

— Fatima ! Tu m'entends ?

La voix semblait lui parvenir de loin, tandis que l'ombre qui s'accroupissait près d'elle était toute proche. Chaude et réconfortante.

— Fatima ! Tu as mal ?

L'inquiétude dans le ton l'agaça. Si elle l'avait pu, elle aurait protesté et dit que non, tout allait bien. En vérité, elle avait mal partout, et même d'ouvrir les yeux sur la nuit lui donnait la nausée.

— Tu saignes ! Que s'est-il passé ? Ils t'ont battue ? Je t'ai cherchée partout.

Dans sa panique, Zayd parlait trop, et trop fort.

— Non... Non...

Les mains et les bras du garçon l'enveloppèrent et la soulevèrent avec douceur. Cela faisait du bien.

Elle dit :

— Je dois parler à mon père.

Comme s'il n'avait rien entendu, Zayd l'ensevelit sous une avalanche de questions :

— Qu'est-ce que tu fais là ? On te cherchait partout. Ashemou est morte d'inquiétude. Où es-tu blessée ? Es-tu blessée ?

— Tais-toi, tais-toi, marmonna-t-elle en lui agrippant le poignet.

Cette fois, il obéit. Elle respira mieux. Puis soudain Zayd s'exclama :

— Tu as les mains pleines de sang !

La stupeur de Zayd lui aurait presque donné envie de rire. Elle posa son front contre son épaule.

— Ce n'est rien. Je suis tombée. Je me suis écorché les mains. Puis je me suis évanouie.

La chaleur de Zayd la réchauffait et lui remettait les idées en place.

— Aide-moi. Il faut aller à la maison. Je dois parler à mon père. D'urgence.

Elle se dégagea, posa un pied par terre en s'appuyant sur l'épaule de Zayd. Mais ses paumes lui firent trop mal et sa cheville gauche refusa de la soutenir.

— Il faut que tu me portes. Je crois que je me suis tordu la cheville.

Zayd allait se pencher vers le pied de Fatima quand il aperçut du sang dans ses cheveux.

— Tu t'es cogné la tête aussi !

— Chut ! Tu vas réveiller toute la ville. Personne ne m'a battue. Aide-moi. Dépêche-toi, c'est important. On parlera après.

Fatima dut d'abord apaiser les cris d'Ashemou et de Kawla.

En effet, une fois dans la lumière des lampes et des braseros, elle n'était pas belle à voir. Dans sa chute, sa tunique s'était largement déchirée, et une longue estafilade zébrait sa cuisse. En outre, si les palmes sèches amassées au sol avaient par chance amorti sa chute, sa tête avait frappé contre leurs nervures aussi dures que du bois. Le choc l'avait assommée, lui ouvrant le front sur la longueur d'un demi-doigt. Enfin, ses paumes entaillées en tous sens étaient noires de sang mal séché.

Ashemou et Kawla refusèrent de l'écouter avant que ses plaies ne soient nettoyées et enduites d'un baume purifiant. Elles enveloppèrent sa cheville déjà enflée d'un cataplasme de benjoin et de camphre. Pour être plus efficace, cette mixture avait été malaxée avec de la bouse de chamelle mêlée d'une fine glaise rouge.

Quand enfin les femmes autorisèrent Abdonaï à s'asseoir près de la couche de Fatima, il laissa éclater sa colère. Avait-elle seulement idée de la peur qui les avait saisis quand ils s'étaient aperçus qu'elle n'était pas revenue du cimetière ? Ils l'avaient cherchée partout alors que l'obscurité devenait de plus en plus épaisse. Ignorait-elle ce qu'il avait ordonné lui-même, et ce depuis des lunes ? Que désormais personne de la maisonnée ne devait s'aventurer dans Mekka la nuit, seul et sans lumière. Et tout particulièrement la fille du Messager !

Fatima endura la litanie de reproches les yeux clos. Puis, comme Abdonaï ne paraissait pas vouloir se taire, elle leva ses mains enveloppées de bandelettes de lin en un geste d'impatience.

— Peux-tu m'écouter au lieu de radoter comme un vieux ? Tu pourrais alors apprendre ce que tu ignores. Je sais ce qui s'est passé devant la Ka'bâ, Abdonaï. J'y étais. Ce n'est pas à moi qu'ils veulent s'en prendre, mais à mon père.

Abdonaï se tut d'un coup. L'étonnement du Perse fit sourire Zayd, qui assistait à la scène, en retrait dans un coin. Fatima vit les yeux d'Ashemou et de Kawla briller de curiosité.

— Ils veulent tuer mon père, Abdonaï, répéta-t-elle d'une voix assurée. Qu'est-ce que cela a d'étonnant ? Va le chercher. Il faut qu'il m'écoute...

Abdonaï se redressa.

— Pas maintenant. Il est seul avec son Rabb. Mais moi, je t'écoute. Qu'est-ce que tu sais que j'ignore, fille Fatima ?

— Tout ! gronda Fatima. Il n'y a pas de temps à perdre.

Abdonaï la laissa parler sans l'interrompre. Mais plus Fatima avançait dans son récit, plus son front se creusait de rides.

— Tu en es certaine, c'était bien Yâkût ?

— Aucun doute.

— Il faisait très sombre...

— J'ai vu son visage aussi bien que je te vois maintenant. Sa barbe, ses yeux... Et sa nimcha. Je la reconnaîtrais entre mille. Souviens-toi, il y a deux ans, tu t'es moqué de moi. Tu m'as dit : « Provoque Yâkût au combat. Peut-être sauras-tu lui prendre sa nimcha, comme ton père l'a fait pendant la razzia de Tabouk... »

Abdonaï acquiesça d'un signe et se tourna vers Zayd.

— Va réveiller Abu Bakr et Tamîn. Fais-les venir. Ils doivent entendre cela, eux aussi.

Ils durent se serrer dans la chambre où Ashemou et Fatima avaient leur couche. L'air en devint étouffant, saturé des odeurs des braseros, des baumes et des emplâtres. À leur tour Abu Bakr et Tamîn al Dârî s'assurèrent que Fatima avait bien vu le chef des mercenaires d'Abu Sofyan.

— Ce n'est pas compliqué d'imaginer ce qu'ils ont en tête, fit Abu Bakr, les yeux gonflés de sommeil. Faire assassiner Muhammad par des chameliers de Sanaa ou de Nadjran, des inconnus qui ne sont liés à aucun des clans de Mekka ou du Hedjaz, est une ruse à la hauteur d'Abu Sofyan. Si Muhammad mourait de la sorte, vers qui pourrait-on porter notre vengeance ? Vers personne...

— Je connais la cervelle de Yâkût comme si je l'avais faite, intervint Abdonaï avec mépris. Ses plans ne sont jamais compliqués. Quand ces pourritures du désert voudront récupérer leurs chameaux bien bâtés dans l'enclos d'Ajyad, ils y trouveront une vingtaine de mercenaires et se feront occire avant de pouvoir lever une lame.

— Et Abu Sofyan pourra se pavaner dans Mekka en les exhibant devant le peuple, approuva Tamîn en claquant des doigts. Il ira sur l'esplanade de la Ka'bâ et devant la mâla en se vantant d'avoir vengé la mort de Muhammad le Messager.

Après un court silence, il conclut :

— Oui, Abdonaï a raison. C'est sûrement ce qu'ils ont en tête.

Les visages s'assombrirent, comme si chacun se représentait enfin l'horreur du projet de Yâkût et d'Abu Sofyan.

— Sans doute Abu Lahab est-il lui aussi partie prenante de cette trahison, ajouta Abu Bakr.

Il s'adressa à Fatima :

— Mais quand doivent-ils frapper ? L'as-tu entendu ?

C'était dans la manière d'Abu Bakr de parler sèchement. Et chacun depuis toujours s'y faisait, y compris Muhammad. Mais lorsque la fatigue et l'inquiétude l'emportaient, il devenait encore plus tranchant et autoritaire. Fatima ne se laissa pas impressionner :

— Si je le savais, Abu Bakr, je le dirais, même à toi que je n'aime pas, répliqua-t-elle avec insolence.

Tamîn al Dârî posa une main apaisante sur le poignet d'Abu Bakr.

— Qu'importe ! Il s'agit de la vie de Muhammad. Il n'y a pas de doute à avoir. Après-demain, ce sera le jour du grand marché. L'occasion est parfaite. Les étrangers pulluleront dans Mekka, et le Messager voudra aller parler sur la place du marché...

— Il faudra l'en dissuader ! le coupa Abu Bakr.

Abdonaï grinça, moqueur :

— Abu Bakr, depuis le temps que tu connais notre saïd, tu devrais savoir que tu parles pour ne rien dire. Muhammad ira droit dans la foule, même si nous le prévenons que cent lames l'y attendent.

— Pas cette fois. Il comprendra ce qu'il risque, s'obstina Abu Bakr, agacé. Je le lui expliquerai...

— Ne prends pas tes mots pour ce qu'ils ne sont pas, rétorqua Abdonaï. Muhammad demandera à son Rabb : « Que dois-je faire ? » Et si son Rabb lui ordonne : « Va et parle devant ces fous qui ne veulent rien entendre ! », que vaudront tes conseils, Abu Bakr ?

Tamîn intervint à nouveau :

— Abdonaï dit juste. Néanmoins, il faut prévenir Muhammad. Il en jugera. Allons l'attendre devant sa chambre.

Déjà Tamîn se dressait. Prenant appui sur le mur, Fatima tenta de se lever de sa couche. La douleur de sa cheville se réveilla. Un gémissement fusa entre ses lèvres. Ashemou lui agrippa les épaules.

— Non, non ! Tu dois rester couchée !

Fatima tenta de la repousser.

— C'est moi qui dois parler à mon père, protesta-t-elle.

— Pas question ! Pour une fois, obéis et fais ce qu'on te dit, fille Fatima ! tonna Abu Bakr, déversant soudain la colère qu'il avait retenue jusque-là. Nous n'avons pas besoin de toi.

— Vous n'avez jamais besoin de moi ! s'écria Fatima sur le même ton. Et toi moins encore que les autres. Mais mon père, lui, a besoin de moi. Je le sais.

— Fatima, ne sois pas..., commença doucement Abdonaï.

Abu Bakr l'interrompit :

— Ça suffit ! Tu nous as dit ce qui était nécessaire, maintenant laisse faire ceux qui savent.

— Ne t'ai-je pas appris ce que tu sais, Abu Bakr ?

— Ne sois pas arrogante ! Ton père ne le permettrait pas.

— Si mon père a quelque chose à me dire, il me le dit. Tu n'es pas sa bouche.

Dans la pénombre, la rougeur d'Abu Bakr était aussi visible que l'embarras des autres.

— Te rends-tu compte de ce qu'il aurait pu advenir de toi et de nous tous, gronda Abu Bakr d'un ton plus menaçant, si Yâkût al Makhr t'avait découverte en train de l'espionner ?

Fatima eut un petit rire moqueur.

— Et peux-tu me dire, Abu Bakr, ce qu'il serait advenu de toi et de nous tous, après-demain, sur le parvis du grand marché, si je n'étais pas allée me percher sur ce palmier ?

Agitant sa main pansée où le lin des bandelettes commençait à se teinter de rouge, elle jeta à la face des trois hommes qui la regardaient :

— Depuis des jours, vous savez que les mauvais veulent le sang de mon père. Et que faites-vous ? Rien. Vous parlez, c'est tout. Vous dites : « Soyons prudents. » Vous vous croyez tous capables de protéger mon père. Mais non ! Vous êtes trop faibles et trop ignorants !

La voix de Fatima se brisa sur ces derniers mots. La tête lui tournait. Devant ses yeux, les murs et le sol se mirent à danser. Elle retomba sur sa couche. Ashemou caressa ses longs cheveux, bouclés comme ceux de sa mère. Quoi que Fatima en dise, les autres avaient au moins raison sur ce point : elle était épuisée et bien incapable de marcher jusqu'à la chambre de Muhammad.

Dans le silence qui suivit, Abdonaï remarqua avec un grognement amusé :

— Elle n'est pas la fille de son père pour rien, Abu Bakr. Tu as ton caractère, et elle a le sien..

— Oui, approuva Tamîn.

Il eut un sourire en direction de Fatima et, peut-être, dans la lumière vacillante, eut-il un geste d'approbation.

— Elle a été courageuse, ajouta-t-il. Et, même si cela ne nous plaît pas, elle dit un peu de vrai.

Fatima n'entendit pas le marmonnement d'Abu Bakr en réponse. Elle leur tournait le dos, fixant le mur, la tête douloureuse et bourdonnante.

Le frottement de la tenture de porte lui annonça que les compagnons de son père quittaient la pièce. Restées seules, Ashemou et la tante Kawla s'affairèrent derrière elle.

Après un moment, sa voix ayant retrouvé de l'assurance, Fatima ne put s'empêcher de lancer :

— Comme ils sont bêtes, tout sérieux qu'ils se montrent !

Kawla eut un rire léger. Fatima sentit sa main se poser tendrement sur sa nuque et ses doigts effleurer son front blessé.

— Il est des moments où je crois entendre ta mère parler par ta bouche. En revanche, elle savait parfois taire ce qu'elle pensait. Il est temps que tu l'apprennes toi aussi.

Ce furent les derniers mots que Fatima entendit avant de sombrer dans le sommeil.

## Père et fille

Ce fut d'abord comme dans un rêve. Fatima crut voir la tante Kawla s'incliner sur elle et de nouveau caresser son front blessé. La pièce était plongée dans le noir, pourtant elle voyait chaque chose distinctement. Voici Ashemou dormant dans sa couche toute proche. Voici les chuchotements de Kawla à son oreille, bien qu'aucun de ses mots ne touche sa conscience.

Elle se réveilla brusquement. Sa main bandée tenait fermement une autre main et la douleur provoquée par cette seule pression avait brisé son sommeil. La surprise, ou peut-être la peur... Elle retint un cri.

La scène s'inscrivit comme un *kalam* dans sa mémoire : la flamme minuscule et crépitant de la lampe en terre cuite posée à même le sol ; Ashemou agenouillée au pied de sa couche ; derrière, tout au fond, une lune mangée à moitié... et enfin, tout près d'elle, une silhouette reconnaissable entre toutes. Son père !

Son père, agenouillé. La courte flamme faisait briller ses yeux sans laisser deviner leur expression. Ses mains douces enveloppèrent les poignets de Fatima, comme s'il avait compris qu'il était trop douloureux de serrer ses mains.

— Je ne voulais pas te réveiller, chuchota-t-il.

Sa voix avait la même délicatesse que ses doigts.

Fatima voulut se lover dans ses bras, mais il la retint.

— Non, ne bouge pas. Tu vas défaire le bandage de ta tête.

Elle eut l'impression qu'il souriait.

— Ashemou assure que tu es très solide. Tes plaies vont vite se refermer et tu pourras marcher d'ici peu.

— Il faut que je sois avec toi...

Elle ne put achever sa phrase. Les doigts de son père lui fermèrent tendrement la bouche.

— Il faut que tu guérisses vite. C'est de cela que j'ai besoin.

Elle n'osa pas protester. Il lui caressa la joue, et ses paupières tremblèrent tant ce geste lui faisait du bien.

— Ils m'ont raconté. Je suis fière de ma fille Fatima.

Il avait redressé le buste, et Fatima devina qu'il allait déjà repartir. La visite était aussi rare que merveilleuse. Elle ne pouvait durer, elle le savait. Malgré tout, elle dit :

— Ils ne savent pas bien te protéger.

Inutile de préciser de qui elle parlait. Muhammad approuva d'un signe.

— Tu as raison, convint-il paisiblement. Mais il ne faut pas leur en vouloir. Ma protection n'est pas l'affaire de mes compagnons. Contre les mauvais, Allah fait ce qu'Il doit, comme Il le doit. Et je t'ai, toi. Je ne m'inquiète pas, et toi non plus tu ne dois pas te faire de souci. Tout ira bien. Même demain devant le grand marché. Ils ne porteront pas la main sur moi, tu le sais.

— Tu te trompes ! Ils se moquent de ton dieu. Ils ne croient pas à Ses punitions. Yâkût et Abu Sofyan veulent te couper la gorge, et si personne ne les en empêche, ils le feront !

Le rire de son père fut étrangement serein.

— Fatima, ma fille, je ne vais nulle part sans que Quelqu'un me protège. Et mieux que ne le ferait une tunique de fer. Celui qui me protège te protège, toi aussi. Aie confiance. Dors et repose-toi. Tu as fait ton devoir.

Il esquissa une dernière caresse sur le front blessé de sa fille et souleva la lampe. La courte mèche se balança et la flamme jeta des ombres houleuses tout autour de la pièce.

— Sois aimable avec Abu Bakr, ajouta-t-il, et respecte ce qu'il dit. Il ne pense qu'à mon bien. Quoiqu'il ne soit pas un guerrier comme toi.

## Le Bédouin Abd'Mrah

Il faisait à peine jour. Les contours des maisons et des arbres se fondaient dans le brouillard. Fatima avançait lentement, s'appuyant sur un bâton trouvé dans la cour. Plus elle marchait, plus la douleur de sa cheville devenait supportable. L'emplâtre de la tante Kawla s'avérait efficace, mais serrer la main sur le bâton n'en était pas moins une torture.

Après avoir dépassé les murs du cimetière, elle s'engagea sur la route de Mina. Tout était encore figé dans le silence de l'aube. Seuls les oiseaux semblaient être éveillés. Dans ce monde endormi, le moindre mouvement lui paraissait suspect. Elle se retournait sans cesse, craignant de découvrir Ashemou, Abdonaï ou Zayd, ou même des servantes, lancés à sa poursuite.

La route demeurait vide.

Elle avait pu s'échapper sans que personne ne s'en aperçoive. Après la visite de son père, la maisonnée, agitée par les discussions sans fin autour de la menace qui pesait sur le Messager, avait été longue à trouver le sommeil. Avec un peu de chance, ils dormiraient tous jusqu'à ce que le soleil brille dans le grand tamaris de la cour.

Bientôt, dressés tels des bras de géant dans l'air pâle de l'aube, les palans soutenant les énormes gourdes de cuir des puits d'al Bayâdiyya apparurent derrière un pli de roche. Sur une centaine de pas, la route contournait des colonnes de basalte d'un pourpre presque noir, puis ce serait la « vallée des Bédouins », comme on l'appelait à Mekka.

Lorsqu'elle y parvint, Fatima en eut le souffle coupé.

Elle ne passait sur cette route qu'à l'occasion des voyages à Ta'if, au début et à la fin de l'été. La plupart des Bédouins avaient alors depuis longtemps replié leurs tentes pour conduire leurs troupeaux dans les pâturages d'altitude, ou n'en étaient pas encore revenus.

Aujourd'hui, avec la proximité du grand marché, on eût cru que tout ce que les montagnes et le désert du Hedjaz comptaient de Bédouins s'était assemblé au-dessus de Mekka.

Fatima n'avait pas imaginé qu'il pût y avoir tant et tant de tentes. Par dizaines, tantôt elles s'alignaient en dessinant de véritables rues, tantôt, dispersées et chaotiques, elles cernaient des enclos de fortune où se massaient des troupeaux de petit bétail attendant la tonte ou des élevages de jeunes chameaux. Ainsi qu'un immense manteau de toile sombre et chaleureux, elles recouvraient à perte de vue les pentes douces au pied de la montagne. Une ville entière.

Fatima réprima le réflexe de se retourner une dernière fois pour surveiller la route derrière elle.

La nuit précédente, après que son père fut passé la voir dans sa chambre, l'angoisse l'avait étreinte. Tout obstiné et confiant qu'il voulait être dans son Dieu, son père courait à la mort. Yâkût avait prévu son mauvais coup pour le lendemain. Or elle-même serait incapable de manier une lame. Abu Bakr, comme son père l'avait admis, n'avait rien d'un guerrier. Tamîn non plus. Pas même Zayd.

Muhammad irait sur le parvis du grand marché et s'y ferait trancher la gorge. Elle voyait la scène comme si elle se déroulait devant ses yeux.

Peut-être Abu Bakr et Tamîn chercheraient-ils de l'aide parmi ceux qui suivaient le Rabb de son père. Mais ceux-là, elle les connaissait trop bien : des gens sans armes et sans connaissance du combat. Le premier hurlement d'un guerrier, le premier éclat d'une lame les terroriserait.

Puis les mots du garçon bédouin, cet Abd'Mrah, lui étaient revenus d'un coup. Et si précisément qu'on aurait pu croire qu'ils étaient prononcés dans la chambre même.

Cet Abd'Mrah avait dit : « Quand tu auras besoin de combattre les mauvais, je pourrai t'aider. »

Des mots qui sonnaient soudain comme une prémonition. Peut-être cet Abd'Mrah n'était-il rien d'autre que la volonté du Rabb Clément et Miséricordieux de son père ? Tout comme le hasard qui lui avait permis d'entendre l'infâme Yâkût organiser l'assassinat de Muhammad ?

Elle savait ce qu'elle avait à faire. Peu importait la douleur de sa cheville et ses autres blessures. Elle devait retrouver ce garçon, lui confier le plan de Yâkût et lui demander de tenir sa promesse.

Mais maintenant, devant cette ville de toile qui s'étalait à perte de vue, son espoir s'effondrait aussi brutalement qu'il était né. Comment cet Abd'Mrah avait-il pu simplement dire : « Viens me voir entre les tentes de mon père. Je t'apprendrai ce que tu ne sais pas » ? Ignorait-il à quel point il lui serait impossible de le retrouver dans cet amas de tentes toutes identiques ?

Il lui faudrait la journée, au moins, pour y parvenir, et jamais elle n'en aurait la force. Abdonaï ou Ashemou seraient bientôt debout, et tous partiraient une fois de plus à sa recherche. Abu Bakr finirait par convaincre son père de l'enfermer...

Quelle sotte elle était ! Avoir mis tous ses espoirs dans un fanfaron !

La déception agissait comme un poison. La douleur de ses blessures se raviva. La tête lui tourna. La fièvre autant que la soif et la faim bourdonnaient dans ses tempes et lui nouaient l'estomac. Quand elle voulut se remettre à marcher, même sa cheville se déroba. Elle étouffa ses sanglots, résista au désir de s'asseoir sur le premier rocher venu et de n'en plus bouger.

Comme une bourrique obstinée, lentement, fixant la poussière et les cailloux devant elle, elle avança, un pas après l'autre, ne songeant plus qu'à mater sa douleur. Cela dura. Assez longtemps pour qu'elle eût conscience que la lumière, autour d'elle, changeait, se faisait plus vive et plus nette. Elle s'immobilisa. Courbée sur son bâton, elle releva les yeux. Le scintillement du jour lui fit battre des paupières. Le soleil franchissait enfin les crêtes déchiquetées de l'est. Les pointes de basalte de l'ouest, sombres et tumultueuses, se nappaient d'un or fin.

Soudain, elle les vit devant qui l'observaient.

Des enfants. Vingt, trente... Elle n'aurait su dire. La plupart n'ayant pas plus de huit ou dix ans. Massés sur la route en avant des premières tentes et la fixant comme une bête curieuse. Des garçons et des filles débraillés, les pieds nus et sales, les tuniques rapiécées sans doute coupées et cousues dans d'anciens vêtements déjà réduits en lambeaux. Des gosses bédouins dont on se moquait et qu'on singeait dans les maisons des puissants de Mekka.

Comment l'avaient-ils aperçue et depuis quand surveillaient-ils son approche ? Le fait est qu'ils étaient là, et qu'ils l'attendaient.

Ils l'entourèrent sans un mot, la dévorant des yeux, détaillant sa belle robe de lin, sa cape de laine fine, scrutant les bandages de ses mains et de sa cheville, le chèche ocre recouvrant ses cheveux et retenant sur son front l'emplâtre de Kawla.

Elle dit, la voix plus tremblante qu'elle ne l'aurait voulu :

— Je cherche un garçon. Il s'appelle Abd'Mrah.

Ils la dévisagèrent comme s'ils ne la comprenaient pas. Abdonaï et son père lui avaient souvent raconté que la plupart des Bédouins venaient de si loin qu'ils parlaient à peine la langue de Mekka.

Elle répéta sa phrase plus lentement, cherchant des yeux les visages les plus âgés.

— Abd'Mrah ! Abd'Mrah ! lança-elle encore, essayant de prononcer un peu différemment le nom du garçon.

Sans succès. De nouveau le désespoir la tenailla. Craignant par-dessus tout de fondre en larmes devant ces gosses, ne sachant plus que faire, elle empoigna son bâton comme pour en frapper le sol. La douleur irradia sa paume. Avec un criaillement aigu, elle laissa retomber le bâton avant même de pouvoir le lever. Sa mauvaise cheville l'élança. Elle chancela et serait tombée si deux gamins ne lui avaient agrippé la taille, tandis que les autres, les yeux écarquillés, découvraient le bandage ensanglanté de sa main droite.

Une fille dit alors :

— Il y a plein d'Abd'Mrah, chez nous. Lequel tu connais ?

Elle était presque du même âge que Fatima ; une cordelette de laine rouge retenait ses cheveux très longs noués en torsade.

Fatima reprit son souffle, secoua la tête.

— Tout ce qu'il m'a dit de son nom, c'est Abd'Mrah.

— Pourquoi tu veux le voir ? demanda la fille.

Fatima repoussa les garçons qui la soutenaient et ramassa son bâton en sautillant.

— J'ai besoin de lui pour sauver mon père. Il m'a dit qu'il savait se battre et qu'il pourrait m'aider.

— Celui qui sait le mieux se battre, c'est Abd'Mrah ibn al Uzfullah Abd Ubdah ! s'écria un garçonnet.

La fille approuva d'un signe, sans rien ajouter. C'est alors qu'un garçon à la tête rasée repoussa les autres pour s'avancer jusqu'à Fatima. Il la toisa de la tête aux pieds avant de s'adresser à ses petits compagnons :

— Je sais qui elle est. C'est la fille de celui qui parle avec le père de mon père d'un dieu qui serait bon pour nous. Je l'ai vue hier au cimetière d'al Ma'lât.

Il ajouta à l'intention de Fatima :

— C'est vrai qu'Abd'Mrah ibn al Uzfullah t'a parlé. Je l'ai vu. Et toi, tu ne voulais pas l'écouter. Je l'ai vu aussi.

Fatima n'eut pas à répondre. Ce fut comme si un signal mystérieux avait été donné. Les enfants s'éparpillèrent en courant, disparaissant dans les ruelles entre les tentes. La grande fille déclara :

— Mon nom, c'est Lâhla. Lâhla bint Gaâni.

D'un petit geste, tournant déjà les talons, elle invita Fatima à la suivre. Les gamins qui avaient soutenu Fatima l'accompagnèrent, tenant des bouts de sa cape comme s'il était de leur devoir de veiller à son équilibre.

Un instant plus tard, après avoir zigzagué dans des ruelles de toile où Fatima attirait tous les regards, sa guide s'immobilisa devant une longue tente noire sentant fortement le suint de brebis. Une vieille femme desséchée, longue et élancée comme Lâhla, les avait regardées approcher. D'un mot sonore elle éloigna les enfants arrivés derrière Fatima avant d'écouter les explications de Lâhla. Quand la jeune fille se tut, elle s'approcha de Fatima et posa sa paume sur son front.

— Je m'appelle Haffâ. Et toi, tu as de la fièvre.

Elle parlait avec un fort accent du Sud.

— Tu es folle, ma fille, de marcher avec une cheville en pareil état. Tu devrais être sur ta couche. Et je suis sûre que tu as le ventre vide...

Elle fit asseoir Fatima sur une grosse panière d'alfalfa, retira le bâton de ses mains et entreprit de défaire le bandage de sa cheville. Des poules, des agneaux, des pigeons déambulaient et sautillaient autour de la tente sans que personne ne se soucie de les écarter. Les gosses, craignant la colère de la vieille femme, se tenaient à bonne distance.

Après avoir palpé délicatement la cheville dont les chairs étaient devenues aussi noires que du charbon, la vieille Haffâ leva les yeux vers Fatima.

— Tu es courageuse d'avoir marché avec ça. Mais tu es folle, oui ! Si tu continues, tu seras bancale pour le restant de tes jours.

Elle saisit la main droite de Fatima et dénoua le bandage souillé de sang. Les plaies s'étaient ouvertes et suintaient. La vieille Haffâ secoua la tête avec réprobation. Une mèche de cheveux blancs lui tomba sur le front. Elle la repoussa d'un geste brusque.

— Tu ne sais pas prendre soin de toi, ma fille. Crois-tu que ton père et ta mère t'ont faite pour que tu t'abîmes ?

Aussi rudement qu'elle avait parlé, elle abandonna la main de Fatima et s'engouffra sous la tente.

Lâhla s'approcha.

— Ne crains rien. Haffâ sait comment guérir toutes les plaies. Elle en a connu d'autres.

Déjà la portière de la tente se soulevait. Haffâ en sortit, portant un couffin empli d'herbes, de pots et de linges propres en charpie.

— Va chercher du lait aigre, ordonna-t-elle à Lâhla. Et aussi du pain et des dattes. Cette fille ne sait pas se nourrir quand elle le doit.

Puis elle commença à enduire la cheville tuméfiée d'un onguent vert et puant qui répandit aussitôt une si forte sensation de froid que Fatima en frissonna. La vieille femme renouait le bandage quand les garçons partis à la recherche d'Abd'Mrah déboulèrent près de la tente.

— Il arrive, il arrive ! clamèrent-ils, tout essoufflés. On l'a trouvé ! Abd'Mrah arrive !

La vieille Haffâ, faisant claquer sa langue, les repoussa d'un regard impérieux.

— Ça va, on vous a entendus. Fichez-moi le camp ! Pas de gamins autour de la tente d'Abu Gaâni, ou il vous en cuira.

Sans protester, les enfants refluèrent vers le petit groupe qui les observait de loin. Haffâ planta ses yeux voilés dans ceux de Fatima.

— Qu'est-ce que tu lui veux, à cet Abd'Mrah ? s'enquit-elle en écrasant des herbes séchées entre ses paumes.

— Qu'il m'aide à protéger mon père des mauvais. Ils veulent lui trancher la gorge.

— Qui est ton père ?

— Dans Mekka, on l'appelle Muhammad le Messager. Ceux qui ne l'aiment pas l'appellent Muhammad le Fou.

La vieille ne réagit pas. Si elle savait qui était Muhammad le Messager ou Muhammad le Fou, elle n'en montra rien.

Lâhla revint avec le lait caillé, les dattes et des petits pains fourrés au fromage, qu'elle tendit à Fatima.

— Mange, ma fille, ordonna Haffâ. Si tu veux que tes plaies se referment, il faut te nourrir. Chez toi, fais-toi donner un peu de viande. Ça aide aussi.

Dans le bol de terre épais rapporté par Lâhla, elle commença à malaxer les herbes et le lait aigre du bout des doigts. Le mélange formait une pâte qui épaississait vite et dont elle enduisait les coupures avant de les nettoyer soigneusement et de recommencer son emplâtre.

Fatima se laissait faire, guettant les bruits alentour. Les gosses avaient dit vrai. Abd'Mrah ne fut pas long à se dresser devant elle.

## Plan de bataille

Plus tard, de retour dans la maison de son père, quand elle fut bien obligée de raconter à Ashemou puis à Abdonaï où elle était allée, Fatima ne dit rien de ce qu'elle avait ressenti à la vue de cet Abd'Mrah.

En vérité, dès leur première entrevue près du cimetière, il l'avait troublée. Un visage étroit, le front plat et haut, le nez puissant, les yeux comme deux gouttes de nuit. Sa peau, doucement mate, semblait aussi fine que celle d'une fille, pourtant c'était un visage de garçon, puissant et obstiné. Une profonde cicatrice entaillait sa lèvre supérieure, sans le défigurer. Pas plus que sa vieille tunique délavée et sa cape de berger ne pouvaient masquer sa prestance. Une beauté que Fatima n'avait encore jamais vue chez un homme. Sur son âge, elle s'était trompée. Sans doute avait-il trois ou quatre années de plus qu'elle. Et toute l'assurance que donne l'habitude d'être respecté et estimé par les siens.

Il n'avait pas eu l'air étonné de la voir. Elle avait même cru déceler un petit éclat de plaisir dans ses yeux. Il avait froncé les sourcils en découvrant les plaies que soignait Haffâ. Il n'avait toutefois fait aucun commentaire. La vieille Haffâ s'était tue elle aussi. Elle lui avait fait de la place auprès d'elle, marque d'un respect silencieux et affectueux. De toute évidence, ce garçon, tout jeune qu'il fût, tenait un rôle important parmi les Bédouins.

C'est ce qu'elle dit à Abdonaï. Le vieux Perse balaya la remarque d'un geste de son poignet de cuir.

— Que lui as-tu raconté ? grogna-t-il.

— La vérité, répondit Fatima. Qu'on avait besoin de lui pour protéger mon père. Il me l'avait proposé et, s'il n'est pas un menteur, il saura quoi faire.

Du coin de l'œil, Fatima devina le sourire d'Ashemou. Abdonaï, au contraire, s'assombrit.

— Et encore ?

— Et je lui ai dit, pour Yâkût.

— Et si ton Bédouin courait prévenir la clique d'Abu Sofyan ?

La remarque du Perse agaça Fatima.

— Ce n'est pas « mon » Bédouin, et il ne le fera pas.

— Ah non ?

— Je le sais.

— Les traîtres ne portent pas leur fourberie sur le visage.

Le soupçon d'Abdonaï paraissait si monstrueux que Fatima en eut le souffle coupé. Comment pouvait-il imaginer qu'Abd'Mrah cherche à la trahir ?

— Tu te trompes, balbutia-t-elle. Abd'Mrah est prêt à tout pour nous aider.

— Ah oui ? Et comment s'y prendra-t-il ?

— Il ne l'a pas dit.

Le ricanement d'Abdonaï fit bondir Fatima. Ashemou se plaça entre eux.

— Fais-lui confiance, Abdonaï, dit-elle.

— Vous êtes bien des femmes, soupira le vieux Perse. Vous ne faites jamais les choses comme il le faut, et vous exigez qu'on vous fasse confiance !

— C'est bien pour cela que tu es resté près de la saïda bint Khowaylid, répliqua Ashemou avec un regard complice.

Abdonaï en resta silencieux, les paupières baissées, puis il frappa son poignet de cuir de sa bonne main, comme s'il voulait, par ce geste, refermer la boîte des souvenirs.

— Pour cela et d'autres choses, répliqua-t-il enfin.

Puis, fixant de nouveau Fatima, il demanda :

— Tu lui as parlé de Yâkût, et alors, qu'a-t-il dit, ton Bédouin ?

— Il m'a écoutée sans m'interrompre. La vieille Haffâ non plus n'a pas prononcé un mot. Elle s'est contentée de me soigner. Mais j'ai vu qu'ils savaient très bien qui est Yâkût al Makhr.

— Tout le Hedjaz connaît Yâkût al Makhr.

— Toi, tu m'interromps sans cesse ! J'ai expliqué à Abd'Mrah que nous, les fidèles du Rabb Un et Miséricordieux, nous étions trop faibles. Et pas assez nombreux. La plupart de nos compagnons ne savent pas se battre. À part toi, mais tu es trop vieux.

Abdonaï laissa passer la pique.

— Abd'Mrah a dit : « Je sais. C'est pourquoi tu apprends à tirer à l'arc et à manier la nimcha avec le Perse. » Tu vois, il sait beaucoup de nous.

— Et alors ?

— Il a réfléchi un moment. Abd'Mrah n'est pas un garçon qui parle sans penser aux mots qu'il va dire. Il a attendu que la vieille Haffâ ait refait mon bandage pour m'annoncer : « Demain, on sera devant le grand marché. Moi et les miens. Ton père Muhammad le Messager ne risquera rien. Je te le promets. »

— Et c'est tout ?

— Oui. Il n'est pas du genre à répéter.

— Tu ne lui as pas demandé comment il comptait protéger ton père ?

— S'il avait voulu me le dire, il l'aurait dit.

Abdonaï leva un bras au ciel en un geste désespéré.

— Je ne lui ai pas demandé, non ! s'énerva Fatima, excédée. Je ne lui ai pas demandé parce qu'il m'a dit qu'il était tard et que je devais revenir à Mekka avant que vous ne vous inquiétiez. Surtout que la vieille Haffâ a insisté : « Si cette fille ne veut pas boiter pour le restant de ses jours, elle ne doit plus marcher aujourd'hui. » C'est pour cela qu'Abd'Mrah m'a donné une mule blanche. Elle est dans la cour, tu peux aller la voir. Elle ressemble à celle sur laquelle ma mère allait dans Mekka quand tu étais encore capable de gérer ses affaires en son absence. Abd'Mrah m'a dit : « Tu nous la renverras quand ton père Muhammad le Messager le voudra. » Après quoi, il m'a raccompagnée jusqu'au haut de la ville. Il m'a prévenue : « Demain, tiens-toi à l'écart sur le parvis du grand marché. Dans ton état, tu ne pourras pas nous aider. Mais tu verras comment nous nous battons. »

Fatima releva la tête et ajouta avec rage :

— Voilà pourquoi je ne lui ai rien demandé, à cet Abd'Mrah ! Parce que je sais qu'il fera ce qu'il a dit, tandis que toi, tout seul, tu pourrais seulement laisser mon père se faire égorger.

Quand elle se tut, sa colère résonnait encore contre les murs. Le silence dura un peu, empli par les bruits habituels de la cour. Abdonaï ne semblait pas offusqué par la violence de Fatima. Au contraire. Il croisa le regard d'Ashemou et, pour la première fois depuis qu'il s'était installé devant la couche de la jeune fille, il esquissa un sourire.

— Je l'ai vue, cette mule blanche, dit-il tranquillement. Une jolie bête. Fatima a raison. J'ai cru que la mule de la saïda Khadija était de retour.

Il se leva avec un soupir de fatigue et, reposant son tabouret contre le mur, il ajouta :

— Peut-être as-tu raison. Peut-être as-tu bien fait. On le saura bientôt. Mais tu devrais au moins suivre le conseil de la vieille : rester ici sans bouger jusqu'à demain et te reposer. Les vieux, ça ne profère pas que des bêtises.

Il se détourna pour quitter la pièce. Fatima s'écria :

— Abdonaï !... Tu vas voir mon père ? Tu vas lui raconter que je suis allée chez les Bédouins et qu'ils vont l'aider ?

Le vieux Perse la considéra, pensif, avant de secouer la tête.

— Pour quoi faire ? Ton père se moque qu'on le protège ou pas. Il a encore plus confiance en son Rabb que toi en ton

Abd'Mrah. Si on le laissait faire, demain il irait tout seul devant le grand marché.

— Alors, ne préviens pas non plus Abu Bakr. Même mon père le reconnaît : dès qu'il faut se battre, Abu Bakr n'y comprend rien. Et il va encore trouver que j'ai eu tort.

Cette fois, Abdonaï éclata de rire.

## L'affrontement

Le lendemain, aux premiers rayons laiteux de l'aube, la maisonnée était en effervescence : c'était l'ouverture du grand marché.

Après une nuit pénible et morcelée, Ashemou ôta le bandage de la cheville de Fatima. Les soins de la vieille Haffâ avaient fait leur effet. La cheville avait désenflé. Hélas, les chairs étaient encore bien sombres et douloureuses.

— Tu ne peux pas aller ainsi dans la foule, déclara Ashemou en enduisant la cheville d'un nouvel onguent. Tu t'y feras bousculer et ton mal ne fera qu'empirer.

— Je ne vais certainement pas rester ici ! protesta Fatima.

— J'y ai songé cette nuit. J'ai trouvé une solution. Elle devrait plaire à ton ami bédouin, répondit Ashemou avec un clin d'œil.

Un instant plus tard elle avait fait sangler une belle couverture de voyage sur la mule blanche et persuadé Fatima de revêtir la plus colorée de ses tuniques.

— Tu te couvriras le visage d'un voile, comme ces petites princesses précieuses que leur père ou leur époux jaloux veut cacher à la vue de tous. J'irai avec toi, et moi aussi je serai voilée. On nous croira étrangères, et personne ne s'en prendra à la fille de Muhammad le Messager. Sans compter que, depuis le haut de ta mule, tu pourras voir tout ce qu'il faudra voir...

Elle n'avait eu nul besoin d'ajouter qu'Abd'Mrah, lui, ne manquerait pas de deviner qui montait la mule qu'il connaissait bien.

Elles parvinrent au bas de Mekka alors que la chaleur enveloppait déjà la ville. Depuis des jours le bas de la cité était cerné par les tentes des marchands et le parvis du grand marché grouillait de monde. Fatima avait tenu à rejoindre la foule avant l'arrivée de son père.

— Je reconnaîtrai peut-être l'étranger avec qui parlait Yâkût, avait-elle assuré à Abdonaï.

Puis, reprenant l'argument d'Ashemou :

— Sous mon voile, les gens d'Abu Sofyan ne m'identifieront pas. Je ne risquerai rien.

C'était vrai. Dès qu'elles atteignirent le premier attroupement autour des étals, Fatima remarqua qu'elles ne passaient pas inaperçues. Ashemou, la main ferme sur le licol de la mule, avançait d'un pas dansant dans la cohue écrasée par un bruit ahurissant, où se mêlaient les voix humaines, les blatèrements des chameaux, le bêlement des chèvres et le tintement des cymbales. À leur approche, les hommes s'écartaient sans qu'elles eussent besoin de ralentir. De sous son voile finement ajouré et brodé, Fatima voyait les regards se lever vers elle, curieux et admiratifs. Chacun cherchait à deviner quel visage se cachait sous la beauté des étoffes.

Elle se piqua au jeu, adoptant une posture droite et immobile, telle une statue, dissimulant ses mains bandées sous les tissus colorés. Une pose souvent adoptée par les femmes des puissants et qui en imposait.

Fendant la foule qui encombrait le parvis, Ashemou appliqua le stratagème qu'elles avaient mis au point. Elle dirigea la mule vers le pignon sud, où quantité de petits marchands, ne pouvant trouver place à l'intérieur même de l'enceinte du marché, avaient disposé leurs étals. On y trouvait de fines étoffes, des objets de cuir, des bijoux d'argent, et même des pierres venues des pays lointains, au-delà de la mer d'al Qolzum ou des montagnes d'Assir.

Comme pour permettre à sa puissante maîtresse d'apaiser sa curiosité sans subir la promiscuité des marchands, Ashemou remonta lentement le côté du marché, maintenant la mule à bonne distance des étals. Aussitôt les vendeurs, s'empressant de repousser les chalands inutiles, vantèrent leurs marchandises à grands cris, haranguèrent la belle inconnue en brandissant à pleines mains leurs trésors.

Mais sous son voile Fatima regardait ailleurs : elle guettait des groupes suspects, des hommes qu'elle eût pu reconnaître. Yâkût peut-être, ou même quelques puissants affidés à Abu Lahab ou à Abu Sofyan. Et puis aussi Abd'Mrah et ses compagnons. Mais la masse était trop importante, trop compacte, trop uniforme. Caravaniers et petits marchands portaient des manteaux et des tuniques rayées qui ne les différenciaient guère des Bédouins.

En approchant de la grande entrée, Fatima s'immobilisa. Puis elle frappa les flancs de la mule. Ashemou, qui guettait ce signal, retint l'animal.

Là, à trente ou quarante pas, alignés de chaque côté de la porte de l'enceinte du marché principal, se tenaient, bien visibles, une dizaine d'hommes armés. Parmi eux, Fatima aperçut Yâkût al Makhr. Quelques instants plus tard, elle distingua les deux grands mauvais, Abu Sofyan et Abu Lahab. Autour d'eux l'espace s'ouvrait comme par magie. Il n'était pas un marchand ou un simple curieux qui ne s'incline en salutation et signe de respect à leur seule vue.

Avant que Fatima ne puisse décider que faire, une rumeur se leva tout à l'opposé du parvis. Elle vit Yâkût monter sur une borne et regarder, au loin, le manteau brun que Muhammad ne quittait jamais et qu'elle aurait reconnu entre mille.

Puis tout s'enchaîna rapidement, selon une logique implacable.

Se dressant sur sa mule pour mieux voir, le cœur battant follement, Fatima chercha le beau visage d'Abd'Mrah dans la cohue. Elle ne le découvrit nulle part. Une bousculade se déclencha : en un clin d'œil, la dizaine d'hommes de Yâkût était passée à vingt ou trente. Lances levées et lames tirées, ils obstruaient l'entrée principale, tandis qu'Abu Sofyan et Abu Lahab appelaient les marchands au calme.

À l'autre bout de la place, un remous se fit. Il fallut un instant à Fatima pour comprendre qu'une petite troupe acclamait son père. Devancé par Abu Talib, Zayd et Ali qui lui ouvraient le chemin, entouré comme toujours d'Abdonaï, d'Abu Bakr et de Tamîn, Muhammad marchait d'un pas régulier vers l'entrée close de l'enceinte du marché.

Puis d'un coup la foule se fendit : seul et sans garde, Abu Lahab allait à la rencontre de Muhammad. D'un geste, il imposa silence à l'assemblée.

Fatima vit le vieil Abu Talib sourire et saluer son frère Abu Lahab, comme si cette rencontre était du plus heureux présage. Du visage d'Abu Lahab elle ne pouvait rien distinguer, puisqu'il lui tournait le dos. Elle entendit seulement les mots qu'il lança d'une voix sonore :

— Ne va pas plus loin, ibn 'Abdallâh ! Le grand conseil de la mâla a décidé par toutes ses bouches de t'interdire aujourd'hui l'entrée dans l'enceinte du grand marché !

Le visage d'Abu Talib se décomposa.

— Frère, tu ne peux pas faire ça ! cria-t-il.

— Que notre neveu obéisse, et nous serons en paix, répliqua Abu Lahab.

Devant la porte de l'enceinte, Abu Sofyan n'avait pas bougé. En revanche Yâkût et une dizaine de ses mercenaire s'approchaient.

Agrippée à la crinière de sa mule, Fatima aurait voulu avoir des yeux partout. Abd'Mrah n'était nulle part. Son père s'avançait devant ses oncles. Abdonaï, Abu Bakr et Tamîn contenaient à grand mal ceux qui se pressaient de toutes parts. Des cris montaient ici et là.

Abu Lahab répéta :

— Retourne chez toi, neveu. Aujourd'hui, tu ne souilleras pas notre sol avec tes paroles folles.

Fatima devina le sourire de son père s'apprêtant à répondre. Tout à coup, au cœur d'un petit groupe qu'Abu Bakr ne parvenait plus à contenir, elle vit scintiller les amulettes d'un chèche. Des amulettes semblables à celles de l'homme qui avait comploté avec Yâkût.

Un hurlement terrible sortit de sa gorge. Si fort que, le temps d'un éclair, il suspendit tous les mouvements.

Dans ce silence étrange, l'homme aux amulettes, renversant Tamîn, s'élança. Brandi au-dessus des têtes, le métal d'une courte lame refléta le soleil.

Alors, comme si elle retenait la foudre, une main agrippa le poignet meurtrier. Un bras enveloppa le cou de l'étranger. Une autre main lui empoigna les cheveux. La surprise écarquilla les yeux de l'homme. Il ouvrit la bouche sur un cri qui ne parvint pas à ses lèvres.

Derrière lui, luttant tempe contre tempe, Fatima aperçut le visage d'Abd'Mrah. Un visage déformé par la férocité du combat. Puis les deux hommes disparurent, roulant au sol, engloutis par la foule vociférante. Enfin, elle vit les capes rayées d'une horde de Bédouins sauter par-dessus les étals avant de former un mur impénétrable autour d'Abu Bakr, de Muhammad et de Tamîn.

Fatima lança sa mule dans le bouillonnement du parvis, entraînant Ashemou à sa suite. Non loin d'elle, sur sa droite, les hommes de Yâkût tentaient de disperser la cohue à grands coups de manche de lance pour protéger Abu Lahab.

Ashemou cria : Abu Talib retenait le bras d'un mercenaire d'Abu Sofyan. L'homme brandit une nimcha. Le sang coula sur le fil de la lame.

À l'instant où Abu Talib s'effondrait dans les bras d'Ali, son fils, le cercle des Bédouins protégeant Muhammad s'écarta. Fatima discerna, replié dans une posture bizarre, le corps de l'étranger immobile sur le sol. À son côté, Abd'Mrah se dressa. Il posa sur Fatima un regard intense, brûlant, comme s'il transperçait le voile qui les séparait. D'un geste, elle rejeta brièvement le tissu. Le jeune Bédouin lui adressa alors un salut presque imperceptible d'une brève inclinaison du front. Puis l'instant se brisa. Des cris de nouveau fusèrent autour d'eux : on avait attrapé les complices de l'assassin.

Abd'Mrah passa une main ensanglantée sur son front. Un sifflement aigu jaillit d'entre ses lèvres. En un éclair, les garçons qui avaient formé un mur autour de Muhammad se débandèrent. La foule les absorba telle une mer.

Quand Fatima, qui s'était détournée pour comprendre ce qu'il se passait, voulut reporter les yeux sur Abd'Mrah, il n'était plus là. À sa place, des hommes retournaient le corps sanglant de l'étranger. Puis il y eut encore des cris, de la bousculade. Il lui fallut se retenir à la crinière de la mule pour ne pas être emportée.

Zayd l'aperçut, l'interpella. Le vacarme absorba sa voix. Elle vit son père se pencher. Elle imagina un instant qu'un coup l'avait fait tomber. Mais non. Le Rabb de son père était grand ! Muhammad se redressa. Curieusement, le vide se fit autour de lui.

Le vieil Abu Talib était étendu sur le sol, Ali et Zayd agenouillés près de lui. Alors, comme les centaines d'hommes et de femmes sur le parvis du grand marché, Fatima entendit la voix de son père, grondant de fureur :

— Abu Lahab, tu as tué ton frère ! Allah ne te le pardonnera pas ! Tu finiras en enfer !

## Attentat contre Abu Talib

La confusion était totale. La nouvelle de l'attentat contre le chef des Hashim, un homme respecté de tous, fit le tour de Mekka.

D'abord, il y eut l'exclamation d'Ali :

— Non, non ! Mon père n'est pas mort. Il vit, il faut le soigner !

La lame du mercenaire avait perforé le flanc droit d'Abu Talib, glissant sous les côtes. Elle s'était enfoncée sans grande profondeur, mais le sang coulait à flots de la blessure, inondant la tunique. À l'appel d'Ali, Ashemou se précipita. Ôtant son voile, elle en fit un pansement épais, nouant ses doigts à ceux d'Ali sur la blessure d'Abu Talib.

La foule à présent formait autour d'eux un cercle que les mercenaires de Yâkût maintenaient à distance. Abu Sofyan s'approcha. Après un regard froid et impassible sur le blessé, il se plaça au côté d'Abu Lahab. Celui-ci fit mine de rejoindre son frère. Du haut de sa mule blanche Fatima vit Muhammad ouvrir la bouche pour s'interposer. Il n'en eut pas le temps. Ali retira ses mains des flancs de son père et bondit, son beau visage révulsé par la haine. Il tendit ses paumes ensanglantées vers son oncle et hurla :

— Reste où tu es, fourbe !

— Maîtrise tes mots, répliqua Abu Lahab. J'ai vu ce qu'il s'est passé. C'est un accident. Nul n'a voulu la mort de mon frère.

Ali désigna Muhammad :

— Celle de notre cousin, en revanche, tu l'as voulue, n'est-ce pas ? Mais tu n'as que le courage des hyènes. Il faut que d'autres tiennent ta nimcha...

Autour d'eux, l'assemblée grondait. Abu Lahab paraissait mal à l'aise.

— Neveu, ne profère pas des paroles que tu pourrais regretter !

Mais Ali était déchaîné.

— Jamais vos lames n'atteindront Muhammad le Messager ! Notre Rabb Clément et Miséricordieux le protège. Il est indestructible. Ce sont seulement les faibles que vous atteindrez. Un vieillard comme mon père, ton propre frère ! Abu Lahab, je le dis devant tous : tu te caches derrière les malfaisants de Yâkût et d'Abu Sofyan. Et la lame qui est entrée dans la poitrine de mon père, un mercenaire la tenait, mais c'est toi qui la lui as fournie.

La face rebondie d'Abu Lahab, à la peau sombre et tendue, pâlit sous l'insulte. Sa barbichette aux poils longs et clairsemés trembla. Sa bouche aux lèvres presque noires se tordit en un rictus :

— Je n'y suis pour rien, neveu, si toi et ton père vous vous obstinez avec ces fables qui insultent Hobal et lèvent la colère d'Al'lat Toute-Puissante. Vous mettez vous-mêmes vos vies en danger. La colère engendre la colère.

Abu Lahab s'interrompit pour désigner le corps de l'étranger que des hommes de Yâkût emportaient. Après quoi, il retrouva son sourire moqueur.

— Quant aux raisons qui ont poussé ce fou à lever son poignard sur ibn 'Abdallâh, que veux-tu que j'en sache ? Il n'est pas même de Mekka.

Fatima approcha sa mule et, d'un geste, repoussa son voile.

— Tu as raison, c'était un étranger. Un de ceux qui vendent leur lame contre de l'or et des chameaux aux paniers bien remplis.

Un lourd murmure glissa sur la foule. À présent, tous la regardaient. La plupart comprenaient que ce n'était pas un hasard si elle s'était dissimulée sous l'apparence d'une riche étrangère. Il y avait eu un piège, et il avait été éventé.

Le soleil posa sur Fatima un étonnant halo orange. Avec une assurance qui en sidéra plus d'un, elle déclara d'une voix forte pour que chacun l'entende :

— C'est lui, Yâkût al Makhr, qui a tout manigancé pour tuer mon père !

Puis, pointant un doigt sur les deux puissants :

— Et si c'est lui, c'est vous aussi !

— Fille ! tonnèrent d'une même voix Abu Lahab et Abu Sofyan. Fille ! Comment oses-tu ?

— Ah, comment ? ricana Fatima, emportée par l'élan que lui donnaient sa fureur et le plaisir de voir les deux mauvais décontenancés. J'ose parce que, de mes yeux, je l'ai vu, ce pourri de Yâkût, tendre une bourse à l'étranger et lui désigner mon père.

Le murmure de l'assemblée se mua en un grondement, les uns s'offusquant de l'accusation de Fatima, les autres ne doutant pas de sa vérité. Elle se tourna vers ceux qui lui paraissaient incrédules.

— Vous ne me croyez pas ? Allez donc voir dans l'enclos d'Ajyad ! Vous y trouverez des bêtes bâtées prêtes à quitter Mekka avec les assassins de mon père. Des bêtes qui appartiennent au puissant seigneur Abu Sofyan.

Des huées jaillirent de toutes parts. Abu Lahab, trépignant de rage, s'épuisa en protestations. Abu Sofyan, après un coup d'œil venimeux en direction de Fatima, retint Yâkût, qui déjà marchait sur elle, poing levé. Ensuite il se détourna, prenant grand soin, au cœur du tumulte, de feindre l'indifférence.

Fatima pivota vers son père. Sur son visage, elle ne put lire ni approbation, ni condamnation, seulement une incroyable patience alors que, devant lui, Ali, Abu Bakr, Abdonaï et Tamîn, répliquant aux invectives et aux menaces, vociféraient à en perdre la voix.

Puis d'un coup la tension se brisa. Au cœur des braillements, on entendit un faible gémissement. À peine audible. Abu Talib levait une main suppliante, peinant à recouvrer un peu de souffle.

— Cessez vos cris... Cessez vos cris, tous autant que vous êtes... Ils ne vous conduiront nulle part !

Son chèche était tombé. Sa tête à demi chauve, luisante d'une sueur mauvaise, reposait contre la poitrine d'Ashemou. Son sang coulait encore, malgré le pansement que Zayd avait tenté de fixer à l'aide de sa ceinture.

Ali, les yeux brillants de larmes, agrippa les mains souillées de son père. Zayd leva les yeux vers Muhammad.

— Il ne faut pas le laisser là. Il faut des emplâtres et de vrais pansements pour refermer sa plaie, ou bientôt le seigneur Abu Talib se sera vidé de son sang, dit-il.

Aussitôt, il y eut dix ou vingt mains pour aider. Sans craindre la douleur de sa cheville, Fatima se laissa glisser du dos de sa mule. À la hâte, on y attacha un bât d'osier et des couvertures. Muhammad, Abdonaï et Ali soulevèrent Abu Talib et l'y allongèrent. De leur côté, Yâkût et Abu Sofyan s'activaient tout aussi vite pour placer leurs mercenaires en une ligne qui condamnait une nouvelle fois l'entrée de l'enceinte du grand marché.

Abu Talib avait beau être presque mort, jamais Abu Sofyan et Abu Lahab ne laisseraient Muhammad conduire son oncle à l'intérieur du marché, où il aurait pourtant trouvé rapidement des soins. Tout au contraire, c'est sans un signe de compassion qu'ils regardèrent la mule blanche emporter le blessé gémissant vers le haut de la ville, entre les haies silencieuses que la foule formait devant eux.

## Le « frère » Zayd

À mi-chemin de la maison d'Abu Talib, la tante Kawla, prévenue du drame, arriva en courant, des sanglots plein la gorge. Il fut décidé que Fatima, afin de ne pas aggraver l'état de sa cheville, rentrerait chez elle avec le soutien de Zayd. Les autres escortèrent Abu Talib. Ses gémissements, à chaque pas de la mule, devenaient à la fois plus sourds et plus plaintifs.

Fatima put enfin s'allonger sur sa couche. Tant d'événements en une seule matinée ! Elle revoyait les visages et la colère de la foule, le regard d'Abd'Mrah, Ali en train de crier et elle poussant son hurlement.

Elle ne supportait plus les coups d'œil des servantes qui allaient et venaient sans raison, lui proposant mille choses : de changer ses bandages, de lui apporter de la nourriture... Tout ces va-et-vient inutiles accentuaient son impuissance.

Et encore et encore lui revenait la pensée d'Abd'Mrah.

Dans ce regard qu'il lui avait adressé, debout devant le corps de l'étranger, elle avait cru deviner la fierté de celui qui a vaincu et qui a tenu sa promesse.

Mais, maintenant, à y repenser sans cesse, il lui semblait que les prunelles ardentes d'Abd'Mrah lui murmuraient un tout autre secret. « Cet homme, disaient-elles, cet homme vil, je l'ai tué pour que ton père vive, mais pour toi aussi. Pour toi... »

Un instant, Fatima se laissa emporter par son imagination. Puis, soudain, elle eut conscience de sa folie. Elle n'était pas la seule à avoir pu admirer le visage d'Abd'Mrah. Yâkût aussi devait en conserver un souvenir bien net. Et jamais ce démon ne laisserait sans réplique l'humiliation que le Bédouin venait de lui infliger devant ses maîtres et tous les marchands de Mekka. Il voudrait se venger, et ses méthodes, on ne les connaissait que trop.

Ô Puissant Dieu de son père ! Abd'Mrah, avec tout son orgueil, pressentait-il la menace qui pesait désormais sur lui et sur les siens ?

Aux abords de Mekka, il n'aurait aucune place pour se cacher. Pas même parmi les siens. Yâkût avait partout des espions et des traîtres. S'il lui venait le désir de semer la terreur parmi les Bédouins, Abu Lahab et Abu Sofyan feraient en sorte que nul ne s'y oppose. Pas même au grand conseil de la mâla. Depuis toujours, les Bédouins étaient considérés comme des hommes de peu. Des pauvres que les déserts avalaient et recrachaient avec la même indifférence que naissaient et mouraient les criquets et les rats des sables.

Il ne fallut pas longtemps à Fatima pour se décider. Oui, elle devait retourner jusqu'au haut de Mekka. Retrouver Abd'Mrah. Le mettre en garde. Qui sait, peut-être la meilleure des cachettes serait-elle ici, dans la cour de son père ? Là, Yâkût ne pourrait rien contre lui. Et si elle ne trouvait pas Abd'Mrah, la vieille Haffâ lui transmettrait son message...

Malgré les protestations des servantes, elle sortit de sa chambre et s'empara du premier bâton venu en guise de canne. Sautillant dans la cour pour rejoindre l'écurie, elle s'immobilisa à mi-chemin. Où courait-elle comme une folle ? La mule blanche n'était plus là. Elle avait porté Abu Talib jusque chez lui.

Un bref instant, comme étourdie, elle hésita, songea à emprunter l'une des bêtes de la maison. Un âne, s'il le fallait. Puis, d'un coup, ce fut comme si cent nœuds dans son corps se défaisaient en même temps, l'abandonnant sans souffle ni force. Ce qu'elle s'apprêtait à faire lui apparut inutile, stupide.

Abd'Mrah était plus sage qu'elle, il l'avait déjà prouvé. Certainement, lui et les siens avaient pensé aux conséquences de leurs actes. Remonter les ruelles de Mekka au vu et au su de tous pour se rendre chez les Bédouins ne ferait qu'aggraver les choses. Yâkût l'apprendrait avant même qu'elle ne parvienne aux premières tentes des puits d'al Bayâdiyya.

Épuisée, tremblante, sautillant maladroitement, elle alla se placer sous le tamaris. Assise contre le vieux tronc qui, tant et tant de fois, avait soutenu Khadija lorsqu'elle devait juger et décider, où elle avait, disait-on, reçu pour époux son père Muhammad, Fatima ne put retenir ses larmes. Pour la première fois depuis qu'elle avait fait la promesse d'être aussi forte que sa mère auprès de Muhammad, elle mesurait ce qu'il avait fallu à Khadija de courage, de force et d'intelligence pour tenir bon auprès de celui qui devenait le Messager.

Elle était encore sous le tamaris quand Zayd, tendu et pressé, traversa la cour. Il s'approcha. Il lui suffit d'un regard aux traits défaits de Fatima pour que la tendresse adoucisse sa voix :

— Fatima, qu'y a-t-il ? Tu as mal ? Ta cheville...

— Non...

Fatima ne put en dire plus. Un sanglot vibra dans sa gorge. Elle lâcha rageusement :

— Je dois protéger mon père. Je dois être forte ! Et je suis là à pleurer comme n'importe quelle fille !

— Fatima, tu n'es pas une fille comme les autres. Tu as sauvé ton père de la lame de l'étranger ! Sans toi, nous serions tous morts en ce moment, ou en train de gémir sur son cadavre.

— Ce n'est pas moi qui l'ai sauvé, c'est Abd'Mrah. Le Bédouin.

— Oui. Il a été courageux.

Zayd s'assombrit.

— J'aimerais le rencontrer, finit-il par dire. Qu'il m'apprenne à combattre. Cela nous serait utile. Mais sans toi il n'aurait jamais eu à...

— Zayd, j'ai peur pour lui. Pour lui et tous ceux de sa famille. Yâkût et Abu Sofyan ont vu son visage. Ils ont vu qu'il portait la cape des Bédouins.

Zayd opina, soudain sérieux. Maintenant, il comprenait d'où venait la peur de son amie.

Fatima reprit à mi-voix, comme si elle réfléchissait tout haut :

— Je n'ai plus sa mule blanche ! Si au moins ma cheville ne m'empêchait pas d'aller vers lui...

Zayd la considéra, troublé. Faisant un effort, il lui adressa un sourire de réconfort.

— Ton Bédouin ne risque rien encore. Abu Sofyan ne laissera pas Yâkût lui faire du mal tant qu'Abu Talib est vivant. J'allais justement prendre de ses nouvelles. L'attente est trop pénible.

Et, comme Fatima ne répondait pas, il lui mit la main sur l'épaule et ajouta d'une voix apaisante :

— S'il en est un qui peut encore empêcher le pire, c'est notre grand-oncle Abu Talib. Sauf que sa blessure est plus grave qu'il n'y paraît. Il est vieux et faible... Les emplâtres empêcheront peut-être le sang de couler, mais comment récupérera-t-il celui qu'il a perdu ?

— S'il meurt, ce sera la guerre ? demanda brutalement Fatima.

Zayd acquiesça. Fatima ferma les yeux.

Zayd avait raison, elle le savait. Abu Talib possédait encore assez d'influence à la mâla, ainsi que sur les Hashim et les Abd Sham, pour contrer les plus violentes manœuvres d'Abu Lahab et d'Abu Sofyan. Mais lui disparu, Abu Lahab aurait enfin tout le pouvoir qu'il désirait.

Fatima scruta le visage de Zayd.

— Tu allais prendre des nouvelles du vieil oncle, mais tu penses qu'il va mourir ?

— Je t'ai dit : il est trop âgé et a perdu beaucoup de sang. J'ai déjà vu cela.

Zayd se passa la main sur les yeux avant d'ajouter :

— Le vieil oncle n'a jamais voulu devenir un des nôtres. Il n'a jamais voulu faire sa prière à notre Rabb Clément et Miséricordieux. Ton père le lui a demandé à mille reprises. Ali aussi... Il ne veut pas. Hobal et Al'lat sont toujours dans son cœur et dans son esprit. Il dépose toujours des offrandes devant les idoles de la Ka'bâ. Il s'entête. Pourtant, il aide et soutient notre père Muhammad comme personne dans Mekka. Mais s'il ne plie pas devant la vérité d'Allah, pourquoi Allah le maintiendrait-Il en vie ?

— Ah ! Tu crois que c'est pour cela que la lame du mercenaire est entrée en lui ? s'exclama Fatima, sidérée.

Zayd hésita :

— Ce que je sais, c'est qu'autour de notre père Muhammad, le seul à ne pas se prosterner devant Allah a été aussi le seul à recevoir la lame.

Fatima le dévisagea, pensive.

— Là-bas, Ali a dit : « Muhammad est indestructible, notre Rabb Clément et Miséricordieux le protège contre toutes vos armes. » Toi aussi, tu le crois ?

— Oui, Ali dit : « Dieu est Dieu, Muhammad est son prophète. Pourquoi Dieu détruirait-Il son messager ? »

— Et toi, qu'en penses-tu ?

— Je ne sais pas. Si Dieu veut la guerre avec les mauvais, c'est aussi pour nous rappeler que nous pouvons périr. Nous, mais peut-être pas notre père.

Fatima demeura un instant silencieuse. Zayd fit mine de partir. Elle le retint par la manche.

— Attends, grand frère !

Il était si rare qu'elle utilise ce titre affectueux et respectueux que Zayd, bien qu'adopté par Muhammad depuis des années, en fut tout ému.

— Petite sœur... ?

— Si la guerre avec Yâkût et les autres est si proche, il faudrait prévenir les Bédouins qui ont aidé notre père. Prévenir Abd'Mrah. Peut-être serait-il sage qu'ils plient leurs tentes et s'éloignent de Mekka. Tu pourrais aller jusqu'aux puits d'al Bayâdiyya sans trop te montrer. Là, demande à parler à la vieille Haffâ. Dis que tu es le fils de Muhammad le Messager. Des enfants te conduiront...

Zayd approuva sans quitter Fatima des yeux. Baissant les paupières, elle ajouta :

— Si une mauvaise nouvelle doit arriver de la maison de notre vieil oncle, il y aura bien quelqu'un pour venir nous l'apprendre...

Et comme Zayd était maintenant sur le point de s'éloigner, elle précisa :

— À la vieille Haffâ, tu demanderas des emplâtres et des onguents pour soigner la blessure d'Abu Talib. Pour ces choses-là, elle s'y connaît mieux que les servantes, Ashemou et la tante Kawla réunies.

## Allah et les idoles

Fatima dut patienter jusqu'à la nuit. Alors que les torches déjà brûlaient dans la cour, Ashemou et Zayd apparurent, soutenant, sur la mule blanche d'Abd'Mrah, la tante Kawla, le visage inondé de pleurs.

À la voir si éplorée, Fatima crut qu'Abu Talib avait rendu son dernier soupir.

— Non, non ! Mais c'est bien ce qui l'attend ! protesta Kawla avec colère. Et peut-être ne verra-t-il pas la journée de demain. Il va mourir, mais ton père et lui en sont encore à se disputer ! Ils sont aussi butés que des bourriques !

Une tisane d'herbes apaisa la tante Kawla. Ashemou et Zayd purent enfin raconter.

Comme Zayd l'avait craint, Abu Talib avait perdu beaucoup trop de sang. Bien que ses femmes l'aient installé le plus confortablement possible sur sa couche et l'aient soigné du mieux qu'elles pouvaient, il s'était évanoui à plusieurs reprises. La dernière fois, il n'avait repris ses esprits qu'à grand-peine.

— Et durant tout ce temps..., gémit Kawla, durant tout ce temps... ton père, mon neveu, nous a fait prier son Rabb Clément et Miséricordieux. Pendant tout ce temps, Abu Bakr, Tamîn, Ali et moi, nous n'avons cessé de répéter : « Au nom d'Allah, le Clément et Miséricordieux... Louanges à Allah, le Seigneur des mondes... C'est Toi que nous adorons, et Toi dont nous implorons l'assistance... Conduis-nous sur le droit chemin... Le chemin de ceux que Tu as comblés de Tes bienfaits et non de ceux qui ont mérité Ta colère, que soit banni le chemin des égarés[1]... »

Le vieil oncle, lui, avait peur de mourir. Avec ce qui lui restait de forces, il avait ordonné à ses femmes de brûler des offrandes sur l'autel d'Al'lat, dont la pierre demeurait cachée dans sa cour, sous de vieux paniers. Peut-être n'avait-il plus toute sa tête, mais, de la cave où il les avait enfouies lui-même, il avait fait retirer quantité d'amulettes de corail. De sa propre main tremblante et épuisée, il les avait éparpillées sur la couverture de sa couche afin d'apaiser Hobal et d'implorer sa clémence dans l'autre monde.

— Ton père..., reprit Kawla, peinant à recouvrer son souffle. Ton père... il est devenu blanc de rage quand il s'en est aperçu. Jamais je ne l'ai vu comme ça !

Les sanglots secouèrent la tante. Ashemou lui prit les mains et raconta à sa place :

— Quand les servantes ont disposé des braises sur l'autel d'Al'lat, le saïd Muhammad a interrompu sa prière. Il s'est précipité pour les éteindre et les disperser. Il a pris la pierre et l'a brisée. Ali, près de la couche de son père, jetait les amulettes d'Hobal et les piétinait...

— Et criait ! hoqueta Kawla. Il criait comme un fou : « Tu ne peux pas, tu ne peux pas ! Tu iras en enfer ! Tu m'avais promis de les détruire !... » Oh, comme il criait ! Des mots pareils... Un fils contre son père...

Doucement Ashemou attira Kawla contre elle et la laissa gémir sur son épaule avant de poursuivre :

— Quand le saïd Muhammad est entré dans la chambre de son oncle, il a ordonné aux femmes de nettoyer le sol. Il a dit : « Qu'il n'en reste plus une miette, et jetez-les avec les ordures du jour. » Il était calme. Le vieux seigneur Abu Talib a murmuré : « Neveu, neveu, aie pitié de moi ! Ne me laisse pas entrer dans l'autre monde tout nu et sans la clémence des

1. Coran 1, 1-7.

dieux. » Notre maître a répondu : « Oncle Abu Talib, la peur t'égare. Hobal et Al'lat n'existent pas. Ils ne sont que pierre et bois. Ils ne sont que le ricanement des démons dans le cœur des hommes. Il n'en est qu'Un qui décidera de l'enfer ou des cieux cléments. Il n'est de dieu qu'Allah le Grand et Miséricordieux. »

Les joues ruisselantes, écarlates, Kawla poussa légèrement Ashemou pour reprendre la parole :

— Muhammad ! s'écria-t-elle comme s'il pouvait l'entendre. Mon neveu bien-aimé... Tu es devenu si intransigeant, si intransigeant ! Toi qui étais miel et sucre du temps de Khadija ! Oh, comme ton Rabb t'a durci le cœur !

Il y eut un silence. Zayd baissa la tête. Ashemou se voûta. Fatima courba la nuque. Jamais ils n'auraient osé prononcer ces mots que la douleur et la colère tiraient de la tante Kawla. Pourtant, Fatima elle-même ne pouvait s'empêcher de les trouver terriblement justes.

La gorge nouée par l'émotion, Ashemou reprit son récit.

Elle raconta comment le vieil Abu Talib, tout mourant qu'il était, s'était presque redressé sur sa couche pour crier aussi fort qu'il le pouvait : « Oh, Muhammad, tu veux l'enfer pour moi ? »

Puis, à demi étouffé par ses gémissements et ses reproches, il avait murmuré : « Muhammad ! Muhammad ! Moi qui ai fait de toi mon fils aîné ! Moi qui t'ai envoyé dans la maisonnée de la grande saïda bint Khowaylid !... Moi qui t'ai défendu devant tous et qui le ferai encore jusque dans l'autre monde... Ne me laisse pas seul dans la nuit des morts... »

Agenouillé près de sa couche, Muhammad l'écoutait, les yeux clos. Sans répondre. Jusqu'à ce que la main tordue d'Abu Talib, qui ne semblait plus être faite que d'os, agrippe la sienne.

« Puisque tu m'interdis la clémence d'Hobal et d'Al'lat, prie ton Rabb pour moi. Demande-lui de me faire une place dans son royaume !

— Oh oncle, oncle ! Oncle Abu Talib ! Mon cœur saigne. Le passé l'écrase des souvenirs et des dettes qui portent ton nom et ta bonté. Mais de Loi, il n'en est qu'Une. De Pouvoir, il n'en est qu'Un. Celui d'Allah Clément et Miséricordieux. Et le Tout-Puissant Seigneur dit : "C'est celui qui est en pleine vie qui vient vers Moi par le droit chemin. L'égaré ne Me trouvera pas au jour de sa peur, quand le jugement s'approche si près de son visage qu'il en sent le souffle mauvais." Ah, mon oncle, pourquoi t'es-tu si longtemps refusé à quitter tes faux dieux ? »

À nouveau, la tante Kawla, hors d'elle, étouffait sous les sanglots.

— Oui, c'est tout ce qu'il lui a répondu ! Et maintenant ? Maintenant mon vieux frère va mourir. Il va mourir et pourrir en enfer ! Oh, Fatima, pourquoi ton père s'obstine-t-il tant ?

Comme Fatima aurait voulu savoir répondre à cette question ! Mais elle ne pouvait que baisser les yeux et serrer les mâchoires afin que les larmes de Kawla ne deviennent pas les siennes.

Finalement, Ashemou dut conduire la tante sur des coussins et la bercer de caresses comme une enfant pour qu'elle retrouve un peu de calme. Ce fut Zayd, silencieux depuis un long moment, qui acheva de rapporter cette terrible scène à Fatima.

Au côté de Muhammad, Ali avait exhorté son père à prononcer bien haut les paroles de reniement des faux dieux. La dispute avait épuisé Abu Talib. Il ne possédait même plus la force de parler. Il s'était contenté de secouer le front. Et cela avait suffi à chacun pour comprendre qu'il s'y refusait.

— Je suis arrivé dans sa cour à ce moment-là, expliqua doucement Zayd. Avec les emplâtres et le breuvage que venait de me donner la vieille Haffâ...

— Ah, tu l'as vue ! le coupa Fatima, incapable d'attendre plus longtemps des nouvelles d'Abd'Mrah. Et lui, tu l'as vu aussi ?

Zayd n'avait pas besoin qu'elle prononce le nom du Bédouin pour comprendre... Il hocha la tête, l'amertume et la tristesse bien visibles sur ses traits fatigués. Mais Fatima était trop impatiente pour y accorder de l'attention.

— Non, je ne l'ai pas vu. Seulement la vieille. Elle te fait dire qu'il n'est nul besoin de t'inquiéter pour lui. Il sait ce que vaut Yâkût. Il se tiendra hors de sa portée. Il est parti avec d'autres pousser un troupeau de petit bétail dans la montagne près de Mina. Là-bas, les mercenaires d'Abu Sofyan auraient bien trop peur de se perdre.

Zayd observa le soulagement sur le visage de Fatima. Puis, d'une voix plus soucieuse, il ajouta :

— La vieille Haffâ m'a donné de quoi soigner Abu Talib. Des baumes qui apaisent la douleur mais ne repoussent pas la mort. Cette nuit ou demain, c'en sera fini...

Il se tut un instant, observant ses mains, pensif.

— Après qu'on lui eut changé ses pansements, j'ai donné à boire au vieil oncle une potion de Bédouins. Cela lui a fait du bien. Il a parlé de nouveau. Il a dit à notre père et à Ali : « Si votre dieu est Dieu, alors Il sait ce que j'ai fait de ma vie et pour la vôtre. Il peut le juger. Je ne Le crains pas. Et pour le reste, Al'lat et Hobal m'ont toujours soutenu. Pourquoi demander à un vieux comme moi de renier ce qui l'a tenu debout toute son existence ? » Ensuite, il a fermé les yeux et s'est tu. Ali a eu beau le supplier, plus un mot. Il doit se taire encore. Non, Fatima, même notre père ne parviendra pas à lui faire renier ses faux dieux.

Zayd enfouit son visage dans ses belles mains de scribe et soupira encore :

— Et demain, devant la Ka'bâ, Abu Lahab criera que notre père envoie son oncle en enfer...

L'épuisement et l'inquiétude le vieillissaient. Dans son intonation perçait une tendresse pleine de respect. Pour la première fois Fatima perçut le doute qui tourmentait Zayd. Ce n'était pas difficile. Elle ressentait la même chose. Et il avait raison. C'était évident. Oui, demain, les mauvais n'auraient que cette histoire en bouche. Muhammad le Fou deviendrait Muhammad le Sans-Cœur, pas même capable de recommander à son Dieu prétendument Clément et Miséricordieux celui qui l'avait aimé comme un père, protégé et guidé quarante années durant. Oui, voilà ce qu'on entendrait : Muhammad le Fou avait le cœur aussi noir et dur que le basalte du jabel Umar !

À l'horizon, une barre pourpre annonçait le jour. Une nuit venait de s'effacer. Et peut-être même, pensa Fatima, son enfance.

Zayd se leva pour rejoindre sa petite chambre. Soutenant la portière de toile, avec ce qu'il put de légèreté, il précisa :

— Ah, j'oubliais : la vieille Bédouine a dit que tu ne devais pas lui rendre la mule avant de pouvoir bien marcher. « Sinon, à quoi bon ? Il faudrait lui prêter une autre bête pour qu'elle s'en retourne chez elle. »

Et il ajouta, avec un brin d'ironie :

— Avec sa bouche sans dents, quand elle rit, elle fait peur.

## La mort d'Abu Talib

Et cela se déroula ainsi que Fatima et Zayd le craignaient.

Au petit matin, une nappe sombre couvrait encore la ville quand Muhammad et Ali, sous la protection d'Abdonaï et de Bilâl, revinrent enfin de chez Abu Talib.

Une lampe tremblante à la main, Fatima et Ashemou, qui ne parvenaient pas à trouver le sommeil, accoururent. Ce fut Abdonaï qui donna la nouvelle :

— L'oncle se meurt. Les baumes et les potions ne le retiendront pas parmi nous.

Le vieux Perse se tut, comme s'il n'y avait rien de plus à dire, et passa une main sur ses traits fatigués. Malgré la mauvaise lumière, il devina le regard de Fatima fixé sur lui.

— Je sais ce que tu penses. Mais ton père sait ce qu'il doit faire. Il connaît son chemin, et il n'y en a qu'un.

— Et Ali ? demanda Fatima.

— Ali a choisi, lui aussi.

D'un mouvement de son poignet de cuir, Abdonaï désigna la chambre qui, pendant des années, avait été celle de sa maîtresse bien-aimée. C'était là que Muhammad, depuis la mort de Khadija, se recueillait et priait, quand il n'éprouvait pas le besoin d'aller visiter la grotte de Hirâ. Les fentes de la vieille porte de bois laissaient filtrer la lueur ocre d'une lampe.

— Ali est là avec ton père, ajouta Abdonaï. Ils prient et demandent conseil à notre Rabb Clément et Miséricordieux.

Sans un mot de plus, Abdonaï s'éloigna. Son pas était celui d'un homme fourbu.

Fatima et Ashemou se recouchèrent, le cœur gros, prenant soin de ne pas déranger la tante Kawla.

— À quoi bon l'éveiller ? murmura Ashemou. Elle peut dormir encore un peu. Pendant qu'elle dort, elle n'est pas triste. Mieux vaut qu'elle reprenne des forces. Elle en aura bien besoin pour la journée de demain.

Mais alors que le jour commençait à percer les nuages et que les yeux de Fatima depuis peu s'étaient enfin clos, des bruits et des lumières, agitant de nouveau la cour, la réveillèrent. Cette fois, en un clin d'œil chacun fut debout. C'étaient des serviteurs de la maisonnée d'Abu Talib. Le vieil oncle était au plus mal. Il réclamait la tante Kawla et son fils Ali.

Ali hésita et chercha l'approbation de Muhammad. Fatima vit la paume de son père se poser tendrement sur la nuque du garçon.

— Va, dit-il. Va et tiens-lui la main.

Ali tourna alors son regard vers Fatima. Un regard intense, aussi scintillant, semblait-il, que le bitume grésillant des torches. Un regard qui paraissait la supplier. Surprise, Fatima frissonna. Ali esquissa même un geste vers elle, mais se détourna aussitôt et quitta la cour en courant, Abdonaï et le grand serviteur noir derrière lui. Ashemou les suivait en soutenant Kawla avec l'aide d'un esclave de la maison d'Abu Talib.

Quand la porte bleue se referma sur eux, Fatima et Muhammad demeurèrent silencieux. Puis Fatima leva le visage vers son père. Il sourit, lui prit le bras avec douceur et lui retira le bâton qui lui servait de canne. Avec légèreté, il dit :

— C'est moi, ta canne.

Il la tint serrée contre lui, l'entraînant doucement jusqu'au seuil de sa chambre. En soulevant la portière de tissu, il dit encore :

— Je sais que ton cœur est plein de questions. Et que tu as peur que ton père se trompe. Tu as raison. Il faut toujours chercher où est le bon chemin et ne pas se satisfaire d'illusions.

Il reste encore un petit moment avant que le soleil ne se lève. Dors et sois sans crainte. Allah le Clément veille sur nous. Et moi, je suis en sécurité, car je sais que toi aussi tu veilles sur moi.

Il s'interrompit, plissa les paupières et ajouta :

— Quand même, il te faut vite guérir ta cheville, car tu n'as pas fini de monter aux troncs des palmiers pour espionner nos ennemis.

Et il rit. D'un rire si tendre que Fatima oublia toutes les tristesses et les tourments qui lui ployaient la nuque depuis des jours.

De sommeil, cependant, ils n'en eurent guère.

Le ciel s'illumina d'un coup. Une nouvelle journée commençait. Ali fut de retour en compagnie de Bilâl. Abdonaï, qui l'accompagnait, avait l'air soucieux. Ali, lui, était si fort en proie à la révolte qu'il ne parvenait plus à respirer et se tordait les mains de rage.

— Abu Lahab, ce frère puant de mon père ! s'écria-t-il. Il est venu chez nous avant que la nuit ne soit achevée. Il s'est fait ouvrir les portes comme si elles étaient celles de sa propre maison. Yâkût al Makhr marchait à son côté, repoussant les serviteurs en braillant : « Place au maître, place au maître ! » Ils sont entrés dans la chambre de mon père. Sans même le regarder, sans s'agenouiller ni lui prendre la main, sans lui dire un mot, comme on le fait d'ordinaire avec ceux qui partent, ce fléau d'Abu Lahab a demandé : « Est-il mort ? » Comment supporter pareille insulte ? J'ai dit : « Il est vivant, et moi, son fils, Ali ibn Talib, je déclare que tu n'as rien à faire ici, toi qui l'as assassiné. »

Ali se releva, frappa le sol du pied.

— Imaginez-vous ! Ce chien du désert a ri ! « Toi, tu n'es plus son fils ! Tu lèches la sandale de Muhammad le Fou et tu craches sur les dieux de Mekka. Tu n'es pas encore un homme, et déjà tu blasphèmes contre notre sainte Ka'bâ. Sors de cette maison ! Elle ne te reconnaît plus et ta vermine souille mon frère Abu Talib. » Voilà ce qu'il a hurlé devant tous, les femmes de mon père, les servantes et les yeux clos du mourant. Yâkût, ce serpent pourri, m'a jeté hors de la chambre comme si je n'étais qu'une paille.

La fureur et les larmes nouaient la gorge d'Ali quand il reprit :

— Abu Lahab, la face toute luisante, a crié encore : « Sois content que je ne t'écrase pas sous ma semelle comme la fiente d'une chauve-souris ! Cette maison n'est plus la tienne. Si ton pied se pose dans cette cour, on te le coupera. Et pour l'enterrement de mon frère, je ne veux pas voir ton ombre ni entendre ta voix cracher tes blasphèmes ! Fils mauvais, tu n'empoisonneras pas le voyage de ton père vers le paradis d'Hobal et d'Al'lat avec tes menaces d'enfer. C'est moi, Abu Lahab 'Abd al Uzzâ 'Abd al Muttalib, qui le promets. À partir de ce jour, je suis celui qui dit la loi des Hashim, et tu peux en avertir ton cousin à la langue pleine d'épines. »

Ali se tut, à bout de souffle. Muhammad avait à peine froncé le sourcil en l'écoutant. Il se tourna vers Abdonaï et Bilâl.

— Ali dit vrai, soupira Bilâl, son noir visage comme gris de poussière. Et nous, nous avons gardé les nimcha dans nos fourreaux. À quoi bon se battre pour perdre ?... Quand Yâkût nous a poussés hors de la maison, ses mercenaires déposaient déjà une nouvelle pierre pour Al'lat dans la cour. Les servantes y préparaient les offrandes, tandis qu'Abu Lahab jetait le corail d'Hobal sur la couche du vieil oncle.

— Abu Lahab aura ameuté Abu Sofyan et toute leur clique pour aller gémir et tourner comme des vieilles femmes autour de la Pierre Noire, gronda Abdonaï. Et jusque dans les montagnes on les entendra hurler que nous sommes des démons.

Le désir d'abattre une fois pour toutes son neveu Muhammad poussa Abu Lahab a plus d'audace encore.

Le soleil était au zénith quand il se présenta en personne à la porte bleue, accompagné de Yâkût al Makhr et d'hommes en armes.

Des battements contre l'huis et les appels des serviteurs firent bondir Fatima hors de sa couche. Elle sautilla jusqu'à la cour, se retenant aux murs. Son père était debout sous le tamaris, où il avait passé la matinée en compagnie d'Ali, qui lui lisait un vieux rouleau tiré de la bibliothèque du sage Waraqà.

Il n'était nul besoin de voir le visage d'Abdonaï et ses mains levées vers le ciel pour deviner qui se présentait à la porte.

— Laisse entrer le fourbe. Lui, et aucun autre, ordonna Muhammad.

Puis il referma la main sur l'épaule mince d'Ali. La voix basse et ferme, il lui intima de demeurer calme et silencieux :

— Écoute, mais ne te sens pas souillé par ce que tu entendras. Et les mots en réponse, c'est moi qui les prononcerai.

Vivement, Abdonaï disposa des serviteurs munis d'une lance de part et d'autre de la porte, puis il fit retirer la poutre traverse qui la maintenait close. Quand elle grinça sur ses gonds, il se plaça sur le seuil, son poignet de cuir dressé contre sa poitrine, sa main valide refermée sur son poignard de ceinture. Abu Lahab se tenait trois pas derrière Yâkût al Makhr. Un jeune esclave noir maintenait trois palmes au-dessus de sa tête pour lui faire de l'ombre. Une escorte de mercenaires les suivait.

Abdonaï ne leur céda pas le passage ni ne croisa le regard de Yâkût. Avec autant de calme que s'il s'agissait d'une visite amicale, il salua Abu Lahab et annonça :

— Mon maître t'attendait. Mais des hommes en armes ne sont pas nécessaires à un oncle voulant parler à un neveu qui ne possède pas même une lame à sa ceinture.

Sa voix teintée de raillerie et ses yeux de mépris, Abu Lahab ne put les ignorer. Sa bouche molle esquissa un sourire de dédain. D'un signe, il commanda à Yâkût de demeurer en arrière. Abu Lahab s'avança dans la cour, seulement suivi de son esclave porteur de palmes.

Malgré la chaleur, il était vêtu d'une double tunique brodée de lacets d'or, de celles que l'on exhibait les jours d'apparat. Il s'était couvert les épaules d'une cape cousue de parements d'argent où se balançaient des amulettes de corail. Une ceinture tissée de bleu et de rouge recouvrait son ventre rebondi. Sur le côté droit, de petites billes d'or retenaient le fourreau d'un poignard à manche de corne. Mais déjà, sous le feu du soleil, Abu Lahab supportait difficilement cette vêture. Malgré l'ombre que lui faisait son petit esclave, la sueur gouttait sur son front, souillant son chèche d'une tache humide et ruisselant sur sa face ronde et grasse.

Le manteau drapé sur le bras, Muhammad le laissa approcher jusque sous le tamaris. Lorsqu'Abu Lahab s'immobilisa à cinq pas de lui, il n'eut pas un geste de salutation. Il demeura bien droit, les traits paisibles et attentifs. Visiblement décontenancé, Abu Lahab hésita, comme s'il attendait une parole de son neveu. Puis, d'un geste nerveux, du bout de ses doigts boudinés, il essuya la sueur de son front et de son nez, sécha ses mains à un pli de sa cape. Enfin sa voix grinça, violente :

— Neveu... Neveu... Ton oncle, mon frère, Abu Talib 'Abd Manâf ibn Abd al Muttalib, est mort.

Abu Lahab se tut. Respirant fort, la poitrine agitée, il scruta le visage de Muhammad dans l'attente d'une réplique. Celle-ci ne vint pas. Les traits de son neveu tant détesté demeurèrent impassibles. Abu Lahab serra alors ses poings courts et larges et les agita en direction de Muhammad.

— Et pendant qu'il mourait, s'emporta-t-il, ta bouche de démon a vomi sur lui ! Lui, Abu Talib, mon frère respecté qui t'a pris pour fils quand tu n'étais qu'un orphelin. Lui qui t'a laissé piocher dans sa bourse pour que tu ne sois pas un homme de rien. Qui t'a poussé dans la couche cossue de la veuve bint Khowaylid. Et quand la sagesse aurait été de te couper le cou à cause de tes blasphèmes, mon pauvre frère a encore tendu la main pour te protéger de la colère de la mâla. Et toi ! Toi, bouche de démon, qu'as-tu fait pour l'aider quand l'heure de son voyage vers Hobal est venue ? Tu lui as promis l'enfer !

Abu Lahab, empourpré par ses cris, les amulettes sautillant comme un amas de criquets d'or et d'argent sur sa poitrine, s'interrompit pour cracher au pied du tamaris.

Ali gronda, s'élança, et certainement aurait heurté son oncle si Muhammad, d'une poigne sévère, ne l'avait retenu. Dans un réflexe de peur, Abu Lahab, avec un gémissement de surprise, sautilla hors de portée.

Puis il reprit contenance, fixa Ali avec dédain et amusement. Le cliquetis de ses amulettes s'apaisa. D'un revers de la main, il essuya ses lèvres et reporta son regard sur Muhammad.

— Et tu as volé l'âme de son fils à ce pauvre Abu Talib, ricana-t-il en désignant Ali.

Tous, servantes et serviteurs, Zayd, livide, Ashemou et Fatima, et même Abdonaï, là-bas, dressé comme un rempart devant Yâkût al Makhr, tous avaient les yeux rivés sur Muhammad. Et calquaient leur immobilité sur la sienne.

Si bien qu'Abu Lahab, après un soupir de dépit, n'eut d'autre recours que d'insulter encore, s'épuisant dans une trop longue diatribe qu'il semblait avoir apprise par cœur afin de venir la cracher sur son ennemi :

— L'enfer, c'est toi qui le connaîtras, Muhammad ibn 'Abdallâh ! Je le dis : pour l'éternité, tu auras l'haleine puante des démons ! Ce soir, mon frère aimé reposera dans la paume d'Hobal et d'Al'lat. Malgré toi, il habitera le royaume des champs fleuris, des vierges sans nombre, du bonheur et de la clémence infinis. Béni soit-il dans les cieux, notre maître Hobal ! Bénie soit-elle, Al'lat, notre déesse, qui peut tout sur la terre et jusque sous les pierres du désert ! Et moi, Abu Lahab 'Abd al Uzzâ 'Abd al Muttalib, puissant de Mekka et des Hashim, au nom de la Pierre Noire sacrée, je le jure : Muhammad ibn 'Abdallâh, tu n'es plus des nôtres. Que tu ne nous approches plus ! Qu'on ne t'entende plus ! Que tu ne manges plus en notre présence et que la dépouille de mon frère Abu Talib ne soit plus souillée par ton souvenir !

D'un geste, Abu Lahab fit le signe de trancher la gorge de Muhammad. Puis, sans attendre de réplique, froissant les pans de sa cape de ses gros doigts comme si cela l'aidait à tenir l'équilibre, il fit une brusque volte-face.

— Abu Lahab !

La voix de Muhammad s'éleva à peine. Abu Lahab suspendit le mouvement de son corps, comme si une main invisible lui enserrait la nuque.

Sans attendre qu'il se retourne, sans changer de ton, Muhammad dit encore :

— Mon oncle aimé Abu Talib a été bon et doux pour moi de son premier souffle jusqu'au dernier. Pourtant, il a vécu avec obstination en incrédule. Je l'assure, Notre Dieu Clément et Miséricordieux ne lui fera pas de place au paradis. Le jour du Jugement, il est une Loi et une seule : l'engeance des incroyants, il n'y en a pas de pire, et pour elle Allah n'a pas de faiblesse. Pour toi aussi le temps du Jugement viendra, Abu Lahab. Toi qui n'es qu'un fétu sur le ruissellement puant de la géhenne. Sur ta bouche et dans tes yeux de fourbe, les mensonges scintillent comme les mirages du désert de Nefoud. L'hypocrisie luit sur ton visage. Tu exhibes ton or comme une cuirasse d'immortel, alors que ton impuissance est absolue. Mais tu l'ignores encore, Abu Lahab ! Tu ignores tout de ce qui t'attend ! Sais-tu ce qu'est al Hûtama ? Non ! Au jour du Jugement tu l'apprendras. Le feu brûlant d'Allah descendra dans tes entrailles. Il y grésillera mieux que de l'or fondu, et pour l'éternité. Abu Lahab ! Va, et décide ce que tu veux décider. Ce n'est pas toi qui crées le temps qui vient. Tu ne peux pas plus planter tes crocs en moi qu'une hyène au jour de sa naissance[1].

1. Coran 8, 55 ; 83, 8 ; 25, 64-65 ; 104, 2-9.

## Le retour de Ruqalya et d'Omm Kulthum

Dès que la porte bleue de la maison fut refermée sur Abu Lahab et ses sbires, Muhammad ordonna aux servantes de frotter à grande eau, et avec de la cendre fine, le pied du tamaris où l'immonde oncle avait craché.

Mais les cris et les obscénités d'Abu Lahab planèrent longtemps dans l'air surchauffé de la cour. Tout l'après-midi, allongée sur sa couche et bouleversée de dégoût, Fatima crut les entendre résonner dans le grand silence qui maintenant pesait sur la maison.

À l'approche du crépuscule, l'air brûlant de Mekka réverbéra soudain le son des prières pour l'âme d'Abu Talib que les puissants conduisaient dans la Ka'bâ. Fatima avait souvent assisté à cette cérémonie païenne, avant que son père ne soit devenu le Messager du Rabb Clément et Miséricordieux. Il lui suffisait de fermer les paupières pour voir la moitié des clans du Hedjaz défiler derrière Abu Lahab et Abu Sofyan. Marmonnant, psalmodiant, ils tournaient et tournaient autour de la Pierre Noire, déposaient des offrandes sous l'énorme statue de bois d'Hobal et sur les bords de la source Zamzam. Les voix fortes des hommes vibraient comme des coups contre les murs de l'enceinte. Sur les côtés, la tête recouverte d'un voile épais pour la circonstance, les femmes lançaient des cris perçants, déchirant l'air comme des flèches. Ces cris, les disciples d'Hobal, d'Al'lat, d'Awtas, de Suwa, d'Al-uzâ, de Nasr, de Wadd et de quantité d'autres déesses et dieux du désert les croyaient capables d'atteindre le monde invisible où reposaient les défunts.

C'est le moment que Muhammad choisit pour ordonner à Bilâl de sonner sa trompe de corne. Ce signal appelait la maisonnée à se réunir sous le tamaris enfin purifié. En ce jour troublé, le vieux Waraqà, que l'on n'avait pas vu hors de son étroite cellule depuis qu'il s'était ployé sur la tombe de Khadija, approcha comme les autres, à pas lents et précautionneux, soutenu par Zayd.

Un instant plus tard, ignorant le vacarme provenant de la Ka'bâ et qui bourdonnait telle une menace sur les toits de la maison, ils se prosternèrent devant leur Rabb Clément et Miséricordieux dans la prière du coucher du soleil.

Une prière qui fut brusquement interrompue.

Une fois encore, il y eut des cris et des coups à l'entrée.

Les serviteurs se précipitèrent. L'un d'eux revint en courant sous le tamaris, chuchota à l'oreille de son maître.

Ce fut la stupeur. Deux des sœurs de Fatima, Ruqalya et Omm Kulthum, étaient là, dans la ruelle, suppliantes, couvertes de poussière autant que si elles avaient traversé une ravine. Une poignée de servantes et deux ânes les accompagnaient, les bâts chargés de coffres mal fermés et de panières débordant d'ustensiles de cuisine.

Chacun s'empressa à la porte. À peine fut-elle entrouverte qu'Omm Kulthum et Ruqalya s'engouffrèrent dans la cour.

— Père ! Père ! Père ! s'écrièrent-elles, s'effondrant à ses pieds, saisissant ses mains, les baisant, les inondant de larmes.

Leurs sanglots et leurs cris les empêchaient de prononcer la moindre parole compréhensible. Avec une grimace, Fatima les observa se livrer à leur douleur, alors que toutes les femmes de la maison les choyaient, les couvrant de caresses et de mots de réconfort. Enfin Ruqalya articula :

— Nos époux nous ont jetées à la rue ! Ils ne veulent plus de nous ! Ils disent que nous sommes...

Ni l'une ni l'autre n'osa formuler le mot terrible devant leur père. À nouveau reprirent les gémissements et les sanglots. Omm Kulthum, la plus jeune des deux, la moins jolie mais la plus ronde, comprima à deux mains sa forte poitrine. Levant les yeux vers Muhammad, elle balbutia :

— Utaybâ, mon époux, a dit que je souillais sa cour. Utbal a dit la même chose à Ruqalya. Mais leurs paroles ne naissent ni de leur cœur, ni de leur tête. C'est leur père, ce grand scorpion d'Abu Lahab, qui les met dans leur bouche. J'ai eu assez souvent mon époux dans ma couche pour savoir ce qu'il pense de moi !

Ruqalya approuvait les propos de sa sœur avec de petites inclinaisons du front. Déjà ses larmes séchaient. Sous les sanglots, elle semblait plus sereine qu'Omm Kulthum et guettait l'humeur de leur père. Ruqalya avait presque deux années de plus qu'Omm Kulthum et huit ans de plus que Fatima. Elle avait toujours montré beaucoup d'assurance. Surtout, sa beauté était célèbre dans Mekka. Trop souvent à son goût, Fatima avait entendu les servantes chuchoter leur envie de lui ressembler. Et autant de fois lui étaient revenues les rumeurs des passions qu'elle déchaînait chez les fils des puissants de la mâla.

— Omm Kulthum a raison, fit-elle en baisant cérémonieusement les mains de Muhammad. Cela fait dix nuits que mon époux n'a pas franchi le seuil de ma chambre, et il ne m'adresse plus la parole. Aujourd'hui, alors que le soleil venait de passer le milieu du jour, son père Abu Lahab est arrivé dans notre cour, écarlate et s'étouffant de fureur. Il est venu devant ma porte et a crié : « Qu'elle parte, qu'elle parte ! Qu'elle rejoigne son père le blasphémateur et n'offense plus notre vue... »

De manière inattendue, Muhammad sourit. Il attira ses filles à lui et leur baisa le front. Avec des mots doux, il leur assura qu'elles étaient les bienvenues. Leur répudiation ne leur serait pas comptée comme une faute.

— Les fils ibn Lahab ne sont que des païens. Ils ignorent qu'ils viennent d'accomplir la volonté d'Allah le Clément. Leur sang est tout aussi corrompu et voué au malheur que celui de leur père. Que serait devenue notre descendance, née d'une telle engeance ? Allah vous en libère, et moi je vous préfère mille fois dans ma maison que sous le poids de ces fils de Baal.

Après quoi, il les confia à Ashemou afin qu'elle les installe dans leur ancienne chambre de filles.

La nuit était tombée. La cour s'était vidée et le silence, de nouveau, pesait sur Mekka comme sur la maisonnée. Entre les maigres halos lumineux des lampes à huile que la brise troublait sans cesse, les ombres demeuraient chargées d'une humeur inquiète.

Des chuchotements et des rires étouffés revinrent dans le quartier des femmes, et durèrent longtemps. Captivant les servantes, et peut-être bien Ashemou elle-même, Ruqalya et Omm Kulthum racontaient avec une multitude de détails les bonheurs, les déceptions et les dernières heures de leur vie d'épouse.

Fatima les écoutait, recroquevillée dans un coin, ne cachant pas son dédain et son agacement. Il n'y avait, hélas, rien de bien nouveau dans ce flot de bavardages. Ses sœurs demeuraient absolument sans conscience de la bataille dont elles avaient été, pour un court moment, le simple enjeu. À les entendre, à subir leurs plaintes, leurs grimaces et leurs gloussements ridicules, on aurait pu croire qu'elles ignoraient tout de la lutte fratricide qui opposait leur père aux malfaisants.

Fatima songea à se réfugier dans sa chambre, mais la fatigue et la douleur de sa cheville la firent s'allonger simplement sur les coussins de la pièce commune. Elle commençait à s'endormir lorsque le rire pétillant et incongru de Ruqalya sonna comme une provocation et la fit se redresser.

— La vérité, disait sa sœur, c'est que je suis soulagée. De mon époux, j'étais dégoûtée. Jamais je ne l'ai trouvé beau comme doit l'être le bien-aimé d'une belle femme. Il a sept ans de plus que moi et paraît presque aussi vieux et gras que son père. Sa sueur est aigre. Son haleine, mieux vaut l'oublier. Dans la couche, il ne sait quoi faire. Il s'ennuie dès qu'il y a deux vêtements à défroisser et une ceinture à dénouer. Tout vient et passe sans que l'on ait le temps de s'apercevoir de rien. Ce qu'il aime, c'est la chair molle des vieilles servantes. Elles lui rappellent les tétons de sa mère. Oui, la vérité, c'est que j'ai ressenti un grand soulagement quand son père m'a dit : « Va-t'en, Va-t'en ! » C'était comme si notre Rabb Clément et Miséricordieux exauçait mon vœu le plus cher.

Ruqalya roucoula encore, masquant son rire de ses doigts fins. Les servantes, ravies, singèrent ses mimiques lamentables. Ashemou, qui savait ce qu'en pensait Fatima, coula un regard apaisant dans sa direction.

Mais Ruqalya n'en avait pas fini :

— La vérité, répéta-t-elle sans plus rien masquer de son excitation, la vérité, c'est aussi qu'il y en a un dans Mekka qui viendra dès demain me demander pour première épouse à notre père.

Un grondement extasié jaillit des lèvres des servantes. La lumière minuscule de l'unique lampe à huile qui brûlait encore était moins brillante que leurs yeux.

— 'Othmân ibn Affân ! lâcha Ruqalya dans un petit cri victorieux. C'est lui que vous verrez bientôt dans notre cour.

Des « oh » et des « ah » tombèrent de la bouche des femmes. Ruqalya ruisselait de fierté. Othmân ibn Affân était sans conteste le plus bel homme de Mekka. Il avait à peine passé la vingtaine et nombre d'histoires couraient déjà sur les cœurs qu'il avait dévastés.

— Cela fait plus d'un an que je lui résiste, expliqua Ruqalya. Dès que mon mari partait pour la chasse, il se débrouillait pour être sous mon regard. Quand mon époux s'absentait pour de longs voyages vers le Nord ou le Sud, si je l'avais laissé faire, il aurait soudoyé toute la maisonnée pour atteindre ma couche. Aiiie ! Combien de fois ai-je failli céder ?

Les servantes gloussèrent, se frottant les cuisses, la tête farcie d'images. Cette fois, Fatima fut sur le point de réagir. Cette idiote de Ruqalya n'avait-elle aucune conscience de sa vulgarité ? Mais avant qu'elle n'ouvre la bouche, Ashemou, gentiment ironique, demanda :

— Cet 'Othmân ibn Affân, il est du clan des Omayya Abd Sham, n'est-ce pas ? Aujourd'hui, tu peux être certaine qu'il tournait autour de la Ka'bâ, dans les pas des mauvais qui haïssent ton père. Sans doute, quand il parle de notre maître, dit-il « Muhammad le Fou », comme les autres... Tu veux croire qu'il t'épousera après qu'un Utbal ibn Lahab t'a jetée hors de chez lui ?

— Tu te trompes, protesta Ruqalya avec dédain. Tu te trompes du tout au tout. Tu ne connais rien de lui. C'est tout le contraire. Peut-être bien que ses pères et ses oncles crachent sur notre père, mais lui, Othmân, son cœur n'est pas pourri. Il y a trois lunes, juste avant la nuit, devant la Ka'bâ, il m'a pris la main. J'ai pu voir loin au-dedans de lui. Il m'a regardée dans les yeux. Les siens sont transparents, avec un peu de ciel bleu sur le pourtour. Dans des yeux pareils, le mensonge ferait une ombre, j'en suis certaine... Il a dit : « Si le Dieu de ton père est si puissant qu'il peut engendrer une femme aussi belle que toi, alors pour le restant de mes jours je serais heureux de me soumettre à sa loi. Moi aussi je dirai : Allah est grand et il n'y a de Dieu que lui ! »

C'en était trop ! Fatima prit son bâton et se glissa du mieux qu'elle put dans le silence de la cour. Là, au moins, il était possible de respirer.

Un moment, elle testa la solidité de sa cheville. Cela allait mieux. Si les baumes de la vieille Bédouine n'avaient pas repoussé la mort de l'oncle Abu Talib, au moins la soulageaient-ils.

La nuit était sans lune. L'obscurité fourmillait d'étoiles si vives qu'elles en devenaient éblouissantes. Fatima ne put s'empêcher de penser à Abd'Mrah. Et de penser à lui d'une certaine façon. Dormait-il ? Sous une tente ou simplement sur un peu de terre douce, enveloppé dans son manteau de berger ? Avait-il lui aussi les yeux ouverts en cet instant ? Contemplait-il les étoiles ? Se demandait-il si elle les regardait ? Se pouvait-il qu'un homme et une femme, séparés par des déserts, des montagnes et peut-être même des mers, puissent nouer leurs yeux et leurs pensées dans l'étendue laiteuse des étoiles ?

Fatima frappa le sol de son bâton. Quelle stupidité ! Ces bavardages futiles et incessants qui avaient noyé ses oreilles toute la soirée lui brouillaient la cervelle. Le feu de la honte, ou d'on ne sait quoi, lui brûla les joues autant que la poitrine. Qu'Allah le Clément et le Miséricordieux la protège de devenir aussi sotte que ses sœurs !

— Fatima ? Fatima, c'est toi ?

Le chuchotement la glaça. Il provenait du quartier des hommes. Elle jeta un coup d'œil en direction de la porte de son père. Aucune lueur de lampe ne perçait les fentes du vieil huis. Et rien non plus n'était visible des autres chambres, seulement une ombre plus épaisse que la lueur argentée des astres n'atteignait pas.

— Fatima...

Fatima sursauta : le chuchotement venait de tout près. Cette fois, elle reconnut la voix : c'était celle de Zayd. Elle avait été trompée par le faible écho. La silhouette de Zayd se découpa sur le tamaris. Il murmura, comme une excuse :

— Il est arrivé trop de choses aujourd'hui pour que je puisse dormir.

Il bascula le visage vers le ciel et ajouta :

— Parfois, quand les étoiles nous donnent tant de lumière, j'ai l'impression qu'Allah – que Sa Clémence soit sur moi ! – est si proche que je pourrais le toucher. Certainement bien plus que pendant la journée, où tout est si difficile, si plein de cris de haine, de mensonges et de rêves impossibles à exaucer.

Il s'ensuivit un silence embarrassé. Fatima ne trouvait aucun mot à prononcer. S'il en était un, parmi tous les hommes de la maisonnée, dont elle appréciait les paroles et les manières douces, c'était lui. S'il en était un, en dehors d'Ashemou et d'Abdonaï, à qui elle faisait confiance et dont elle aimait les pensées, c'était lui aussi. Pourtant, en cet instant, c'était comme si elle devait cacher une part d'elle-même.

Zayd le sentit. Il dit tout bas, sur un ton qu'il voulait désinvolte :

— Je t'ai vue marcher, on dirait que ta cheville va mieux.

Fatima approuva d'un signe. La voix de Zayd trembla quand il ajouta :

— Tu penses à lui, au Bédouin... Il a été plus courageux que nous tous.

Il hésita, chuchota :

— Si tu veux avoir de ses nouvelles et peut-être le revoir, ne tarde pas à ramener la mule à la vieille Haffâ. Ce soir, Abu Bakr, Tamîn et Abdonaï ont convaincu notre père qu'on ne pouvait rester dans Mekka. C'est trop dangereux. Abu Lahab n'a qu'un désir : créer l'occasion de nous écraser tous. Il vaut mieux s'écarter et attendre que les cris des Makhzum et des Abd Manâf retombent. Tamîn a dit à notre père : « Pourquoi ne vas-tu pas à Ta'if ? Tu pourrais y porter la parole d'Allah, qu'Il nous éclaire de Sa Miséricorde, et ainsi augmenter le nombre de ceux qui nous suivent, avant de revenir plus fort ici, dans Mekka. » Notre père a réfléchi un long moment avant d'acquiescer. Abdonaï a proposé que nous partions dans trois ou quatre nuits, le temps de préparer le voyage. « Il ne faut pas se précipiter et laisser croire aux mauvais que nous fuyons », a-t-il dit.

## La rencontre

Ashemou déposa une tunique neuve sur la couche de Fatima. C'était l'une des siennes. Désormais, le corps de la jeune fille s'affirmait assez pour qu'elle lui convienne. Depuis toujours, de certaines choses Ashemou devinait tout.

— Enfile cette robe. Il sera heureux de te voir belle.

Fatima fut tentée. Elle s'imagina se montrant à Abd'Mrah dans cette tunique somptueuse.

— Elle doit te revenir, assura Ashemou. Ta mère me l'a donnée, il y a longtemps, et je ne l'ai portée qu'une fois. Elle est faite pour toi, aujourd'hui.

Fatima songea alors à la tunique précieuse qu'elle portait quatre jours plus tôt, devant le grand marché. Abd'Mrah l'avait vue une fois dans une tenue bien trop riche. Cela suffisait.

À la manière sévère de son père, elle répondit à Ashemou :

— Les Bédouins ne possèdent pas trois tuniques pour une année de vie. Voudrais-tu qu'il se sente insulté en me voyant ?

Ashemou sourit, moqueuse :

— Aucun homme, même un Bédouin, ne se sent insulté parce qu'une femme lui fait présent de sa beauté.

Fatima rougit. Était-elle si transparente qu'Ashemou pouvait lire en elle, alors qu'elle-même ne saisissait pas ce qui lui arrivait ?

D'abord, elle avait admiré le courage du Bédouin. Puis elle avait approuvé son honnêteté : il lui avait promis de l'aider à lutter contre les mauvais et, à la première occasion, il avait prouvé qu'il ne parlait pas pour ne rien dire. Puis était revenue et revenue la pensée de ce regard qu'avait eu Abd'Mrah après son combat. La pensée qu'il avait souillé ses mains pour sauver la vie de son père le Messager, et qu'elle, elle lui devait quelque chose en retour.

Quelque chose qu'elle n'osait admettre. Quelque chose qui l'entraînait dans des errements aussi sots que ceux de ses sœurs.

Mais dont elle ne parvenait pas à se débarrasser. Et qu'Ashemou elle-même semblait avoir percé.

Furieuse contre Ashemou, irritée contre elle-même, elle enfila la plus ordinaire de ses tuniques.

Maintenant, elle approchait des puits d'al Bayâdiyya et des tentes des Bédouins. Et il lui fallait bien le reconnaître : son cœur tapait fort au seul espoir de revoir Abd'Mrah, ce garçon presque inconnu !

Elle contraignit la mule à aller à petits pas. Pour la dixième fois, elle se répéta que tout cela était infiniment stupide, puisque, précisément, il était impossible qu'Abd'Mrah soit de retour auprès des siens.

Deux nuits seulement étaient passées. Il devait être encore loin de Mekka. À l'abri de la vengeance de Yâkût al Makhr.

Il le fallait, pour sa sécurité.

L'idée d'une rencontre était donc ridicule ! Dans un instant les enfants surgiraient devant elle, comme la première fois. Ils la conduiraient vers la vieille Haffâ, à qui Fatima laisserait la mule blanche, des cadeaux, des remerciements. Peut-être s'inquiéterait-elle négligemment de savoir si Abd'Mrah...

Non. Elle se mentait. Ce n'étaient là que des mots d'imagination. Quelque chose en elle soufflait tout le contraire. Et c'était terrible...

Il y eut soudain un sifflement strident.

Il résonna tel un cri d'oiseau entre les pans de roches dressés sur les bas-côtés. Fatima venait de franchir l'embranchement conduisant à Mina. Elle devinait les premières tentes serrées à l'abri des ravines de basalte noir.

Ses mains tirèrent sur la longe de la mule sans qu'elle en eût conscience. Son regard se brouilla. Sa poitrine fut soudain aussi vide qu'une jarre brisée.

De nouveau le sifflement résonna, lui frappant le dos.

C'était lui. Impossible d'en douter.

Pourtant, elle ne pouvait pas faire un geste de plus.

Loin au bas de la route, elle entendit des cris. Des enfants, comme elle l'avait prévu, apparurent. Ils ne regardèrent pas dans sa direction et se contentèrent de mener leurs moutons vers les herbes sèches des pentes.

Elle trouva enfin la force de se retourner.

Les pans de son chèche masquaient son visage, mais c'était bien lui ! Elle fut surprise tout de même. Il montait un splendide méhari d'une blancheur si parfaite que la mule, en comparaison, paraissait presque grise.

Il lui fit signe d'approcher. Comme elle ne relançait toujours pas sa monture, il répéta son geste avec impatience.

Quand elle fut près de lui, elle découvrit la longue nimcha suspendue à la selle du méhari. Une arme comme on ne s'attendait pas à en trouver dans la main d'un Bédouin.

Sans un mot, Abd'Mrah lui indiqua un passage qui s'enfonçait entre les plis de basalte. Il l'y précéda, se balançant, plein d'élégance, sur son méhari. Avec soulagement, Fatima s'aperçut que son cœur s'était enfin calmé.

Comme elle avait bien fait de ne pas céder à la tentation ! De quoi aurait-elle eu l'air, maintenant, à suivre Abd'Mrah en tunique précieuse alors qu'il se comportait en guerrier ?

Le passage tout à coup s'élargit, dessinant une sorte de clairière entre des replis de roche parsemés d'arbustes. L'endroit était assez vaste pour qu'Abd'Mrah y fasse pivoter son méhari. Quand il fut face à Fatima, il découvrit son visage. Il souriait.

— Je t'attendais, dit-il.

C'était la vérité. Il ne pouvait en aller autrement. Pourtant Fatima se demanda comment cela était possible. Abd'Mrah ne la laissa pas longtemps dans l'ignorance. Il fit agenouiller sa monture, en descendit et tendit une main pour que Fatima s'y appuie pendant qu'elle se laissait glisser du dos de la mule. Conservant sa main dans la sienne, Abd'Mrah déclara :

— Ne cherche pas. Celle qui te sert de première servante a prévenu la vieille Haffâ. « La fille du Messager ramènera la mule demain. » On me l'a fait savoir.

Ashemou ! Fatima aurait dû s'en douter.

Elle songea à retirer sa main de celle d'Abd'Mrah. Elle ne le fit pas. Ses doigts étaient trop fermes, trop doux.

Abd'Mrah dit encore :

— Durant la nuit, je suis revenu du lieu où al Makhr ne me trouvera pas. Mais il valait mieux qu'on ne nous voie pas sur la route. Ni dans les tentes. Yâkût y a ses espions, et certains sont toujours tentés de trahir pour un peu de richesse. Et toi, tu vas te rendre à Ta'if avec ton père. Il a raison. Il ne doit pas rester à Mekka. Il est trop précieux, et les autres aujourd'hui sont bien plus forts que lui.

Il sourit, même si son regard était sérieux. Il semblait aussi terriblement sûr de lui. Fatima s'en agaça. Elle retira sa main.

— Je venais rendre la mule et aussi te dire au revoir. Mais puisque tu sais déjà tout...

Abd'Mrah cessa de sourire.

— Je le sais parce qu'il le faut ! Tant que vous êtes à Mekka, on doit vous protéger. On a notre manière à nous que les mauvais ne peuvent pas imaginer. Toi, le Messager et toute votre famille, vous nous êtes précieux. Jamais encore un puissant de Mekka n'était venu à nous, les Bédouins, pour nous dire : « Notre Dieu est le vôtre. Sa Clémence s'étend sur vous comme sur nous. » Pour ceux de la mâla qui tournent en rond sur la Ka'bâ, le petit bétail que nous vendons a plus de prix que nous-mêmes. Depuis les pères de nos pères de nos pères, les grands clans nous considèrent moins que des humains. Pour eux, si nos semelles frottaient les rues de la cité, elles les souilleraient. Ton père le Messager dit tout le contraire. Il dit : « Tout ce qui est bon pour Allah est bon pour toi, Bédouin. Tu es Sa créature autant que je le suis. » Qu'il en soit remercié pour l'éternité ! Tu le lui répéteras. Et aussi que je n'ai pas peur d'un Yâkût al Makhr.

Enflammé par ses mots, Abd'Mrah saisit de nouveau la main de Fatima. Son visage irradiait tout à la fois de colère, d'intelligence et de confiance. Mais elle n'avait aucun mot en réponse, et son seul désir était de se fondre dans ses bras. Il lui resta tout juste assez de force pour se mordre les lèvres et retenir la folie de son corps.

Peut-être Abd'Mrah éprouvait-il lui aussi la même tentation. Et lui aussi sut se maîtriser. Un peu brusquement, il abandonna sa main. Un silence embarrassé se glissa entre eux.

D'une voix blanche, comme lavée d'émotion, Fatima déclara :

— Je rapporterai tes paroles à mon père. Je sais qu'il en sera heureux et qu'il t'en estimera.

Abd'Mrah se contenta d'un signe, sans la quitter du regard.

Dans son dos, le méhari blatéra soudain, impatient, comme s'il se sentait trop à l'étroit. Abd'Mrah l'apaisa d'un claquement de la langue. Il attrapa la longe de cuir, l'enroula à la pointe de ses doigts. Son sourire narquois était revenu sur ses lèvres.

— Le vieux Perse t'a-t-il aussi appris à monter un méhari ?

De surprise, Fatima ne répondit pas tout de suite. Puis elle se souvint de ce qu'Abd'Mrah lui avait confié à leur première rencontre, à la sortie du cimetière d'al Ma'lât. S'il l'avait espionnée tandis qu'elle s'entraînait avec Abdonaï, au moins ne savait-il pas tout d'elle.

Elle annonça fièrement :

— Il me l'a appris. Et aussi à me servir de l'arc au galop.

— Alors, tu sauras conduire cette bête jusque dans votre cour. Je l'offre à ton père. C'est un méhari de cinq ans. Le plus beau, que j'ai dressé moi-même. Et le plus rapide.

— Pour mon père ?

— Oui. Il peut en avoir besoin sur la route de Ta'if. Là-bas aussi, peut-être...

La petite flamme amusée dans son regard révéla qu'il avait perçu la déception de Fatima. Mais il parut ne pas y prêter attention. Il lui glissa la longe entre les doigts, lui prodigua quelques conseils sur le caractère de la bête et s'excusa pour la mauvaise selle.

— Muhammad le Messager en a certainement de plus belles et de plus dignes de lui dans ses entrepôts, dit-il.

Il plaisanta encore, affirmant que la mule blanche serait bien plus discrète pour rejoindre sa cachette et ses troupeaux.

— Le dos d'une mule, c'est la vraie place d'un Bédouin, persifla-t-il.

Mais lorsque Fatima eut planté les pieds dans le cou du méhari et intimé à la bête l'ordre de se relever, Abd'Mrah saisit le bas de la tunique de la jeune fille, le porta à ses lèvres et à son front. Puis, lui donnant son nom complet, que personne jamais n'utilisait, il demanda :

— Fatima Zahra, Fatima Zahra, est-ce que parfois, la nuit, tu laisses tes pensées errer entre les étoiles, comme si tu te promenais dans le jardin d'une oasis ?

— Oui, souffla Fatima.

— Ah ! Je m'en doutais... Moi aussi. Ces dernières nuits, j'ai quelquefois eu l'impression de t'y rencontrer.

L'émotion serrait trop la gorge de Fatima. Elle ne put qu'approuver d'un geste.

— Peut-être auras-tu envie de t'y promener quand tu seras à Ta'if ? La montagne, là-bas, est encore plus près des étoiles qu'ici, et le ciel plus pur.

De nouveau Fatima, les doigts serrés à lui faire mal sur la longe, opina.

— Le méhari est pour ton père, qu'Allah le Clément et Miséricordieux le protège ! À toi aussi, je voulais faire un cadeau. Mais il n'y en a qu'un qui soit digne de la pensée que j'ai de toi, et je ne pourrai te l'offrir que lorsque nous nous rencontrerons là-haut, dans la grande rivière du ciel.

Il la regarda s'éloigner en direction de Mekka. Tout du long, elle eut la force de ne pas se retourner. Elle sentait son regard sur elle.

Les choses allaient ainsi entre eux : il leur suffisait de se fier à cette magie qui les unissait.

# La maison d'Al Arqam

Quand elle revint dans leur cour, montée sur le splendide méhari offert par Abd'Mrah, sidérant tous ceux croisés dans Mekka, son père fut le premier à montrer son plaisir.

Il tint à faire lui-même une promenade sur l'animal en compagnie d'Abdonaï et d'Ali. À son retour, en remerciement, il fit porter chez les Bédouins une gourde de beau cuir enveloppée dans un fin tissu. À l'époque où il passait tout son temps dans la grotte de la révélation, il y avait fait inscrire les premiers versets de la sourate al Fajr dictés par l'archange Gabriel :

*Par l'aurore*
*Et ses dix-huit nuits,*
*Par le pair et l'impair,*
*Et la nuit quand elle passe et coule*
*Vient-il le serment pour celui qui est doué d'intelligence ?*

Zayd alla déposer le cadeau entre les mains de la vieille Haffâ. Elle saurait comment le faire parvenir à Abd'Mrah.

À Fatima aussi, son père adressa des mots tendres et des compliments :

— Tu me rends heureux, ma fille. Tu sais reconnaître ceux dont tu dois t'approcher, puiser en eux force et soutien. Qu'Allah le Matriciel soit mille fois remercié de t'avoir donné vie et de te montrer le bon chemin !

Avec un sourire de grand contentement, il ajouta :

— L'attitude de ce garçon bédouin est un signe du Puissant Seigneur. Aux habitants de Ta'if, nous dirons la parole d'Allah. Puisse-t-Il être Clément et Miséricordieux ! Ils l'entendront.

Comme si son Rabb voulait répondre à sa joie par une preuve supplémentaire, à la tombée de la nuit, juste avant la dernière prière, eut lieu un événement très rare. Un jeune chef du clan des Makhzum frappa à la porte bleue. Il se présenta seul, sans escorte ni arme, en simple tunique et manteau. Dès qu'Abdonaï lui ouvrit, il se précipita vers le tamaris, s'exclamant d'une voix toute tremblante :

— Muhammad le Messager, mon nom est Al Arqam ibn Abd Manâf.

— Je sais qui tu es et d'où tu viens.

— Je viens d'où je viens, Messager. Cela, on ne peut le défaire. Mais s'il en est un que je veux suivre dans Mekka et considérer comme un père, c'est toi.

— Moi ? Moi, on ne me suit pas. Celui que l'on suit, c'est Celui qui parle par ma bouche. Tu veux te soumettre aux paroles et aux règles d'Allah le Tout-Puissant ?

— Je n'ai pas d'autre volonté, Messager. Je t'écoute depuis longtemps. Et j'étais au grand marché quand ceux de mon clan ont voulu te planter une lame dans la gorge. Depuis des lunes, je subis les mensonges qui m'entourent dès qu'il s'agit de toi. Mon choix est fait. J'ai déjà trop attendu.

— Ils ne te le pardonneront pas.

— Le pardon pour ce que j'ai tardé à décider, ce n'est pas d'eux que je l'attends. Et s'Il le juge bon, Allah le Clément et Miséricordieux pourvoira à ma défense et à mon bonheur.

Al Arqam, qui n'avait peut-être pas vingt-cinq années, ajouta qu'il était riche. Sa maison était vaste. Elle possédait de hauts murs solides et offrirait un bon abri à ceux que les mauvais de son propre clan traiteraient mal et menaceraient. Il en avait assez entendu parmi les siens pour savoir que les temps à venir ne seraient pas de paix.

— On m'a confié que tu allais partir pour Ta'if. Quand tu ne seras plus dans Mekka, ceux qui te détestent prendront plaisir à se venger de toi sur ceux qui écoutent ta parole et n'ont pas de quoi se défendre.

À ces mots, Tamîn al Dârî s'inclina à l'oreille de Muhammad.

— La proposition n'est pas à repousser, dit-il. Elle répond à un souci qui nous hante tous depuis des jours. Les mauvais répètent trop souvent que Muhammad le Messager n'attire à lui que des faibles, des pauvres, des esclaves et des Bédouins... Tous ceux qu'ils méprisent et respectent moins que du petit bétail, des hommes sans alliance avec un clan qui pourrait les protéger de la malfaisance des puissants de la mâla.

Abu Bakr approuva. L'assurance et la détermination d'Al Arqam n'étaient pas à mettre en doute. Il le connaissait depuis longtemps. Son penchant pour la foi en le Seigneur Tout-Puissant ne le surprenait pas. Ni son courage ni sa décision. Le Messager pouvait lui faire confiance.

Aussi, le choix de quitter Mekka dès le lendemain devint-il plus léger pour Muhammad. Il invita Al Arqam à participer à la prière des nouveaux convertis. Il fut surpris de découvrir que le jeune homme connaissait déjà par cœur beaucoup des paroles qu'il avait tenues, soir après soir, devant la Ka'bâ.

Après la prière, Muhammad réclama un repas pour fêter le nouveau croyant. Ce fut le premier repas sans tristesse ni appréhension depuis longtemps. Et l'occasion de régler divers arrangements qui demeuraient en suspens avant le départ pour Ta'if.

Depuis deux jours Ruqalya protestait qu'elle ne voulait pas y accompagner Muhammad.

— Si je suis dans la montagne, répétait-elle, comment 'Othmân pourra-t-il plier les genoux devant moi et me prendre pour épouse ?

Comme Fatima, Ashemou craignait que Ruqalya ne vive dans l'illusion. Son imagination ne connaissait pas de bornes dès qu'il s'agissait d'hommes, d'amours et d'épousailles. Et

Omm Kulthum, qui admirait tant son aînée, ne faisait que la conforter dans ses rêves.

Abu Bakr, lui, demeuré en bons termes avec le clan d'Othmân, s'était informé discrètement. Quand vint la fin du repas et le moment de parler de ces choses-là, il annonça :

— Ta fille ne rêve pas autant qu'on pourrait le croire, Messager. Cet 'Othmân ibn Affân ne cesse de répéter à son père qu'il ne veut pas d'autre épouse que ta Ruqalya. Il dit : « Il n'est pas une femme dans Mekka qui possède une poussière de sa beauté. » Et de toi, il ne dit aussi que du bien. Que ta clairvoyance est profonde et qu'elle le remplit de respect. Que seul un Dieu Tout-Puissant peut avoir engendré un tel père et une telle fille, et qu'il n'a, en conséquence, que l'envie de se soumettre aux mots d'Allah.

Muhammad et ses compagnons rirent : de toutes sortes étaient les voies par lesquelles le Seigneur atteignait les cœurs.

— Les Ommayya ne se complaisent pas tous dans l'ombre d'Abu Sofyan, renchérit Tamîn. Il en est qui n'aiment pas son pouvoir sur la mâla. Et l'arrogance d'Abu Lahab leur déplaît trop souvent. Ce serait une belle alliance, si elle se faisait.

Abu Bakr approuva :

— Nous n'en avons pas tant que nous pourrions la négliger.

Ainsi, pour son grand bonheur, Ruqalya obtint-elle le droit de demeurer à Mekka en compagnie de sa sœur Omm Kulthum et de quelques servantes, le temps que le reste de la maisonnée s'installe à Ta'if. Et puisque le jeune Al Arqam proposait sa demeure pour plus de sécurité, elles y emménageraient.

Tamîn, pour sa part, annonça qu'il devait prendre la route du Nord pour son commerce. Abu Bakr et Muhammad n'ayant plus, désormais, le temps d'accompagner les caravanes au pays de Ghassan, c'était à lui de le faire. D'ailleurs, il avait là-bas des affaires en attente, lui qui y était né.

— Si Allah le veut, Il me rendra riche, dit-il à Muhammad. D'une richesse qui sera toute tienne, car tu en auras besoin pour tenir Sa parole. Tu ne dois pas douter de moi, je suis comme un doigt de ta main.

*Deuxième partie*

# Ta'if

# Le feu des étoiles

Abd'Mrah avait dit vrai. Depuis les montagnes de Ta'if, les étoiles paraissaient plus proches. Aussi, elles ne semblaient pas tout à fait les mêmes. Le fleuve scintillant de la Voie lactée était mieux aligné sur le nord et le sud. À l'est de sa rive, dès le premier soir, Fatima découvrit une sorte de lac de nuit. À une distance qu'elle pouvait comparer à la longueur de son poignet, il dessinait un ovale doux. En son centre, palpitantes et si proches qu'on eût peiné à passer l'aiguille d'une broche entre elles, deux étoiles jetaient, nuit après nuit, avec la même régularité, leur scintillement puissant.

Dès qu'elle était montée sur la terrasse de la maison, la nuit même de leur arrivée à Ta'if, Fatima n'en avait pas douté : depuis le campement où il gardait ses bêtes et se tenait hors des griffes des mauvais, Abd'Mrah devait observer un ciel aussi limpide que celui qu'elle contemplait. S'il songeait à elle comme il l'avait dit, c'était là, dans ce lac de pure obscurité, qu'il allait se promener pour la rencontrer. Sans doute ressentait-il sa présence comme elle sentait la sienne, tout autant que si la chaleur de leurs corps avait été à portée de leurs paumes.

Depuis une demi-lune, cela s'était répété chaque nuit. Après la prière du soir, Fatima ne manquait jamais de grimper, seule, en cachette, sur cette terrasse où sa mère, des années plus tôt, avait aimé se tenir.

Y venir et appeler Abd'Mrah.

Elle ne pouvait y demeurer longtemps. Ashemou, la tante Kawla ou une servante risquait de la chercher, de s'inquiéter, de la démasquer.

Elle maudissait cette surveillance, se promettait de se relever au cœur de la nuit pour retourner sur la terrasse. Mais, le premier et le deuxième soir, le sommeil avait eu raison d'elle. Elle ne s'était réveillée qu'à l'aube. Les étoiles, depuis longtemps déjà, s'étaient retirées.

La nuit suivante, une chose extraordinaire se produisit. Comme les jours précédents, Fatima se coucha dans la chambre qu'elle partageait avec Ashemou. Au plus noir de la nuit une force la réveilla. Elle ouvrit les yeux et faillit crier. Dans l'obscurité épaisse, le visage d'Abd'Mrah lui faisait face. On eût cru qu'une très subtile lumière épousait ses traits. Ou, quand ce n'était pas son visage qu'elle voyait, apparaissaient ses longues mains. Ou ses lèvres mobiles, la fine peau de son cou. Elle se redressa sur sa couche.

Le visage d'Abd'Mrah s'évanouit d'un coup dans le noir. Mais il en subsista quelque chose. Un souffle, un appel que Fatima comprit aussitôt.

Sans un bruit, elle quitta son lit. Plus silencieuse qu'un fennec, elle rejoignit la terrasse.

Alors commença l'autre magie. Les yeux perdus dans le lac de nuit aux deux étoiles scintillantes, elle se sentit capable de parler à Abd'Mrah. Aussi loin d'elle qu'il se trouvât en cet instant, elle était certaine qu'il pouvait entendre ses pensées comme elle entendait son murmure, voyait ses sourires, l'ironie soyeuse de ses yeux.

Et cela se reproduisit dix fois. Nuit après nuit, la magie eut lieu.

Une magie que Fatima ne pouvait ni expliquer ni confier à quiconque. Pas même à Ashemou.

Un secret qu'elle commença à porter avec autant de joie que de peur. Elle tremblait que son père ne l'apprenne. Lui qui ne manquait jamais de le clamer fortement à tous et à chacun :

« La magie est un mensonge, l'œuvre des démons et des ennemis du Rabb Clément et Miséricordieux. »

Mais le bonheur de la présence d'Abd'Mrah, la beauté du ciel d'étoiles et de leurs rencontres étaient trop grands. Fatima repoussait ses craintes.

Jusqu'à ce soir-là.

Pour la première fois depuis son arrivée à Ta'if, elle avait peur.

Terriblement peur.

Elle s'était éveillée, comme toutes les nuits, avait ouvert les yeux. Mais l'obscurité était demeurée vide.

Avec un frisson d'effroi, elle avait murmuré le nom d'Abd'Mrah. En vain. L'immensité ténébreuse de la chambre avait seulement résonné d'un gémissement d'Ashemou, comme si l'ancienne esclave faisait un mauvais rêve.

Immobile sur sa couche, Fatima avait attendu. Et attendu. Une sinistre anxiété s'était glissée en elle. Puis un froid qui ne devait rien à la fraîcheur des nuits en montagne. Elle n'avait plus supporté de patienter. Malgré sa crainte de réveiller Ashemou, elle avait encore prononcé le nom d'Abd'Mrah. D'abord sans bouger les lèvres. Puis tout doucement.

Rien n'était venu en retour.

Elle avait roulé hors de son lit, grimpé sur la terrasse, serrant les mâchoires pour ne pas claquer des dents.

Là-haut, son regard était allé droit au lac de nuit.

Il avait disparu.

Un nuage, un unique nuage aux contours nettement dessinés par les feux de la Voie lactée, l'effaçait.

Les genoux de Fatima avaient plié. Elle s'était accroupie contre la murette. Et maintenant, une étrange douleur l'empêchait de respirer. Mille questions terribles lui écrasaient la poitrine.

Toute la beauté des nuits passées n'était-elle donc qu'une illusion ?

S'était-elle véritablement livrée aux forces malignes des démons ?

Elle, la fille du Messager !

Durant ces nuits si merveilleuses, s'était-elle laissé abuser par le Mal, attisant la colère du Dieu de son père ?

Ô puisse-t-Il, puisse-t-Il demeurer Clément et Miséricordieux !

Mais non, Il ne le serait pas. Il ne l'était pas, elle le savait.

La vérité, depuis des jours elle l'entendait en elle, mais, toute à son bonheur de la magie perverse qui la saisissait chaque nuit, elle s'en était détournée.

Elle se mit à trembler. Pressa ses paumes contre ses paupières. Contre sa bouche aussi, pour ne pas crier sa honte.

À présent, elle comprenait tout : la douleur et l'impuissance qui s'étaient abattues sur son père, le Messager, depuis leur arrivée à Ta'if...

Elle avait attisé la colère d'Allah. Elle était devenue celle qui alourdissait la barque.

# Le prophète Younes

Quand enfin ils avaient quitté cette Mekka qui les haïssait et laissé derrière eux les sombres jours qui avaient précédé, Fatima avait vu combien son père appréciait de chevaucher le fin méhari.

L'animal en un rien de temps s'était accoutumé à son nouveau maître. Tout au long de la route, retrouvant la légèreté de sa jeunesse, en franchissant le col d'al Namra et la vallée d'Arafa, Muhammad avait poussé la bête dans de longs galops. Personne, pas même Abdonaï monté sur son vieux cheval de razzia, noir et endurant, n'avait pu le suivre.

Hélas, cette bonne humeur se brisa dès leur arrivée à Ta'if.

Muhammad le Messager se présenta devant le Conseil de la cité. Là, les vilenies d'Abu Lahab et d'Abu Sofyan avaient déjà accompli leur œuvre. Les puissants de Ta'if leur étaient liés par d'anciennes et solides complicités. En son temps, Khadija avait su les amadouer. Mais, de son veuf, ils ne voulaient rien entendre. Les premières paroles qu'ils lui adressèrent furent pour le repousser :

— Si tu viens pour profiter de la fraîcheur des sources et des terrasses de Ta'if, de la maison et des champs verts de ton épouse défunte, dirent-ils, tu es le bienvenu. Si tu viens pour semer tes mots et tes condamnations aux enfers, comme tu l'as fait à Mekka, nous nous boucherons les oreilles. Aussi bien, repars tout de suite ! Si tu viens jeter tes sors de djinn sur Isâf, notre dieu bien-aimé, sur Ozzâ l'Éternelle et sur Al'lat la Grande, tu périras.

Ils ajoutèrent :

— Tu n'es pas de taille à les affronter, et nous, nous n'hésiterons pas à te combattre. Comme tu ne sais pas garder la bouche close, l'opinion du Conseil est qu'il vaut mieux pour toi repartir dès demain.

Fatima fut bouleversée par la mine sombre de son père. La joie qui l'avait accompagné tout au long de la route et avait illuminé son visage s'était muée en une cendre grise qui lui ruinait les traits. Hormis pour la prière, il ne parla plus jusqu'au lendemain.

Alors, ce fut pire.

Malgré les menaces, Muhammad s'aventura dans les champs où l'on cueillait des olives et des fèves afin d'évoquer Allah le Clément. D'abord, il dut essuyer des insultes. Et comme il s'obstinait, les gens se mirent à lui lancer des pierres, des mottes de terre et du bois mort à la figure. Abdonaï l'accompagnait. Il contraignit son maître à revenir dans la cour de leur maison.

Pour la première fois, Fatima vit son père dans un grand abattement. Même les mouvements de ses mains, d'ordinaire si vifs, étaient alourdis d'une fatigue qu'elle ne lui connaissait pas.

Après la prière du soir, elle l'entendit chuchoter à Abu Bakr :

— Mon Rabb doute de moi. Sa parole ne m'est plus envoyée. Je vais sur le chemin en aveugle. Je tends la main. Mes doigts ne touchent que le froid et le vide. Où est ma faute ? Je dois la trouver pour m'en purifier.

Ensuite, les jours adoptèrent une tournure imprévue. Désormais chacun, femme ou homme, fut voué à l'étude.

Zayd avait quitté Mekka avec un coffre rempli de rouleaux d'écritures choisis par Waraqâ. Ces rouleaux racontaient l'histoire des prophètes juifs de Ghassan. La langue était celle des

Hébreux que Zayd, né au pays de Kalb, connaissait. Selon la volonté de Muhammad, il l'enseignait à Ali depuis deux années.

Puisqu'il n'était plus possible d'aller porter la parole d'Allah dans les rues et les champs de Ta'if, Muhammad ordonna que chaque jour, après la prière de l'aube, Zayd et Ali fassent la lecture des rouleaux à toute la maisonnée. Ils devaient lire et traduire dans la langue du Hedjaz : pour eux deux un exercice difficile ; pour les autres, l'apprentissage de la patience.

— Vous devez être attentifs et capables de faire fonctionner votre cervelle, disait Muhammad. Ce sera une grande éducation pour vous tous, surtout pour vous, les femmes, que d'apprendre comment Allah le Tout-Puissant a déjà, et depuis longtemps, fait retentir Sa voix et sentir Sa présence aux vivants.

Sans surprise, Ashemou se montra très vive et absorbée par ses études. Elle retenait sans peine les nombreux noms que Zayd et Ali prononçaient. Ces aventures marquaient Fatima. Le soir, dans le quartier des femmes, toutes deux en discutaient longuement, alors que les servantes et la tante Kawla plongeaient dans le sommeil en se plaignant d'avoir la tête prête à éclater de trop de mots.

Fatima eut plus d'une fois la pensée qu'Abd'Mrah, avec ses manières si particulières, ses secrets, son courage et sa beauté, ressemblait beaucoup à certains de ces personnages qui prenaient vie, comme par magie, dans l'encre des rouleaux de Waraqà, les yeux et la bouche d'Ali ou de Zayd.

Muhammad aussi pouvait se montrer très ému par ces lectures.

Lorsque Zayd lut l'histoire du prophète Younes – *Jonas*, comme il le prononçait dans la langue des Hébreux –, Muhammad l'écouta avec un recueillement intense, même s'il l'avait déjà entendue bien des fois. Fatima vit ses lèvres et ses paupières closes frémir d'émotion.

Quand Zayd se tut enfin, d'une main levée Muhammad ordonna le silence, la réflexion et le recueillement pour tous. Après un temps qui parut très long, d'une voix douce et sans certitude, comme s'il se parlait à lui-même, il dit :

— Younes... Le poisson l'a avalé au moment où il se faisait des reproches. Des fautes, il en avait commis. Il les connaissait : elles étaient inscrites partout en lui. Allah ne pouvait qu'en être aveuglé. Et quand ce bateau où il voyageait a menacé de sombrer, Younes n'a pas douté : c'était lui, et nul autre, le poids qui entraînait la barque vers le fond de l'océan. Alors, après tant de mauvais choix, il a fait le bon : il a sauté de la barque, qui s'est alors remise à flot. Et le monstre des mers a avalé Younes, le poids mort. Voici ce qui est dit : Un seul homme peut faire couler la vie de tous ; un seul homme peut l'empêcher de sombrer. Si Younes n'avait pas cru dans la Clémence et la Miséricorde d'Allah, il serait encore dans le ventre puant du monstre de la mer, et ce jusqu'au Jugement dernier. Le Seigneur Dieu l'a relevé nu de ses fautes pour qu'il Lui sois utile[1]. Et pour moi, Son Messager, dans la grotte de Hirâ, au-dessus de Mekka l'hypocrite, il en est allé pareillement. Après bien des erreurs, je suis allé attendre Sa décision dans l'antre obscur. Gabriel est venu de Sa part pour que je Lui sois utile, ainsi que Younes lorsqu'il fut envoyé au-devant de la multitude de Ninive[2]. Comme pour Younes avant moi, à Mekka et à Ta'if, il n'a pas manqué de fraudeurs, de mécréants et de débauchés pour dresser la violence des idoles contre Lui.

Muhammad releva les yeux. Il observa ceux qui l'écoutaient, l'un après l'autre.

Un souffle de déception blanchit sa voix lorsqu'il murmura :

— La barque surchargée où se trouvait Younes, elle vogue toujours. Elle est toujours prête à rouler dans la gueule du monstre. C'est la vie même.

Son regard demeurait puissant, mais Fatima comprenait le poids invisible qui pesait sur les épaules de Muhammad le Messager. Pourtant, durant toutes ces dernières années, il avait

1. Coran 37, 139-147.
2. Coran 10, 98.

montré une indestructible confiance en Allah, son Seigneur Tout-Puissant.

Et ce poids, ce doute, elle en saisissait soudain la raison.

Muhammad, depuis leur arrivée à Ta'if, leur parlait à eux, ceux de sa maisonnée. Mais pour lui, c'était comme se parler à soi-même dans une pièce vide. Il ne faisait qu'accomplir le plus simple de ses devoirs. Sa parole était la voix du Tout-Puissant par les mots que lui adressait Gabriel. Sa parole était plus grande que lui, et infiniment plus grande que sa maisonnée : elle était conçue pour atteindre les oreilles et le cœur des hypocrites et des mécréants.

C'était aux dévots des faux dieux, aux adorateurs des idoles de pierre et de bois qu'Allah, son Rabb, lui demandait de s'adresser. C'était à lui, Muhammad le Messager, de sauter dans l'océan, comme l'avait fait Younes, pour soulager la barque de la vie.

Et n'était-ce pas ce qu'il avait fait sans relâche depuis les premiers appels de son Rabb dans la grotte de Hirâ ?

Pourtant, à chaque pas qu'il faisait, Allah élevait de nouveaux obstacles devant lui. Chaque jour naissaient de nouveaux ennemis. Chaque jour, davantage de trahisons, davantage d'incompréhensions. Davantage de haine. Chaque jour le chemin devenait plus difficile et la barque plus lourde et plus près de sombrer.

Pourquoi ? Pourquoi ?

## Pourquoi le mal ?

Après cette lecture de l'histoire de Younes, des questions hantèrent Fatima.

Pourquoi Allah le Clément et Miséricordieux se montrait-Il si intraitable envers Son Messager ? Pourquoi ne donnait-Il pas à celui qu'Il avait lui-même choisi tous les moyens de vaincre les mauvais ? N'était-Il pas le Tout-Puissant ? Celui qui décodait ce qui était et ce qui n'était pas ?

Tout le jour, elle ressassa cette pensée, jusqu'à en avoir le cœur plus pesant qu'une pierre. La tristesse lui poussait comme un tissu mouillé dans la gorge, l'empêchant de respirer. Elle n'avait plus qu'un seul espoir de légèreté et de joie : le moment où elle pourrait enfin retrouver Abd'Mrah dans le lac aux deux étoiles.

Mais Allah avait déposé cette nuée opaque au cœur de la nuit, interdisant leurs retrouvailles magiques.

Maintenant, sur cette terrasse que sa mère avait aimée, face au nuage de ténèbres qui masquait jusqu'aux étoiles de la Voie lactée, qui effaçait et détruisait tous les pouvoirs maléfiques des démons, la réponse à la question qu'elle s'était posée tout le jour monta à ses lèvres, effrayante.

Elle qui avait fait la promesse de protéger son père avait-elle attiré sur lui la colère du Tout-Puissant ?

Un bref instant, elle songea à courir jusqu'à la couche de Muhammad. Le réveiller. Tout lui confier. Abd'Mrah, cette folie de fille qui l'avait prise pour le Bédouin et rendue aussi sotte que Ruqalya et Omm Kulthum. Pis encore : qui l'avait poussée à séduire les démons.

Non, c'était impossible.

Comment son père pourrait-il lui pardonner ? Comment pourrait-il avoir encore confiance en elle ?

D'ailleurs, une fille ne courait pas en pleine nuit jusqu'à la couche de son père.

Ne songeait-elle qu'à ajouter des fautes à sa faute ?

Elle ne devait plus se mentir.

Ce n'était pas de son père qu'elle devait obtenir la clémence et le pardon. C'était de Celui qui savait et pouvait tout.

Fatima se laissa glisser sur la pierre blanche de la terrasse. Recroquevillée, tremblant d'humilité, comme si un vent d'hiver coulait dans ses veines, elle pria.

Longtemps, si longtemps que le ciel commença à se teinter du rose de l'aube. Elle récita chacun des versets que son père lui avait enseignés. Ceux qu'il avait répétés ici et là. Dans une circonstance ou dans une autre. Elle en poussait les mots hors de sa bouche comme sa mémoire lui en donnait le souvenir. Dans le désordre, dans un chaos de sens et de pensées.

En vérité, elle se rappelait peu.

En vérité, elle s'était toujours contentée d'écouter distraitement son père le Messager.

En vérité, elle se souvenait mieux des moments où il avait parlé que des mots prononcés. Elle se souvenait de son visage, de sa voix profonde, patiente ou puissante, dans les rues de Mekka, devant le grand marché, sous le tamaris de la maison ou à la Ka'bâ. Elle se souvenait du soleil et des ombres, des visages qu'elle surveillait.

Surveiller, c'était sa mission. Garder à l'œil les comportements des uns et des autres, guetter les mauvais gestes, les menaces, les ricanements et les signes de mépris. C'était son devoir.

Mais alors les mots subtils que prononçait Muhammad s'empressaient de fuir son esprit, capricieux comme des mouches.

Et maintenant, ils venaient dans sa bouche, aussi neufs que si jamais elle ne les avait entendus.

Elle récita et récita encore, fouillant dans sa mémoire et la retournant comme un sac trop vide. Demandant pardon, ô Seigneur Clément et Miséricordieux, pardon ! lorsqu'elle ne parvenait pas à clore une phrase, la laissait en suspens, retrouvant aussitôt d'autres versets. Les répétant encore et encore avec la grande honte d'être si pauvre dans ce savoir. Elle qui se croyait tant la fille de son père, elle ne l'était, en vérité, pas plus qu'une autre !

Cela dura jusqu'à ce que le sommeil lui ferme les yeux. Alors, au milieu d'une phrase, elle bascula sur le côté, tel un animal épuisé par la chasse.

C'est ainsi qu'Ashemou la découvrit avant que le soleil ne passe la crête des montagnes. Elle avait trouvé sa couche vide et parcouru toute la maison avec inquiétude. Ses doigts frémissaient encore de cette peur quand elle frôla le front de Fatima, soulagée. Mais si légère que fût la caresse, Fatima se réveilla en sursaut.

Ashemou vit l'angoisse dans son regard, les paupières lourdes, les lèvres crispées.

— Fatima, murmura-t-elle en fronçant le sourcil. Que fais-tu ici ?

Mais Fatima était déjà debout, tendue comme un arc. Elle fixait le ciel. Un ciel bleu, immense et profond comme une mer, ainsi qu'il était toujours à Ta'if. Et pas un seul nuage.

Aussi loin que l'on pût voir, pas un seul nuage !

Ashemou referma les mains sur ses épaules. Elle répéta tendrement sa question. Fatima hésita. Pouvait-elle confier la vérité à Ashemou ?

Non, non !

Et moins encore à Ashemou qu'à quiconque. Devant Ashemou, qui devinait tout au premier coup d'œil, elle ne devait rien dévoiler de ses émotions, de ses pensées, ni même de sa terreur.

Elle cria, à travers les sanglots qui lui venaient :

— Je suis venue prier Allah le Tout-Puissant !

L'étonnement figea Ashemou. Bien sûr, elle n'était pas dupe. Mais quand elle ouvrit la bouche pour une nouvelle question, Fatima courait déjà vers les escaliers.

— Viens vite ! Dépêche-toi ! Mon père va commencer la prière.

Et dans les jours qui suivirent, toute la maisonnée vit Fatima devenir une jeune fille pieuse, ardente à connaître par cœur chacune des paroles que le Rabb Clément et Miséricordieux avait enseignées à son Messager par l'intermédiaire de l'ange Gabriel.

Cependant, dans le même temps, tout devint si terrible, et si rapidement, qu'on y prêta peu attention. Et pour Fatima, ce fut comme si le Tout-Puissant n'avait plus qu'une volonté : faire retentir Sa colère sur sa tête.

# Muhammad adopte Ali

Dès que la prière commune fut achevée, Fatima alla devant Zayd et lui déclara :

— Toutes les paroles que mon père a reçues de notre Rabb, tu dois me les enseigner.

Le cousin Ali était à portée d'oreille, faisant lui aussi son étude assis devant les rouleaux de Waraqà. En entendant Fatima, il éclata de rire.

— Veux-tu devenir savante comme un garçon ? lança-t-il du ton arrogant qui pouvait être le sien. Comment ! T'intéresserais-tu à autre chose qu'aux méharis, aux nimcha et à la bagarre, toi, la fille qui ne veut pas être fille ?

Fatima rougit jusqu'à la racine des cheveux. Depuis leur arrivée à Ta'if, c'était ainsi qu'Ali s'adressait à elle. Il ne manquait jamais une occasion de se moquer. Plus d'une fois, Fatima lui avait répliqué sur le même ton grinçant. Elle n'y voyait rien d'autre que la bêtise si commune qu'entretenaient les garçons envers les filles. Il leur fallait beaucoup plus que des études dans la langue des Hébreux pour que cela leur passe, avait-elle dit un jour à Ashemou qui s'en était souciée.

Mais ce matin, la raillerie la fit trembler. Ali aurait-il lui aussi perçu les pensées qu'elle avait pour Abd'Mrah ? L'aurait-il épiée sur la terrasse, la nuit ?

Depuis toujours, leur relation était ambiguë. Un jour, Ali se montrait tendre comme un vrai cousin. Le lendemain, il n'avait qu'ironie et sarcasmes pour elle qui, en retour, se voulait indifférente. Cependant, avant qu'ils ne quittent Mekka, précisément lorsqu'elle était revenue dans la cour sur le méhari blanc offert à son père par Abd'Mrah, elle avait remarqué qu'il la surveillait et se montrait plus enclin encore que d'habitude à se moquer.

Ali cherchait-il à la prendre en faute ? Pourquoi ? Parce que lui, fils de puissant, méprisait un simple Bédouin ?

Elle serra ses paumes l'une contre l'autre pour masquer leur tremblement. Elle n'osa pas affronter le regard d'Ali, mais trouva au moins assez de calme pour lui répondre :

— La fille du Messager ne doit-elle pas connaître chaque mot de ce qu'il enseigne à ceux qui choisissent Allah ?

Ali gloussa encore, sans trouver de nouvelle réplique.

D'un regard affectueux, Zayd fit comprendre à Fatima qu'il ne partageait pas les railleries d'Ali.

— Bien sûr que tu pourras apprendre, approuva-t-il. Notre père en sera content. Ses autres filles ne montrent pas autant de désir que toi d'être près d'Allah.

Fatima baissa les paupières. Le bon, le tendre Zayd ne pouvait rien imaginer de ce qui la poussait si soudainement à l'étude.

Elle remercia et tourna les talons pour rejoindre le quartier des femmes. Avant qu'elle ne quitte la pièce, Ali lui lança, la voix pleine d'excitation :

— Fatima... C'est un grand jour, aujourd'hui. C'est un grand jour, tu vas l'apprendre bientôt.

Ce que voulait dire Ali, Fatima le comprit après le repas du milieu du jour.

L'annonce se répandit dans le quartier des femmes comme une fumée poussée par le vent. Pour autant, elle ne surprit personne. Chacun l'attendait. Muhammad le Messager adoptait Ali ibn Abu Talib et, à partir de ce jour, dans la maison, il faudrait le traiter comme son fils bien-aimé.

À la mort du vieil oncle Abu Talib, la tradition l'exigeait. Qu'un fils perde son père, il en retrouvait un autre qui le protégeait et le prenait sous son aile. Dans chaque clan du Hedjaz, c'était là le devoir des oncles envers les neveux. Des cousins âgés envers les jeunes cousins. Abu Talib avait d'ailleurs lui-même adopté son neveu Muhammad ibn 'Abdallâh avant qu'il ne devienne l'époux de Khadija bint Khowaylid.

Depuis longtemps, Fatima avait vu son père accorder à Ali la plus grande affection. Sans doute voyait-il en lui ce fils que la mort d'Al Qasim lui avait enlevé. Rongée par la culpabilité et le désespoir, Khadija lui avait fait adopter Zayd de Kalb. Muhammad éprouvait pour Zayd une tendresse bien visible. Mais ce n'était qu'un esclave devenu un proche. À mille petits signes, on devinait que, s'il y en avait un qui était plus près de son cœur, c'était Ali. Et Ali en débordait de fierté. Il n'avait de cesse que chacun ne s'en aperçût.

Si bien que lorsque la tante Kawla, Ashemou et même Abdonaï commencèrent à couler des coups d'œil soucieux vers elle, craignant sa réaction, Fatima repoussa leur inquiétude d'un geste dédaigneux :

— Que voulez-vous que ça me fasse ? Ali est déjà Ali dans notre maison depuis longtemps. Et moi, je suis moi. Mon père est mon père. Il n'a pas eu besoin de m'adopter. Il lui a suffi d'aimer ma mère pour que je naisse.

C'était vrai et réconfortant. Et désormais, elle savait d'où venait l'agressivité d'Ali envers elle. Quel soulagement ! Ali était jaloux ! C'était dans son caractère. Mais sa jalousie ne concernait pas Abd'Mrah. Il convoitait seulement la première place auprès de Muhammad. Il voulait être le préféré. Rien d'inhabituel. Tous les garçons, toujours, ne voulaient-ils pas être préférés aux filles par leur père ?

En ce jour si tourmenté, la joie insolente d'Ali de pouvoir se nommer « Fils du Messager » devant tous était presque une bonne nouvelle.

Hélas, avant même la prière du soir, Fatima comprit que ce réconfort n'était qu'une illusion.

La colère du Tout-Puissant contre elle n'avait fait que commencer.

## Une décision surprenante

Une annonce terrible bouleversa la maison : Muhammad le Messager avait décidé de prendre une nouvelle épouse.

— Et vous savez qui ce sera ? s'écria la servante qui l'annonçait à Ashemou et à Kawla. Aïcha ! La petite dernière d'Abu Bakr. La chérie ! Elle joue encore à la poupée !

Comment Fatima ne poussa-t-elle pas un hurlement de bête, elle ne le sut jamais.

La glace pénétra si fort en elle qu'elle crut que ses os allaient se briser.

Le souffle lui manqua. Et la lumière. Jamais elle ne comprit ce qui lui était arrivé. Elle se retrouva sur sa couche, la paume de la tante Kawla sur son front. Elle entendait ses mots :

— Allons, allons, apaise-toi. Il ne faut pas te rendre si malade. Tu dois comprendre. Cela devait arriver. Un homme ne peut pas demeurer si longtemps sans épouse. Ton père moins qu'un autre. Allah ne le veut pas. Tu dois le comprendre. Tu seras toujours sa fille bien-aimée. Son cœur est assez grand pour cela. Je t'en prie, ne te rends pas malade...

Après Kawla, ce fut Ashemou qui vint lui prendre la main. Ashemou n'était pas bavarde. Elle disait ce qu'elle avait à dire simplement en serrant sa paume contre celle de Fatima. Elle comprenait... Elle se contentait d'essuyer les joues de la jeune fille, de frôler ses sourcils d'une caresse. Finalement, elle posa son front contre la tempe de Fatima en murmurant :

— Ne doute pas. Il t'aime.

Fatima ne sut si Ashemou parlait de son père ou d'Allah. Peut-être était-ce des deux ?

Elle se mit à frissonner comme si elle était prise de fièvre. On s'inquiéta. Les servantes apportèrent de l'eau glacée pour son front et sa poitrine. Elle claqua des dents. Ashemou la caparaçonna de couvertures. Elle se couvrit de sueur. Kawla gémit :

— Fatima, Fatima ! Ne sois pas sotte ! Ce n'est rien. Aïcha n'est qu'une gamine. Elle joue à la poupée. Il n'est pas encore là, le jour où ton père sera dans sa couche !

Abdonaï apparut près d'elle. Il posa son poignet de cuir entre les doigts de Fatima, tandis que, de sa poigne unique, il lui saisissait la nuque. Il dit durement :

— Tu te comportes comme une vulgaire fille. Tu t'évanouis quand tu entends une annonce qui ne te plaît pas. As-tu oublié que tu es un guerrier ? Les guerriers doivent se servir de leur tête. Toi qui te plains sans cesse qu'on ne protège pas assez ton père, que crois-tu que fait Abu Bakr en lui donnant sa fille ? Ton père n'a plus de clan. Abu Talib est mort, Abu Lahab le répudie des Abd Sham et des Hashim, comme ses fils ont répudié tes sottes de sœurs. Muhammad le Messager est aussi seul qu'un oiseau perdu dans le Nefoud.

Abdonaï serra plus fortement la nuque de Fatima, la contraignant à soutenir son regard.

— Abu Bakr accomplit ce que j'attends depuis longtemps. Ce n'est pas Aïcha qui vient dans la couche de ton père, c'est tout le clan Taym, et celui de 'Othmân. Quand nous rentrerons à Mekka, les serpents pourront siffler, mais il leur faudra retenir leur venin, car sinon la ville sera à feu et à sang. Alors, réfléchis, fille. Et demande-toi sur quoi tu pleures, toi, le premier guerrier de ton père.

Ces mots frappèrent la poitrine de Fatima comme une pluie de pierres. Elle avait encore assez de conscience pour saisir qu'Abdonaï avait raison. La venue de cette Aïcha dans le cœur de son père était aussi inéluctable que l'annonce de l'adoption d'Ali.

La douleur qui lui déchirait la poitrine n'avait rien à voir avec la raison. Elle seule savait d'où elle provenait : Allah la frappait au cœur. Sa Punition était immense, comme Sa Clémence et Sa Miséricorde.

La lame de Sa Toute-Puissance s'enfonçait dans l'amour de Son Messager pour sa fille Fatima. Tôt ou tard, cette lame trancherait cet amour aussi bien qu'une figue.

Qui déciderait, sinon Lui, quelle part reviendrait à celle qui avait fauté ?

On ne jugea pas Fatima en état de se joindre à la prière du soir. Elle se retrouva seule et ne put lutter contre la colère et la rancœur.

Depuis qu'elle avait entendu l'annonce dans la bouche des servantes : « Aïcha bint Bakr va devenir l'épouse du Messager ! », des phrases lui incendiaient le cœur. Elle s'était évanouie pour ne pas les prononcer devant tous. Maintenant, elle ne parvenait plus à les retenir. Elles tournoyaient dans sa tête telle une nuée de criquets insatiables.

Son père l'avait trahie. Abdonaï pouvait bien le défendre et invoquer mille raisons, cela n'y changeait rien. Ali d'abord ! Cette Aïcha ensuite ! Pourquoi son père ne lui avait-il rien dit ? Pourquoi ne l'avait-il pas prévenue ? Pourquoi lui avoir infligé la honte d'apprendre cela par la bouche des servantes ? Pensait-il qu'elle serait insensible ? Voulait-il qu'elle croie qu'il ne se souciait plus de ses sentiments ?

Que signifiait aujourd'hui la phrase qu'il avait prononcée, deux lunes plus tôt, devant la tombe de Khadija : « Fatima est celle que le Seigneur m'a donnée pour que je n'oublie jamais ce qu'est l'amour » ?

Et le choix de cette gamine, la fille d'Abu Bakr, était-ce une provocation ? Chacun savait, et depuis longtemps, qu'Abu Bakr n'aimait pas Fatima. Il se défiait d'elle. Il ne manquait pas une occasion de parler contre elle. Qui sait si, dans son dos, il ne cherchait pas à détourner son père d'elle ?

Abu Bakr ! Al Siddîq, « le Véridique », ainsi qu'il se faisait appeler dans Mekka. Elle le détestait. En voilà un qui, plus encore qu'Ali, voulait à tout prix être le premier auprès du Messager !

Encore et encore, tandis que les autres priaient, Fatima ressassait sa colère. Le venin de l'amertume et de la déception jaillissait de sa poitrine comme l'huile rance d'une jarre brisée. Pour un temps, elle en oublia le poids de la faute qui l'avait anéantie durant la nuit.

Puis, soudain, lui revint la pensée d'Abd'Mrah. Et, avec cette pensée, l'ardent désir que la nuit arrive, qu'elle puisse remonter sur la terrasse et lever les yeux vers le lac aux deux étoiles...

Alors, d'un coup, tout en elle se figea.

Un frisson d'effroi la saisit.

Qu'Allah le Tout-Grand lui pardonne !

Ainsi, elle recommençait.

Oh, Puissant Seigneur !

Pardon, pardon !

Était-ce ainsi qu'elle recevait la leçon qu'Il lui donnait ?

Nourrissant les serpents, les djinns du mal et les démons de la haine quand elle aurait dû se faire sage et humble.

D'un bond, elle se mit debout sur sa couche, tendit les mains devant elle. Puis se souvint ! Oh non !

Allait-elle encore ajouter une faute à son compte déjà si long ?

Elle trouva une cruche pleine d'eau, s'aspergea le visage. Le choc de la fraîcheur acheva de la dégriser. Enfin, elle put offrir ses paumes ouvertes au Clément et Miséricordieux. Les paroles sortirent de sa bouche :

*Allâhulmma !*
*Contre le mal de la nuit qui s'obscurcit,*
*Contre le mal de celles qui souffrent sur les nœuds de magie,*
*Contre le mal de l'envieux,*

*Je cherche la protection auprès du Seigneur des humains,*
*Le Souverain de tout ce qui est humain,*
*Je cherche protection, ô Tout-Puissant,*
*Contre le mauvais conseil,*
*Contre le souffle sournois qui naît dans la poitrine*
*Contre le souffle des djinns qui empoisonne mon souffle*
*Je cherche protection, Allâhulmma*[1] *!...*

Elle priait encore lorsque son père apparut sur le seuil de la chambre. Il s'était approché en silence, craignant qu'elle ne dorme et ne voulant pas la réveiller. Le murmure de Fatima l'immobilisa. Il patienta jusqu'à ce qu'elle ait découvert sa présence. Elle eut un cri de surprise. Peut-être de crainte. Il la rassura d'un geste.

Elle retint son souffle autant que le désir de bondir dans ses bras. Sans doute le comprit-il.

— C'est bien, c'est bien, ma fille, dit-il affectueusement en s'avançant pour lui baiser le front.

À nouveau, elle tremblait, parcourue de frissons. Muhammad l'attira contre lui, la retint contre sa poitrine jusqu'à ce qu'elle se calme. Il l'écarta alors pour plonger son regard dans le sien.

— Aïcha n'est qu'une enfant, dit-il. Plus tard, elle me sera chère. Si Dieu la place sur mon chemin, c'est qu'il me viendra d'elle un bien qu'aucune autre femme ne pourra m'apporter. Ainsi qu'aucune autre ne peut m'apporter ce que m'apporte ma fille Fatima. Ne doute pas. Allah est notre guide en toute chose, et jusqu'à la poussière qui passe par nos narines. Fatima bint Muhammad, tu es la chair de ma chair. Chaque parcelle de toi est une parcelle de moi. Qui pourrait aller contre cela ? Des ennemis, nous en avons plus qu'il n'en faut. Inutile d'en provoquer. Le compagnon Abu Bakr et sa descendance sont notre avenir, tout autant que le sera, un jour, la chair de ta chair.

1. Coran 113, 3-5 ; 114, 1-6.

La prunelle de ses yeux toujours rivée aux siennes, il se tut un bref instant. Fatima eut l'impression qu'il voulait s'assurer que ses mots voyageaient en elle aussi loin que cela se pouvait.

Enfin, sur un ton plus léger mais avec beaucoup de fermeté, il ajouta :

— J'ai besoin de toi demain à l'aube. Il est temps que le Messager du Seigneur retourne dans les champs de Ta'if porter la parole que Gabriel lui a confiée. Je ne suis pas ici pour prêcher aux murs et aux servantes de ma maison. Abdonaï m'accompagnera, et toi aussi. Vous saurez me défendre s'ils veulent me répondre avec des pierres plutôt qu'avec des mots. Puisse Allah leur être Clément.

# La haine

Le soleil commençait à dessiner les ombres lorsqu'ils quittèrent la maison. Il n'y avait guère de vie dans les ruelles de Ta'if. C'était l'heure que préféraient les paysans pour travailler aux champs. La saison était celle où l'on récoltait les fèves, les lentilles et les pois chiches, parfois aussi les premières olives et les figues d'été. Femmes, enfants, ânes et hommes s'activaient avant que la chaleur ne les épuise.

Chacun connaissait sa tâche. Les paniers se remplissaient souvent joyeusement. Il n'était pas rare que des chansons et des rires résonnent dans l'air encore limpide. Il y en avait toujours un pour conter des histoires et divertir de la fatigue. Mais quand Muhammad le Messager entra dans le premier jardin, aussitôt les bouches et les visages se fermèrent.

Avant de quitter l'enceinte de la maison, Abdonaï avait dit à Muhammad et à Fatima :

— Vous deux, allez devant. Moi, je resterai derrière. Les plus mauvais gestes viennent toujours de loin, et toujours dans le dos.

Le vieux Perse ne s'était pas contenté de sa dague de ceinture. Dans sa main valide, il tenait un long bâton à la pointe de fer. Il avait obligé Fatima et Muhammad à passer sur leurs tuniques un gilet matelassé qui amortirait le choc des pierres, si besoin. Et à Fatima, un peu cérémonieusement, à la manière des guerriers partant pour le combat, il avait confié une dague.

Il avait aussi insisté pour qu'elle se munisse d'un petit bouclier rond, ainsi qu'en possédaient les cavaliers de razzia. Muhammad s'y était opposé.

— Je ne vais pas vers eux pour faire la guerre. S'ils nous voient arriver en guerriers, la pensée de la violence leur viendra aussitôt. Et le désir des pierres avec. Ils doivent le voir : je ne m'approche d'eux qu'avec des mots.

Abdonaï avait protesté :

— Je sais ce que vaut le goût des mots chez les paysans comme chez tous ceux de Ta'if !

Muhammad s'était montré inflexible.

En vérité, aucun des trois n'en doutait : ils ne seraient pas les bienvenus. Longuement, durant la prière de l'aube, Muhammad avait demandé à son Rabb de lui insuffler courage et patience sous les insultes, tout autant que l'habileté des mots qui convainquent.

Cependant, dès qu'ils posèrent la semelle de leurs sandales sur la terre des jardins, cela commença.

Ils s'avancèrent en direction d'une troupe nombreuse ployée sur un long champ de fèves. À leur approche, deux ou trois paysannes les reconnurent. Presque aussitôt jaillirent les cris et les moqueries. Une femme âgée gesticula, secoua son corps lourd.

— Ne gâche pas notre travail, diseur de malheur ! hurla-t-elle d'une voix grinçante. Garde les maléfices de tes djinns pour toi !

Ce fut comme si elle avait lancé un ordre aux enfants. Ils se mirent à sautiller, à tournoyer comme des fous autour de Fatima, la provoquant à force de grimaces, de gestes obscènes et d'insultes. Livide, prête à empoigner sa dague, elle faisait de son mieux pour ne rien entendre, ne pas croiser leur regard.

Muhammad avançait à grandes enjambées entre les sillons récoltés. À vingt pas d'un groupe de femmes, il s'immobilisa. Il n'eut pas le temps de parler. Deux hommes, des jeunes qui charriaient les doubles couffins des récoltes jusqu'aux ânes, s'approchèrent en criant :

— Ne reste pas là ! Va-t'en, le Mekkois !

Ils crachèrent dans la terre, juste devant les sandales de Muhammad.

— Sors de notre champ, ou tu seras traité comme un voleur ! C'est ce que tu es. Un voleur de dieu. Tu ne perds rien pour attendre ! La déesse Al'lat t'écrasera !

Muhammad demeura impassible, patient. Quand il leur répondit, sa voix comme ses gestes parurent étrangement lents. Il dit, presque en souriant, son regard s'arrêtant sur chaque visage :

— Un jour, celui qui a commis une once de bien le verra. Celui qui a commis une once de mal le verra aussi[1].

Son calme les surprit. Les fit hésiter. Sur le même ton Muhammad ajouta :

— Qu'Allah le Tout-Puissant vous soit Clément et Miséricordieux.

Et il se détourna sans insister. Il souleva le bas de sa tunique pour franchir un sillon, puis un autre. Fatima réagit avec un peu de retard. Elle dut sauter par-dessus le vert tendre des fèves pour le rejoindre. D'un regard, il lui ordonna de demeurer aussi paisible et imperturbable que lui.

Les enfants déjà les coursaient, reprenaient leur charivari. Fatima se retourna. Abdonaï était bien là, à une vingtaine de pas derrière eux, massif, puissant, vigilant. Les enfants se tenant à distance de lui.

Tous, ils se dirigèrent vers le chemin qui cernait le jardin. Quand ils y posèrent le pied, Abdonaï agita son bâton ferré en direction des enfants :

— Fichez le camp, sale engeance !

La plupart obéirent. Malgré la peur qui se lisait sur leurs traits, quelques-uns voulurent faire les malins, se moquer encore. En arrière, dans les sillons de fèves, les femmes les suivaient des yeux. Quelques-unes se mirent à rire. D'autres levèrent le poing. Les homme observaient sans bouger.

1. Coran 99, 7-8.

Les champs se jouxtaient. Ils n'eurent pas à aller loin pour trouver un nouveau jardin. Les cris du premier champ avaient prévenu les paysans du second. Aussi, dès leur apparition, les enfants les cernèrent, grimaçant comme des singes, braillant des insultes.

Abdonaï, qui avait rejoint Muhammad et Fatima, dit :

— Saïd ! À quoi bon ? Messager ! Ils ne te laisseront pas placer un mot. Ils n'ont aucun courage. Ils envoient leurs mioches cracher sur toi. Tu deviens un grand amusement pour eux. Ça finira par mal tourner !

Muhammad feignit de ne pas l'entendre. Il avança sous les quolibets. Abdonaï poussa Fatima :

— Ne le quitte pas ! Ne le quitte surtout pas !

Elle courut se placer à côté de son père. Jamais encore elle n'avait entendu autant de haine vibrer dans l'air. L'effroi lui contractait les reins. Muhammad le sentit. Il tourna vers elle un visage si serein qu'elle y puisa du courage. Cette fois, elle fit face aux enfants. Elle n'hésita pas à frôler ceux qui s'approchaient trop. Quelque chose dans ses yeux dut les effrayer. Ils s'écartèrent en criant :

— *Al shaytân, al shaytân*[1] *!* C'est une fausse fille ! C'est un djinn déguisé !

Comme dans le jardin précédent, des hommes s'interposèrent devant les femmes. Muhammad leva les mains vers eux et commença à parler avant qu'ils n'ouvrent la bouche. Cela dura à peine le temps que leur surprise se dissipe. À nouveau ils crièrent qu'il était un prophète de malheur, un menteur, un destructeur des dieux de Ta'if.

— Tu viens pour menacer, dans cette vie comme dans l'autre ? Et avec ton démon de fille et ton vieux manchot ? s'écria l'un d'eux, ricanant, en désignant Fatima et Abdonaï.

Muhammad répondit :

— Je n'ai que des mots, rien que des mots. Écoutez-les !

1. Satan, Satan !

Il n'avait pas élevé la voix. Fatima sentit pourtant son impatience sous son calme apparent. Maintenant d'autres paysans approchaient. Ils criaient et levaient le poing. Fatima se retourna. Abdonaï était entouré d'enfants et de femmes qu'il maintenait à distance, grondant aussi fort qu'eux. Elle vit un gamin se baisser, prendre une poignée de terre humide et la lui lancer au visage. Elle s'écrasa sur sa joue et sa bouche. Il la recracha, s'essuyant de son poignet de cuir. Les gosses rirent. En un éclair, ils eurent tous la main dans la terre. Abdonaï fit tournoyer son bâton. Fatima l'entendit hurler de rage. Puis il cria :

— Saïd, ne reste pas là !

Déjà les hommes les bousculaient, les repoussaient. Quelques-uns frappèrent Fatima à l'épaule. Un coup fit trébucher son père. Elle lui agrippa le bras. Ils reçurent de la boue en pleine face. Fatima se colla contre Muhammad, le poussant dans la terre meuble où s'enfonçaient leurs sandales.

— Père, père, il faut courir !

Puis ce fut la première pierre. Elle ne sut jamais qui l'avait lancée. Peut-être un enfant. Elle rebondit sur l'épaule de Muhammad, tout près de son oreille.

Elle vit l'étonnement dans le regard des hommes les plus proches. Puis l'excitation. D'autres pierres les frappèrent tandis qu'elle tenait son père par la manche de son manteau. Muhammad résistait :

— Les pierres ne sont que des cailloux. Elles ne font pas mal.

Puis l'une d'elles, grosse comme un poing, frappa Fatima à la cuisse. Elle trébucha, mit un genou au sol, vit Abdonaï qui protégeait son visage de son poignet de cuir. Les gamins tournaient autour de lui comme dans une farandole. Les femmes riaient. Il ne levait plus son bâton contre les enfants. Elle songea qu'il cherchait à attirer le ridicule sur lui, pour permettre à Muhammad de s'éloigner.

Elle saisit le bras de son père.

— Vite, vite ! Abdonaï nous protège.

Muhammad la retint malgré tout, dévoré de rage et d'humiliation, jusqu'à ce que des pierres, plus lourdes, lui frappent le flanc.

— Père, viens ! cria Fatima. Ils veulent nous faire mal...

Hommes, femmes, enfants, tous exultaient, lançant tout ce qui leur tombait sous la main, s'époumonant, se brisant la voix en insultes et menaces :

— Où est-il, ton Rabb, Muhammad le Fou ? Où est-il, ton Tout-Puissant ! Ton Juste, ton Clément et Miséricordieux ! Où est-il ? Vois comme Il te protège !

## Abdonaï n'est plus

Les cris avaient résonné loin dans Ta'if. Craignant le pire, Zayd et Ali, sortis de la maison, accoururent à la rencontre de Muhammad et de Fatima. Quand ils les trouvèrent, plus personne ne les poursuivait. Mais sur les seuils des cours et des échoppes, sur le dos des mules, ils ne croisèrent que des regards mauvais et des poings levés.

Lorsque enfin ils atteignirent la cour, Abu Bakr ordonna de rabattre la barre de la grande porte.

— Non ! protesta Fatima. Attendons Abdonaï !

Les femmes de la maisonnée entourèrent Muhammad. Ses vêtements étaient souillés. Un caillou avait éraflé son menton et sa joue gauche. Sa barbe avait adouci le choc mais le sang y poissait. Le Messager les repoussa. Il s'inquiéta, demanda à Fatima :

— Comment, Abdonaï n'est toujours pas là ?

Elle ressortit devant la maison. Zayd vint à ses côtés, un bâton à la main. La longue ruelle était déserte. Le silence était retombé sur Ta'if. Chacun était rentré chez soi, vaquait à ses affaires. Comme si rien n'était survenu un peu plus tôt.

Un pressentiment terrible envahit Fatima. Elle n'hésita pas longtemps. Elle lança à Zayd :

— Je vais aller voir. Peut-être est-il blessé.

Zayd voulut la retenir :

— Non, Fatima ! Il vaut mieux que tu restes avec nous. Les chemins ne sont pas sûrs.

Mais Fatima ne répondit pas, elle courait déjà. Elle franchissait la porte quand la voix de son père l'arrêta :

— Fatima ! Fatima !

Il était sur le seuil de la maison, près de Zayd. Il agitait les bras vers elle. Les autres, Abu Bakr, Ali, Ashemou, se pressaient derrière lui.

— Fatima, reviens ! Ta place est ici, près de moi.

— Père ! cria-t-elle, essoufflée, en revenant sur ses pas. Si Abdonaï...

Soudain, elle s'immobilisa. Le regard de Muhammad disait ce qu'elle craignait. Une douleur aiguë l'envahit.

Quand elle fut revenue près de lui, son père murmura :

— Allah décide. Et nous, ma fille, nous devons prier.

Il fallut attendre jusqu'au cœur de la matinée pour que des paysans poussent un âne devant la porte de la demeure de Khadija bint Khowaylid.

Le corps du Perse gisait sur le dos de l'animal, les jambes, la tête et les bras ballants. Les paysans le laissèrent glisser sur le seuil, comme un sac de grain, avant de s'éloigner.

Le visage d'Abdonaï était méconnaissable. Il avait fallu plus d'une grosse pierre et une montagne de peur et de férocité pour en arriver là.

Lorsque Ashemou et la tante Kawla lavèrent son vieux corps, elles trouvèrent sur son torse d'autres traces de coups, et sa dague avait disparu. Peut-être Abdonaï s'était-il défendu, dirent-elles.

Fatima ne voulut pas le croire. Si Abdonaï s'était défendu, il serait en vie devant eux. Avant de fuir le champ, elle l'avait vu qui ne levait pas même son bâton ferré contre les enfants.

— Pourquoi ? demanda-t-elle à son père.

Muhammad ne répondit pas tout de suite.

Puis il dit :

— Quand Allah voudra que nous trouvions la réponse, nous la trouverons.

Des mots qui glissèrent de nouveau un frisson glacé sur le corps de Fatima. Si Muhammad avait raison, comme toujours, alors le Seigneur Tout-Puissant lui avait certainement fait comprendre d'où était venu le coup qui avait tué Abdonaï, Abdonaï l'indestructible.

Plus tard, au crépuscule, le corps martyrisé du fidèle Perse fut enseveli dans le petit cimetière de la maison de Khadija. Fatima, ruinée de douleur, de colère et d'impuissance, ressentait une crainte terrible qu'elle ne pouvait confier à personne, quand des coups frappés à la porte d'entrée la firent sursauter. Un puissant de Ta'if, un vieillard des Thaqîf, bien connu pour n'être qu'un vil serviteur des Harb et des al Çakhor d'Abu Sofyan, voulait rencontrer Muhammad.

Celui-ci refusa qu'on l'accueille. L'homme insista.

Comme personne ne lui ouvrait, il cria ce qu'il avait à dire à travers la grille de l'huis :

— Muhammad ibn 'Abdallâh ! Muhammad le Fou ! On t'avait prévenu. Ici, on ne veut pas de toi. Tu sèmes le mauvais, et ton haleine pue l'enfer. Tu forniques avec les djinns et tu vas attirer sur nous la colère d'Isâf notre bien-aimé. Et celle d'Al'lat, pire encore ! Ibn 'Abdallâh, le Conseil de Ta'if a pris sa décision. À l'aube, tu déguerpis. Toi et toute ta maisonnée, vous déguerpissez. Si tu n'as pas quitté ta maison avant que le soleil fasse ses ombres, tu n'en sortiras plus. Je le dis. Tu y crèveras, comme ton Perse dans les champs. Et on te laissera pourrir dans ta cour jusqu'à ce que la vermine ait nettoyé tes os. Tu peux en être sûr.

# Persécutions

Le retour à Mekka fut une marche de nu-pieds sur des épines.

Quatre jours durant, ils allèrent en silence. La dizaine de bêtes qui les suivait avançait au pas. Ils s'interrompaient dix fois entre l'aube et le crépuscule pour la prière. La nuit aussi, le Messager les réveillait.

L'absence d'Abdonaï se faisait sentir. Dans chaque prière, il était présent. Fatima avait noué la longe de son vieux cheval à sa selle. Plus d'une fois, Zayd lui proposa de le monter.

— Abdonaï en serait heureux, disait-il. Son cheval ne peut être pour personne d'autre que pour toi.

Mais elle ne parvenait pas à s'y résoudre. Elle se sentait bien trop en faute. Une faute immense qu'elle seule connaissait et dont le poids, par instants, lui écrasait la poitrine.

Quand enfin ils arrivèrent en vue de Mekka, le cœur de Fatima se mit à battre si fort qu'elle fut prise de vertige et chancela sur sa selle. Ashemou et Kawla s'inquiétèrent aussitôt :

— Qu'y a-t-il ? Fatima, que t'arrive-t-il ?

Elle ne sut que répondre. Ce qu'elle pressentait, elle ne le comprit que plus tard.

Alors qu'ils entraient dans le défilé d'al Bayâdiyya, une troupe de gamins bédouins dégringola les pentes. Ils accoururent à leur rencontre, entourant le méhari blanc de Muhammad. Après de longues salutations pleines de respect, ils s'écrièrent :

— Messager, tu ne dois pas avancer vers Mekka sans nous ! Les mauvais t'attendent au cimetière d'al Ma'lât. Ils ont des pierres dans les mains. On va te protéger en attendant que le seigneur Al Arqam ibn Abd Manâf vienne se placer devant toi pour entrer dans la ville. Quelqu'un est parti le prévenir de ton arrivée.

Il y eut un moment de confusion, mais pas vraiment de surprise. L'affaire de Ta'if était arrivée aux oreilles d'Abu Lahab et d'Abu Sofyan ! Et c'était bien dans les manières de Yâkût al Makhr de chercher à faire subir à Muhammad le Messager un sort identique à celui d'Abdonaï.

Malgré la mauvaise nouvelle, la vue des jeunes Bédouins allégea le cœur de Fatima. Elle ne doutait pas qu'Abd'Mrah y soit pour quelque chose. Pendant leur séjour à Ta'if, il avait dû surveiller Yâkût et ses mercenaires et éventer leur piège.

Ce malaise qui l'avait prise un instant plus tôt n'était certainement que la crainte de revoir Abd'Mrah. Sans doute allait-il surgir pour se placer près de son père. Apparaître à sa manière à lui, comme sortant de nulle part.

Malgré l'insistance des jeunes Bédouins, qui voulaient attendre le retour de leur compagnon annonçant qu'Al Arqam et ses serviteurs avaient rejoint le cimetière, Muhammad décida d'avancer. Ils allèrent au pas, Fatima guettant les buissons, les sentiers d'où pouvait jaillir Abd'Mrah.

Elle avait eu le temps de se préparer à leur rencontre. Le temps de choisir ce qu'elle lui dirait et ne lui dirait pas. Tout au long du voyage depuis Ta'if, elle y avait pensé mille fois. Il faudrait qu'Abd'Mrah intègre que le Malin s'était moqué d'eux comme s'ils étaient des païens. Ce jeu avec le lac de nuit aux deux étoiles n'était qu'une magie maligne, cela, Abd'Mrah devait le comprendre.

Elle lui dirait brutalement les choses. N'était-elle pas la fille du Messager ? Allah, l'Unique Seigneur du monde, la tenait sous Son regard. Elle devait être aussi irréprochable que son père. Ses pensées devaient être aussi limpides que l'eau de la source Zamzam. Elle ne pouvait se prêter aux jeux ordinaires des filles, comme le faisaient ses sœurs. Elle n'avait qu'un destin, et depuis toujours : être la lame droite et protectrice de son père le Messager. Quand elle manquait à ce devoir, la colère d'Allah devenait terrible. Abdonaï l'avait payé de sa vie.

Lorsqu'ils furent en vue du cimetière d'al Ma'lât, Abd'Mrah ne s'était toujours pas montré. Ce qu'ils entendirent d'abord, résonnant entre les pentes de basalte, puis découvrirent, ce fut la violente dispute entre Al Arqam et Yâkût al Makhr.

Al Arqam était accompagné d'une douzaine de serviteurs bien armés. Lui-même, une nimcha à la main, montait un cheval pie protégé d'un caparaçon de cuir, ainsi qu'on le faisait quand on s'apprêtait à combattre.

Dès qu'il vit approcher Muhammad, il galopa à sa rencontre. Il écourta les salutations.

— La situation est grave, Messager. Depuis ton départ de Mekka, nous n'avons cessé de nous défendre contre Abu Lahab. Il est prêt au pire envers toi, et il sème le feu à chaque occasion. La Ka'bâ et la mâla lui sont acquises. Il a répandu la rumeur que tu avais mis Ta'if à feu et à sang, que tu revenais à Mekka avec une armée de djinns invisibles pour y accomplir le même forfait.

Il eut un geste vers le mercenaire.

— Comme tu le vois, Yâkût et ses hommes sont là. Ils t'attendent pour t'empêcher de pénétrer dans la ville. Je viens de le prévenir que, s'il touchait à un fil de ta tunique, ce serait comme s'il me touchait moi-même. Ce serait la guerre dans notre cité. Abu Lahab n'a pas encore la main sur tous les clans. Bien des Manâf ne t'aiment pas, mais ils me doivent respect et soutien. Pareil pour les al Ozzâ : ils doivent entretenir la mémoire de ton épouse défunte, Khadija bint Khowaylid. Mais à présent, il ne faut pas tarder. Plus vite nous serons dans ma cour, plus vite tu seras en sécurité.

Ce qui fut fait. C'est au trot des chevaux et des chameaux, les lames de nimcha hors des fourreaux, qu'ils se lancèrent dans les ruelles de la cité.

Impuissant, Yâkût al Makhr les regarda filer devant lui en riant et en les insultant, leur promettant de prochaines retrouvailles.

— Gare à toi, Muhammad le Fou ! hurla-t-il dans le dos de Muhammad. Tu cours, tu fuis, mais ton dieu n'est qu'un impuissant entre les cuisses d'Al'lat, et toi pareillement !

Sur son chameau, Fatima avait abandonné à Al Arqam le côté de son père afin de protéger les bêtes portant les palanquins d'Ashemou, de la tante Kawla et des servantes. Elle vit les gamins bédouins se disperser avant d'atteindre le cimetière : ils craignaient la malfaisance de Yâkût. L'un d'eux agita la main dans sa direction comme un signe d'adieu.

Abd'Mrah n'était toujours pas parmi eux.

Dans la cour d'Al Arqam, ils furent sidérés par ce qu'ils découvrirent. Des tentes y avaient été dressées aussi bien qu'au milieu du désert. Une centaine de personnes se précipitèrent sur Muhammad. Dès qu'il fit agenouiller son méhari blanc, elles réclamèrent tout à la fois de lui baiser les mains et d'implorer la clémence et la miséricorde d'Allah.

## L'exécution d'Abd'Mrah

Ce n'est que plus tard, dans le quartier des femmes, que Fatima apprit de la bouche volubile de ses sœurs ce qui était arrivé.

Et que l'horreur s'abattit sur elle.

— Tout a débuté quand vous avez quitté Mekka pour Ta'if, commença Omm Kulthum. Les mercenaires d'Abu Lahab et d'Abu Sofyan se sont livrés à une chasse aux fidèles d'Allah. Ils visaient les plus faibles et ceux qu'aucun clan ne protégeait, les insultaient, les menaçaient, les torturaient jusqu'à ce qu'ils crachent sur le nom d'Allah et célèbrent ceux d'Hobal et d'Al'lat. À ceux qui ne se résignaient pas à cette ignominie, ils arrachaient la langue avant de leur trancher la gorge. Le matin, leurs corps étaient jetés aux portes de la ville pour nourrir les hyènes et les oiseaux noirs. Devant tant d'épouvante, Al Arqam a décidé d'ouvrir sa cour aux plus fragiles. Chez lui, ils sont à l'abri.

Ruqalya l'interrompit :

— La rage d'Abu Lahab l'a poussé à faire un exemple terrible. Yâkût s'est lancé à la poursuite du Bédouin qui avait sauvé la vie de notre père devant le grand marché. Il a réussi à le capturer, à le ramener en esclave sur l'esplanade de la Ka'bâ. Là, il a été accusé d'être le corps d'un démon. Yâkût en personne lui a tranché la tête et les membres. Ensuite, il les a fait jeter sur chacune des routes qui conduisent à Mekka.

Fatima se dressa, hurlant :

— C'est d'Abd'Mrah que tu parles ! Veux-tu dire qu'ils ont tué Abd'Mrah ?

Elle s'écroula, inconsciente. Effrayées, Ashemou et Kawla la portèrent dans une petite chambre sans fenêtre. Fatima y resta, tantôt saisie de soubresauts, tantôt aussi rigide et insensible qu'une trépassée. Dans ces moments, Ashemou s'allongeait tout contre elle, l'enlaçait, la serrait sur sa poitrine afin que le froid de la mort ne l'emporte pas. Elle lui murmurait des paroles apaisantes. Mais Fatima n'entendait rien. Après un temps, des chuchotements de délire franchirent ses lèvres.

Au cœur de la nuit, balbutiante et transie de peur, la tante Kawla alla prévenir Muhammad :

— Ta fille s'en va, neveu. Fatima, ton ange de fille qui ne vit que pour toi, s'en va. Les démons l'emportent ! On ne peut pas la retenir. Ils sont forts ! Ils sont si forts, ils la tiennent dans leurs griffes !

Le visage de Muhammad devint livide. Son front et sa bouche se crispèrent de colère.

— Tante Kawla ! Comment peux-tu dire une chose pareille ! s'offusqua-t-il.

— Je le peux parce que c'est ce qu'il se passe. Va voir toi-même ! Ils emportent ta fille.

Muhammad ordonna à la tante d'aller se laver la bouche à l'eau claire :

— Tu blasphèmes ! Aucun démon jamais n'approchera ma fille Fatima. Je le saurais. Elle est une part de moi. Les crocs du diable Îflis devront d'abord me trancher en deux.

Muhammad alla jusqu'à la couche de sa fille. C'était un de ces moments où Ashemou la tenait serrée contre elle, comme si elle voulait que leurs corps se fondent l'un dans l'autre, que leur sang et leur souffle ne fassent plus qu'un.

Au regard qu'Ashemou lui lança, Muhammad répondit par un signe d'approbation. Il s'agenouilla sur les couvertures.

— Tu fais bien, dit-il en posant sa paume sur le front de Fatima. Tiens-la fort. Et ne crains rien. Il n'y a ni djinn ni démon en elle. Seulement Allah, notre Clément Seigneur, qui lui parle.

Il envoya chercher Abu Bakr, Zayd et Ali. Le bruit réveilla aussi Al Arqam. Ensemble, ils prièrent jusqu'à l'aube.

Quand Muhammad revint, Fatima avait repris conscience. Dès qu'elle le vit, elle se dressa sur les genoux en s'écriant :

— Père, Père ! Si tu savais ! Oh, pardon !

Ses joues ruisselaient de larmes, ses mâchoires tremblaient à faire peur.

Muhammad prit un coussin pour s'asseoir près d'elle. D'un signe il demanda à Ashemou et à la tante Kawla de les laisser seuls. Quand elles eurent franchi le seuil de la chambre, il dit avec douceur :

— Je sais, pour le jeune Bédouin Abd'Mrah. Je sais ce qu'ils lui ont fait, à lui qui a tué pour ma vie et m'a offert un méhari blanc pour prêcher...

— Mais tu ne sais pas ce que j'ai fait, moi, l'interrompit Fatima, hoquetant sous les sanglots.

Reprenant son souffle comme elle le pouvait, elle parla. Elle lui confia tout, le lac aux deux étoiles comme le reste, les pensées et la faute qui avaient provoqué la colère d'Allah. Elle ne méritait aucune miséricorde, elle qui les avait tous accablés de malheurs !

Quand enfin elle se tut, elle vit naître un sourire sur les lèvres de son père.

— Tu es pleine d'orgueil, constata-t-il. C'est ton plus grand défaut et, certainement, cela devrait déplaire à Allah. Pour le reste, tu te trompes. Qui d'autre que le Seigneur a placé ce garçon Abd'Mrah sur ton chemin ? Il en a fait un martyr dont nos descendants se souviendront dans deux mille ans. Le Seigneur, qui connaissait son destin, a voulu que tu sois son cadeau de grâce, de douceur et de beauté. Il vous a offert un paradis dans le ciel pour que cela puisse être sa force et son espérance à l'heure de l'épreuve. Le Mal dispersé par Satan n'est pas en toi, il est dans Mekka et dans ceux qui ont pris son corps, comme Abu Lahab. Il gangrène toutes les vies et toutes les pierres de notre cité, jusqu'à la sainte Ka'bâ. Il nous faut retirer la leçon de ce qui s'est passé à Ta'if : il est vain de vouloir les empêcher de faire le mal tant que nous ne sommes pas assez forts. Qu'Allah soit Clément jusqu'à la fin des temps avec Abd'Mrah. Le moment est venu pour Son Messager de fuir la gangrène des païens, comme Mûsâ a fui celle de Pharaon.

*Troisième partie*

# L'Hégire

# Le hanif rejoint Allah

Muhammad le savait : il leur fallait quitter Mekka. Mais cela fut très long avant d'y parvenir. Près d'une demi-année encore. Un temps de lutte, de menaces et d'incertitude. Et, durant cette incertitude, longtemps encore la santé de Fatima inquiéta Ashemou et la tante Kawla.

Elle que chacun connaissait si volontaire, si pleine d'énergie, se tenait silencieuse et en retrait. Souvent Ashemou s'attardait auprès d'elle dans l'espoir qu'enfin elle lui ouvre son cœur. En vain. Le visage de Fatima demeurait fermé. La grande injustice, la terrible souffrance infligées à Abd'Mrah par la cruauté des païens s'y reflétaient à chaque instant. Et aussi la rage et l'impuissance de celle qui rêvait de vengeance sans pouvoir l'accomplir.

Ashemou s'effraya. Comment apaiser Fatima, si le Messager lui-même n'y parvenait pas ? Elle confia ses craintes à Kawla :

— Je connais le cœur de Fatima. Aujourd'hui, elle est comme le feu qui couve sous la cendre. Elle paraît calme. Trop calme. J'ai peur pour elle.

La tante Kawla partageait les appréhensions d'Ashemou. Mais que pouvaient-elles faire ? Depuis des semaines, elles vivaient enfermées dans la cour d'Al Arqam, comme des prisonnières. Nuit et jour, le Messager dirigeait leurs prières, tous tournés en direction de la sainte Ka'bâ, comme s'ils étaient encore à Ta'if ! Seuls Abu Bakr, Al Arqam et ses serviteurs osaient s'aventurer dans les ruelles pour se rendre à la Ka'bâ, au marché ou à la mâla.

À chacun de leurs retours, Abu Bakr et Al Arqam se plaignaient des sarcasmes, des insultes et des provocations qu'ils avaient dû endurer. Et, jour après jour, leurs conseils se répétaient. Al Arqam disait :

— Il faut attendre. Abu Lahab continue de répandre son poison. Mais son intransigeance commence à déplaire. Même chez les Makhzum. J'ai bon espoir d'en convaincre quelques-uns de pencher en notre faveur : les excès d'Abu Lahab nuisent aux affaires.

À sa manière tranchante Abu Bakr ajoutait :

— Quoi qu'il en soit, ne sortez jamais de cette cour ! Ils s'en prendraient à vous. Vous risqueriez d'y perdre la vie ! Cela envenimerait la situation : un seul incident, et nous ne pourrions plus rien négocier avec ces mécréants.

C'était vrai. Chaque jour l'on apprenait que de nouveaux croyants d'Allah s'étaient fait conspuer et agresser. Ou pis encore. Une fois, Abu Bakr partit en toute hâte porter secours à l'un de ses anciens esclaves. Deux ans plus tôt, il l'avait libéré. Aussitôt, le serviteur était devenu un fervent d'Allah. Hélas, libre, il se retrouvait sans protection et à la merci des sbires de Yâkût. Il allait subir le même sort que celui d'Abd'Mrah quand Abu Bakr parvint à le racheter comme esclave. Malheureusement, lorsque les domestiques d'Al Arqam le déposèrent dans la cour, il avait déjà perdu tant de sang que, malgré les soins et les prières, il succomba.

Pour beaucoup, il ne restait qu'un seul espoir : la fuite. Loin de Mekka et de la malfaisance des païens. Abu Bakr commençait lui aussi à pencher pour le départ.

— Des gens de Bahreïn sont dans Mekka, annonça-t-il à Muhammad un jour. Ils étaient déjà connus de mon père. Ils viennent t'écouter. Ta parole les séduit. Bahreïn est loin de Mekka, de l'autre côté du désert du Nefoud. Là-bas, on approuve depuis longtemps les mots des prophètes. Les rejoindre ne prendrait pas longtemps. Partons avec eux !

Muhammad écarta la proposition.

— Seul Allah le Clément et Miséricordieux m'indiquera quand partir et où aller. Son signe, je le verrai. S'Il veut que nous endurions encore les mauvais de Mekka, nous les endurerons.

Cependant, l'impatience montait. Lorsque Abu Bakr et Al Arqam le lui rapportaient, Muhammad demandait durement en fronçant les sourcils :

— Craignez-vous que le Seigneur nous abandonne ?

Abu Bakr et Al Arqam protestaient. Muhammad devant tous ajoutait :

— Quand le moment sera venu, nous le saurons. Le Seigneur est le Maître du temps et des chemins. Sa puissance et Sa patience sont sans limites. N'ayez pas peur ! Allah le Miséricordieux dit : « Nous n'avons pas fait descendre le Coran sur toi pour que tu sois malheureux[1]. »

Quand Muhammad le Messager parlait ainsi, Fatima s'assombrissait plus encore. À quoi servait-elle, elle, sa fille guerrière, si, au lieu d'affronter les mauvais, son père se transformait en un mur de patience et d'attente ?

Puis, comme le vent se retourne, les jours apportèrent bientôt leur poids de nouveautés.

Un matin, après la prière, Ali s'approcha de Fatima.

— Ma sœur..., balbutia-t-il.

Le mot stupéfia Fatima. Elle observa Ali avec attention, comme si elle ne le reconnaissait plus. Il avait l'air calme, même si ses traits étaient tendus et ses lèvres hésitantes sous sa barbe clairsemée.

Ce mot de sœur, c'était la première fois qu'il l'utilisait. D'habitude, il l'appelait cousine.

— Ma sœur, reprit-il, la voix un peu plus haute. Je te demande de me pardonner.

— Te pardonner ?

1. Coran 20, 2.

— Ne sois pas surprise. Cela fait des jours que j'y pense. Quand je prie, la pensée du Bédouin Abd'Mrah me vient. Chaque fois je sens qu'Allah – puisse-t-Il m'être Clément – n'est pas satisfait de moi.

— Tu dis les choses de manière compliquée, Ali.

— Je dis que j'aurais dû ouvrir les yeux plus tôt. Le Bédouin Abd'Mrah portait la volonté de notre Rabb. Toi, tu l'as vu au premier coup d'œil. Moi, je n'ai vu qu'un Bédouin qui attirait ton intérêt...

Fatima lui coupa la parole d'un petit ricanement sarcastique.

— Je sais ce que tu as pensé. Cela se lisait sur ton visage. Tu nous as méprisés. Abd'Mrah, parce qu'il était bédouin. Moi, parce que je suis une fille. Un Bédouin et une fille peuvent-ils avoir le moindre discernement ?

Ali se tut, mal à l'aise. Il connaissait assez Fatima pour savoir que rien ne l'empêcherait de dire sa vérité. Ce qu'elle fit :

— Notre père va au-devant des Bédouins. Il n'y a pas dans Mekka plus fidèle soutien qu'eux. Mais pour toi, Ali ibn Talib, ce sont des hommes de peu. Fils de puissant, Ali, mon frère, tu l'es avant d'être fils des mots de notre père...

— Non, non...

— Si ! Sinon la jalousie ne t'aurait pas troué les yeux. Car jaloux d'Abd'Mrah, tu l'as été. J'ai entendu tes moqueries et tes sarcasmes. Et aussi ton silence devant son courage.

Ali maintenant l'observait avec un air si crispé qu'il fut difficile à Fatima de savoir s'il allait céder à la colère ou à la honte. Comme il se taisait, ce fut elle qui capitula. Les larmes lui gonflèrent les paupières. Le ressentiment qui l'avait obsédée depuis l'annonce du terrible supplice d'Abd'Mrah jaillit de ses lèvres :

— Abd'Mrah était dans mon cœur comme une étoile. Il y restera à jamais. J'ai cru que je commettais la plus grande des fautes en l'y accueillant. Mais mon père m'a dit : « Non, ce n'est pas une faute. » Alors pourquoi Allah le Clément et Miséricordieux n'a-t-Il pas laissé Abd'Mrah vaincre cette pourriture de Yâkût al Makhr ?

Ali secoua la tête. Il avait repris de l'assurance. Il eut un regard de respect et de tendresse. Fatima crut qu'il allait lui saisir les mains. Il n'osa pas, se contenta de serrer les siennes contre sa poitrine.

— Tes questions n'ont de réponse que dans la volonté du Créateur, dit-il tout bas. S'Il le veut, un jour, Il te répondra. Moi, je peux avouer : oui, je me suis trompé. Je l'ai dit à la tante Kawla. Elle m'a rétorqué : « Ce n'est pas devant moi que tu dois reconnaître ton erreur. Adresse-toi à Fatima. Va voir si elle te pardonnera. Ce n'est pas certain. Son courroux est aussi profond que son chagrin. » Elle a raison. Je devine ta peine. Si tu ne veux pas me pardonner, je le comprendrai.

La surprise figea Fatima. Sur son visage, Ali ne pouvait lire, encore et toujours, que colère et douleur. Elle finit par murmurer, comme en confidence :

— Abd'Mrah avait la beauté de ceux qui ont été choisis par le Tout-Puissant.

Il y eut un silence. Un long et apaisant silence. Ali allait se détourner et s'éloigner sans un mot de plus lorsque Fatima ajouta :

— Zayd m'a dit que vous alliez vous rendre dans la cour de ma mère Khadija pour saluer le vieux Waraqà.

— Et lui demander ses rouleaux pour l'étude, acquiesça Ali. C'est ce que veut notre père.

— Vous risquez de faire de mauvaises rencontres.

— Bilâl nous accompagnera.

— Moi aussi.

Ce n'était ni une offre ni une demande. C'était la brutalité habituelle des décisions de Fatima bint Muhammad.

Ali sourit. Le sourire d'un garçon heureux.

Fatima déclara qu'il valait mieux y aller en pleine journée, au vu et au su de tous. Al Arqam l'approuva, mais voulut leur adjoindre des serviteurs armés. Fatima s'y opposa :

— Bilâl suffira. Voudrions-nous faire croire que nous avons peur de retourner chez nous, nous, les enfants du Messager ?

Ali et Zayd la soutinrent :

— Fatima a raison. Qui pourrait nous empêcher de visiter notre maître d'étude ? S'il nous faut subir des insultes, nous les subirons ! S'il nous faut nous battre, nous nous battrons !

Muhammad, qui arrivait à ce moment, fit un geste vers Al Arqam :

— Qu'ils aillent. Allah est avec eux.

La discussion était close.

Pour se rendre dans la demeure de Khadija bint Khowaylid, il leur fallait traverser le cœur de la cité, les ruelles les plus populeuses, où se tenaient les commerces et où s'agitaient les badauds. Dès qu'ils se mirent en marche, Fatima songea à Abdonaï, à la manière qu'il avait de mener une troupe. Armée du lourd bâton ferré, héritage du vieux Perse, elle tenta d'imiter sa façon de le brandir et de le balancer au bout de son unique bras. Ce fut comme si le fidèle serviteur se tenait à son côté.

Ils progressaient vite. Bilâl allait devant, grand, maigre et décidé, comme il l'avait toujours été. Sa silhouette de géant noir, cela faisait si longtemps que les gens de Mekka la connaissaient qu'elle était devenue aussi naturelle que le changement de lumière aux saisons. Aussi, on leur prêta peu d'attention. Soudain, un marchand les reconnut. Il prononça leurs noms. Ses clients se retournèrent, surpris mais, au fond, assez indifférents. Zayd en conclut :

— Si Abu Lahab et Abu Sofyan n'excitaient pas les plus imbéciles, les gens de Mekka nous laisseraient en paix. Peut-être même écouteraient-ils notre père avec bienveillance. C'est pour cela que ces deux fourbes s'acharnent sur nous. Ils ont bien plus peur de nous que nous n'avons peur d'eux. Malgré leurs provocations, ils sont faibles. Comme tous ceux qui savent que, à la fin, ils perdront la bataille.

Quand elle poussa la porte bleue de sa maison natale, l'émotion saisit Fatima. La cour n'était plus balayée depuis leur départ pour Ta'if. Le vent faisait trembler les rideaux des portes.

Ils ondulaient, comme agités par des fantômes. Les feuilles sèches s'accumulaient sous le tamaris. Aucune fumée ne flottait autour des cuisines. Le silence semblait suinter des murs.

Fatima dit à Ali et à Zayd :

— Allez chez Waraqà, je vous y retrouve.

Elle se dirigea vers le quartier des femmes pour y prendre du linge utile à Ashemou. De l'un des petits coffres elle sortit la tunique qu'elle avait portée sur le dos de la mule blanche, le jour terrible où Abd'Mrah avait sauvé la vie de Muhammad. Frôler le tissu raviva ses souvenirs. Elle ferma les paupières. Le visage d'Abd'Mrah lui faisant face après le combat apparut devant elle, aussi net que s'il était bien vivant.

— Fatima ! Fatima !

Zayd, livide, se tenait sur le seuil.

— Fatima, viens vite !

La double chambre qu'occupait Waraqà depuis la mort de Khadija était construite à l'opposé de la cour principale. Elle possédait sa propre courette, ainsi qu'une ouverture donnant sur l'étroite ruelle entourant la demeure. Ici, la paix régnait. On ne percevait plus rien de l'agitation de la cité.

Waraqà était assis devant sa table basse, ainsi que Fatima l'y avait toujours vu. Comme d'habitude, sa canne reposait contre sa cuisse. Sur ses genoux, un long rouleau d'écriture était déployé. Ses mains mortes le retenaient bien à plat. Des mains à peine plus décharnées que de son vivant.

Cela devait faire longtemps que la vie l'avait abandonné. Dix ou vingt jours, qui pouvait le savoir ? Pourtant, rien en lui ne s'était corrompu. Au contraire, c'était comme si son apparence, toute son enveloppe de chair s'était fortifiée et durcie. Assombrie, aussi, comme s'était assombrie avec le temps l'encre de ces rouleaux qui avaient fondé sa sagesse.

La posture du vieux sage était tout autant extraordinaire. Un dos impeccablement droit, une nuque raide. Les yeux morts et les lèvres flétries paraissaient contempler le seuil de la chambre et saluer l'arrivant.

Tremblant de la tête aux pieds, Zayd désigna la bande d'écriture.

— Le rouleau de Mûsâ, de Moïse ! Voilà ce que notre maître lisait quand Allah l'a emporté !

Sans cesser de grelotter, comme si un vent froid lui soufflait au visage, il vint se placer derrière le corps du hanif. D'une voix blanche, à peine audible, il lut les mots bien visibles entre les paumes desséchées et racornies du mort :

— « N'aie pas peur, Mûsâ, les Messagers n'ont rien à craindre de Moi[1]... » « Ô Mûsâ ! Je t'ai élu d'entre les hommes pour te confier Mon Message. Sois reconnaissant. Fais sortir ton peuple des ténèbres. Nous sauvons ton corps afin que tu sois pour eux un signe, même si le nombre reste indifférent à nos signes[2]... »

Fatima et Ali demeurèrent un moment encore pétrifiés. Malgré l'aspect terrifiant de Waraqâ, Fatima ne put s'empêcher de le trouver d'une grande beauté. Peut-être Ali eut-il la même pensée. Comme pour y chercher un appui, sa main frôla celle de Fatima.

— Le plus étrange, chuchota-t-il, c'est que notre vieux maître sent le soleil comme une fleur du désert après la pluie.

1. Coran 28, 31.
2. Coran 7, 144 ; 14, 5 ; 10, 92.

## La parole de Muhammad

La mort de Waraqà et les conditions dans lesquelles elle était advenue furent pour Muhammad la confirmation des signes qu'il avait déjà reçus. Enfin, Allah lui annonçait avec certitude que le temps était venu de partir.

Le temps était venu de tourner le dos aux tourmenteurs hypocrites et cruels de Mekka ! De fuir leurs dénégations et leurs blasphèmes païens !

Le temps était venu d'émigrer vers la terre nouvelle de la vie nouvelle !

À Abu Bakr, à tous ceux qui s'affligeaient de la mort de Waraqà, il déclara :

— Ne vous attristez pas ! Prosternons-nous et remercions Allah ! Il nous dicte sa volonté : Mekka n'est plus notre cité. Nous devons prendre la route. Mais dans quelle direction ? Allah le Clément et Miséricordieux ne l'indique pas encore. Nous le saurons bientôt.

La description que Fatima, Zayd et Ali firent du corps de Waraqà impressionna beaucoup Muhammad. Il voulut aller constater par lui-même ce signe d'Allah, avant qu'une sépulture n'accueille le corps du hanif. Abu Bakr s'y opposa. Il le convainquit de s'en abstenir tant qu'Al Arqam et lui-même n'auraient pas négocié auprès de la mâla sa liberté d'aller et venir dans la ville.

Cela leur prit deux jours. Enfin, ils revinrent avec la mine joyeuse de ceux qui ont bien mené leur affaire.

Al Arqam prit un plaisir gourmand à raconter leur victoire :

— Abu Lahab et Abu Sofyan ont refusé que la dépouille du sage soit ensevelie dans le cimetière d'al Ma'lât, commença-t-il. Ils ont protesté : « Jamais Waraqâ ibn Nawfal n'a vénéré nos dieux ! Chaque jour de sa vie, il a méprisé Al'lat et Hobal. Qui, ici, se souvient de l'avoir vu tourner autour de la Pierre Noire ? Personne ! Son dieu est un dieu étranger. Celui des Juifs et des chrétiens. Waraqâ a corrompu la tête d'ibn 'Abdallâh. Il n'a pas sa place dans notre cimetière ! » Mais, dans les clans des Manâf et chez les Muttalib, beaucoup ont refusé de se plier à cette intransigeance forcenée.

En véritable conteur, Al Arqam se tut un moment, ménageant ses effets, avant de reprendre :

— Ils ont dit : « Certes, Waraqâ ne tournait pas autour de la Pierre Noire. Mais sans lui, que serait-elle devenue, quand la maladie nous avait fait fuir Mekka ? Sans sa sagesse et sa bravoure, que seraient devenues la source Zamzam et la Ka'bâ ? »

Abu Bakr l'interrompit :

— J'en ai profité pour rappeler que Waraqâ avait été le premier à applaudir ce qui sortait de ta bouche, Messager. Quand tu es redescendu de la grotte de Hirâ, lui t'avait reconnu comme un vrai *nâbi*, un vrai prophète. Alors, ils ont contemplé leurs semelles comme si elles étaient d'or.

Fait très rare, Abu Bakr se mit à rire.

— J'ai dit : « Muhammad ibn 'Abdallâh doit pouvoir aller prier et se prosterner devant le corps du sage. C'est la tradition. Abu Lahab veut-il insulter les morts et piétiner nos traditions ? » Ils ont dit : « Non ! » Alors, comme on le fait au marché pour avoir deux sacs de grain au lieu d'un, j'ai ajouté : « Ibn 'Abdallâh devra aussi pouvoir aller au cimetière. Waraqâ n'aurait pas voulu entendre d'autre voix que la sienne sur sa tombe, puisque, comme vous le reconnaissez, ni Al'lat ni Hobal n'étaient ses dieux. » Et les voilà qui marmonnent et approuvent encore de la tête !

Abu Bakr, peu habitué à parler si longuement, réclama un peu de lait de chamelle. Puis, toujours souriant, il poursuivit son récit :

— Et donc, j'en ai profité pour exiger un troisième sac... « Puissants de Mekka, ai-je dit, votre sagesse me réchauffe le cœur. Vous avez vos croyances, mais vous respectez ceux qui adorent d'autres dieux que les vôtres. Ce jour est beau ! Il a l'odeur de la paix ! Cependant, si vous jugez que, pour cette occasion, notre Messager peut aller et venir dans Mekka sans qu'un mauvais sort lui soit fait, alors reconnaissez-lui le pouvoir d'aller prier à la Ka'bâ comme il le faisait avant son départ pour Ta'if. »

Al Arqam éclata de rire. Il y avait si longtemps que le rire n'avait pas retenti dans la maison ! Chacun s'en sentit tout ragaillardi. Muhammad lui-même montra son contentement. Sa barbe vibra de satisfaction.

Abu Bakr fut le premier à reprendre son sérieux.

— Ce sac-là n'est pas passé aussi facilement que les deux premiers, reconnut-il. Mais ils s'étaient tellement avancés qu'ils ne pouvaient plus reculer. Voici ce qui est convenu : Messager, de ce jour tu es libre d'aller prier à la Ka'bâ à l'aube et au crépuscule. À l'aube : jusqu'à ce que le soleil dessine une ombre nette. Au crépuscule : à partir du moment où le soleil est rouge et jusqu'à l'heure qu'il te plaira dans la nuit. Évidemment, Abu Lahab a montré les crocs : il t'est interdit de prendre la parole pour des prêches. Voici ce qui est convenu : tu pries et tu ne t'adresses à nul qui ne se soit d'abord adressé à toi...

Muhammad déjà fronçait les sourcils. Avec un sourire malin, Al Arqam prévint sa critique :

— Ce sont des conditions de mécréants et de païens, admit-il. Mais nous les avons acceptées sans trop résister. Ce n'est pas un mauvais compromis. Si l'un de ces idolâtres veut t'insulter, il se sera donc adressé à toi. Tu pourras lui répondre autant qu'il te plaira. Et si c'est un homme sincère qui veut connaître ta parole, à lui aussi tu pourras répondre.

De nouveau, chacun s'amusa de la ruse.

— Ils ne réfléchissent pas bien loin, ricana Abu Bakr. Et puis, cela ne durera que le temps qu'Allah, soit-Il Clément et Rusé, nous maintiendra dans Mekka avant de nous conduire vers la vie nouvelle.

Il jeta un bref coup d'œil vers Fatima.

— Il est encore une condition, fit-il. Ils exigeaient que tu te rendes seul à la Ka'bâ : « Sans toute votre troupe qui provoque chaque fois du désordre ! » a dit 'Amr ibn al Ass, qui n'est que la bouche d'Abu Sofyan. J'ai répondu : « Pas question ! Aucun puissant de Mekka ne se déplace seul. Voulez-vous que notre Messager marche dans nos rues comme un serviteur ou un esclave ? Ce serait lui cracher dessus. » J'ai dit : « Le Messager ira avec sa fille Fatima et avec Bilâl, son esclave affranchi. » Ils ont accepté de mauvaise grâce. Comme s'ils t'accordaient une faveur. Car ta fille, ils savent ce qu'Abdonaï lui a enseigné.

Ainsi, cet hiver-là, chaque aube et chaque matin, Fatima accompagna son père à la Ka'bâ et le protégea durant ses prières. Dans les premiers temps, ce fut aisé : tous les ignoraient.

Après de soigneuses ablutions au jaillissement de la source Zamzam, Muhammad allait se placer dans un coin à l'opposé des rangs d'idoles de bois fichées dans le sol. Il demeurait là, ses lèvres ne cessant de s'agiter. Parfois, il avait les yeux ouverts et vifs. D'autres fois ses paupières étaient closes, comme si jamais elles ne devaient se rouvrir. Il arrivait que Fatima s'en inquiète. Puis, quand l'ombre du mur se dessinait dans la poussière, Muhammad le Messager se redressait d'un seul mouvement. Il souriait à sa fille. La nuit aussi, il lui souriait lorsqu'il chuchotait :

— Il est temps de rentrer. Il faut que tu dormes.

Souvent elle songeait que son père ne retournait dans la maison d'Al Arqam que pour elle. Lui, il serait volontiers resté jusqu'aux ombres du jour suivant.

Il semblait que tout soit soudain devenu paisible. Plus de cris, plus d'insultes, plus de menaces ! Puis, une aube où ils descendaient la rue principale, des hurlements déchirèrent l'air matinal. Une femme apparut, en large tunique, les cheveux dénoués, portant à bout de bras un vieux sac de cuir. Elle se précipita vers Muhammad. Sa bouche grande ouverte vomissait des injures. Le temps que Fatima revienne de sa stupeur et dresse le bâton ferré d'Abdonaï, cette folle avait déversé le contenu de son sac sur eux. Des ordures, des abats rongés de vermine, de la nourriture fétide. La femme brailla encore quelques horreurs avant de s'enfuir à toutes jambes devant la pointe de fer du bâton de Fatima.

Muhammad retourna dans la cour d'Al Arqam se laver des pieds à la tête. Pas question qu'il se présente sale et puant devant son Rabb. Quand il fut propre, les ombres du soleil mangeaient déjà le sol. Il était trop tard pour aller à la Ka'bâ.

Abu Bakr et Al Arqam voulurent savoir qui était cette folle. Fatima l'avait reconnue sans peine.

— C'est Omm Jamîl bint Harb. La première épouse d'Abu Lahab, dit-elle. Et la sœur d'Abu Sofyan.

Le lendemain, puis les jours suivants, la femme d'Abu Lahab chercha encore à les souiller d'ordures sur le chemin de la Ka'bâ. En vain : Fatima attendait son attaque. Dès qu'elle se montrait ou que retentissaient ses hurlements, le bâton ferré d'Abdonaï tournoyait. Abu Bakr avait mis Fatima en garde :

— Surtout, ne la touche pas. Abu Lahab et Abu Sofyan n'attendent que cela. Ils iraient à la mâla réclamer le droit de répliquer.

Fatima devint experte : son bâton frôlait les reins, les mollets ou même la nuque de la folle. Tout juste effleurait-il le tissu de la tunique. Cela suffisait : la folle jetait son sac et fuyait, mugissant des imprécations.

Cette scène se répéta tant de fois que, pendant quelque temps, elle devint un véritable divertissement pour les Mekkois. De plus en plus nombreux, ils vinrent rôder au petit jour pour s'amuser de ce spectacle : la fille du Messager mettant en fuite l'épouse du seigneur Abu Lahab. On s'en esclaffait dans les cours. On en faisait des gorges chaudes dans les ruelles. À la mâla, les plaisanteries s'abattirent sur Abu Lahab. Il était blême de rage. Il donna des ordres. Ses serviteurs interdirent à son épouse de quitter sa maison avant que le soleil ne creuse des ombres bien noires dans la poussière. Les ruelles et les aubes recouvrèrent le calme. Mais longtemps on continua à raconter ces moments de folie.

Toute cette agitation avait de nouveau attiré l'attention sur le Messager d'Allah. Nombreux furent ceux du Hedjaz qui entendirent parler de lui, de sa parole et de la haine que les puissants de Mekka lui vouaient. Désormais, à chaque occasion, marchés et fêtes des dieux païens, ils s'amassaient à la Ka'bâ dès l'aube, près du mur où Muhammad priait. La plupart pour se distraire, pour assister, qui sait, à une bagarre, ou pour voir la fille de l'Envoyé manier le bâton. Comme le plus souvent il ne se passait rien, ils étaient déçus. De dépit, ils crachaient dans la poussière avant de partir.

D'autres, en revanche, éprouvaient une curiosité moins malsaine. Comme ils connaissaient les conditions fixées par les clans pour les prières du Messager, ils évitaient de lui parler et de le questionner. L'écouter leur suffisait. Certains demeuraient tout le temps de son recueillement. Parfois, ils revenaient le soir ou le lendemain. Chaque jour, ils s'initiaient un peu plus à la parole et à la volonté d'Allah le Clément et Miséricordieux. D'autres encore, plus nombreux, il faut l'avouer, finissaient par secouer la tête avant d'aller déposer leurs offrandes au pied de leurs idoles.

Fatima surveillait ce manège de près. Elle en apprenait beaucoup sur les comportements des uns et des autres. Surtout, elle en vint à comprendre et à admirer la manière que son père avait d'enseigner sans enseigner. Aucune de ses paroles n'était inutile. Aucune de ses prières perdue. Elle-même en vint ainsi à savoir par cœur toutes les sourates. Et quand son père, au cours de ses retraites nocturnes, avait reçu de l'ange Gabriel de nouvelles paroles de son Rabb, elle n'avait plus à les apprendre de la bouche de Zayd ou d'Ali. Elle les connaissait avant eux.

Une nuit où ils revenaient paisiblement de la Ka'bâ, elle le confia à son père. Il posa une main sur ses cheveux.

— Les mots sont des oiseaux, dit-il. Si tu sais ouvrir leur cage, ils trouvent toujours où aller. Et tu peux leur faire confiance : ils connaissent les meilleurs nids.

Et c'est ainsi qu'ils trouvèrent le cœur de Moç'ab ibn Omayr.

## La conversion de Moç'ab ibn Omayr

Un après-midi, Al Arqam revint dans la cour plein de gaieté.

— Envoyé, un homme se tient dans la Ka'bâ et récite tes paroles à qui veut les entendre ! s'exclama-t-il. Là, en plein jour ! Il récite ce qu'il a appris en t'écoutant prier, Messager. Il possède une voix qui enchante. Il est souriant et doux. À ceux qui l'approchent, il fait un salut des plus gracieux. Il leur dit : « Asseyez-vous, je vous en prie, et écoutez le message. S'il vous plaît, acceptez-le, sinon ne vous en souciez pas ! » Ensuite, il récite tes paroles. Et sa voix... on ne peut s'empêcher de l'écouter.

Muhammad se montra aussi ravi que réservé. Abu Bakr voulut aller sur-le-champ rencontrer cet homme.

— Attends, attends, fit Muhammad. Les actes de cet homme, c'est une affaire entre Allah et lui. Il n'est pas temps de s'en mêler.

Le soir, pourtant, la curiosité emporta Al Arqam. Il accompagna Muhammad et Fatima jusqu'à la Ka'bâ. L'homme y était. Très jeune, il portait une tunique et un manteau soignés qui révélaient sa bonne naissance. Sa face, large et presque imberbe, était claire et simple comme une source. Quand il vit le Messager approcher pour sa prière du soir, il acheva le verset qu'il récitait, puis remercia ses auditeurs en s'inclinant très bas. Sans un mot de plus, il vint se placer à portée de voix de Muhammad pour apprendre, jusque tard dans la nuit. Le lendemain, il était capable de réciter les versets qu'il ignorait la veille, aussi longs fussent-ils.

Ce n'est qu'une lune plus tard qu'il donna son nom : Moç'ab ibn Omayr.

— Tu ne me connais pas, bien que je sois du clan des Hashim, comme toi, dit-il à Muhammad. Je viens de passer plusieurs années dans Ghassan. J'ai entendu parler de toi, le Messager de Mekka. L'envie de t'écouter m'est venue aussitôt. J'ai réglé mes affaires, et me voici. Je n'ai pas voulu te déranger. Ta parole, qui est celle d'Allah venue dans ta bouche par la grâce de l'ange, me comble. Cela suffit à ma vie.

Muhammad, le prenant dans ses bras, s'écria, très ému :

— Il y a longtemps que le Tout-Puissant ne m'avait pas fait un aussi beau présent !

— Tout ce que tu voudras me demander, dit encore Moç'ab, demande-le. Mes pas seront toujours dans les tiens. Je sais les conditions qui te sont faites par la mâla. Moi, je ne me soumets à rien et je ne crains personne. S'il m'arrivait quelque chose, aussitôt ma famille réclamerait le prix de mon sang.

— Ce que je voudrais te demander, répondit le Messager, tu ne peux pas me le donner. Allah le Clément et Miséricordieux n'a permis qu'à un homme de chanter Sa parole avec tant de beauté et de poésie. Cet homme, c'est toi, et nul autre.

De ce jour, ceux qui venaient sur l'esplanade de la Ka'bâ y entendaient Moç'ab le jour et Muhammad à l'aube et au crépuscule.

Ce fut dans ce moment que Ruqalya prouva enfin qu'elle n'avait pas menti en prédisant que le bel 'Othmân ibn Affân ne rêvait que de la prendre pour épouse, dût-il pour cela se soumettre à Allah.

Cela arriva précisément un des premiers jours de pluie d'automne, de la plus étrange manière, alors que Muhammad revenait de la Ka'bâ, comme chaque matin.

À cause du mauvais temps, Bilâl accompagnait Fatima. Il protégeait le Messager d'un petit dais de toile tendu entre deux tiges de palme. Ils étaient encore dans la grand-rue, se frayant un chemin entre les commerçants qui les regardaient d'un air entendu. Soudain, 'Othmân ibn Affân fut là, à leur côté. Il s'était recouvert d'un grand manteau de laine brune très semblable à celui que portait depuis toujours Muhammad. Dessous, sa ceinture brillait de perles d'or et le fourreau de sa nimcha était bien visible.

Fatima se plaça devant lui, le bâton déjà levé, prête à le mettre en garde. 'Othmân, tout ruisselant de pluie, le chèche alourdi sur le front, leva les paumes.

— Sœur ! s'exclama-t-il. Ne dresse pas ton bâton contre moi. Plus personne dans Mekka n'ignore que tu sais fort bien t'en servir.

Puis il se tourna vers Muhammad :

— Je t'approche pour te servir, Muhammad ibn 'Abdallâh. Si tu le veux bien.

Sans un mot de plus, il retira des mains de Bilâl les tiges soutenant le dais. Il se posta derrière l'épaule de Muhammad, ainsi que le ferait un serviteur.

Muhammad se retourna pour lui faire face :

— Que fais-tu, 'Othmân ibn Affân al Omayya ? Ne sais-tu pas que chacun, ici, te voit me protéger de la pluie ? Nous n'aurons pas terminé de parler que déjà tout Mekka se moquera de toi. Ton cousin Abu Sofyan se fâchera. Il t'insultera. Lui, ainsi que tout ton clan.

— Les Omayya ne sont pas tous des mécréants, Envoyé d'Allah. Quant à Abu Sofyan, laissons-le dire : il parle plus qu'il ne pense. Ne t'inquiète pas, il n'est ni ma bouche ni mes oreilles. Je sais ce que je fais. Et pourquoi.

Muhammad l'observa attentivement.

— S'il en est ainsi..., dit-il seulement.

Leur étrange cortège se remit en marche. Bien qu'il fût évident qu'il touchait les tiges d'un dais pour la première fois de sa vie, 'Othmân fit de son mieux pour protéger Muhammad des trombes d'eau. Bilâl et Fatima échangeaient des coups d'œil. Malgré le mauvais temps, sur les bas-côtés des ruelles et sur les seuils des cours, les faces sidérées des curieux se multipliaient.

'Othmân n'attendit pas d'atteindre la maison d'Al Arqam pour révéler ce qui lui brûlait la langue.

— Messager, fit-il tout bas en marchant, la voix pleine de circonspection. J'ai dit un jour à ta fille Ruqalya que seul un Dieu invincible et Tout-Puissant pouvait avoir engendré une femme aussi belle qu'elle. C'était déjà il y a quatre années. Elle était mariée à Utbal, le fils sans âme d'Abu Lahab – que son cœur soit putréfié ! Durant ces quatre ans, j'ai vu bien des femmes, Messager. Ici, à Mekka, au sud, à Sanaa, Zafar ou Maris. Au nord, aussi, dans tout Ghassan. Tu les connais. Juives ou chrétiennes, elles ne manquent jamais une occasion de se montrer avenantes dès qu'elles sentent le désert sur notre peau. Malgré tout, la beauté de Ruqalya n'a cessé de m'enchanter. Aussi loin que je sois allé pour le commerce, je n'ai eu qu'un désir : revenir près d'elle à Mekka. Et sans mauvaises pensées ! Je me contentais de l'admirer lorsqu'elle allait ici ou là. Et, durant ces quatre années – qu'Allah le Tout-Puissant me transforme en pierre si je mens – je n'ai jamais rien cherché à obtenir d'elle. Ta Ruqalya était dans la couche de cet Utbal. Une charogne sans regard ni goût ! Un fils de rien ! Mais tu l'avais choisi pour elle...

Il soupira, puis reprit avec exaltation :

— Allah est Dieu, il n'y a que Lui ! La vie d'hier n'est pas celle d'aujourd'hui ni celle de demain. Loué soit le Clément et Miséricordieux ! Utbal a renié ta fille. Alors aujourd'hui me voilà, ô Envoyé. Donne-moi ta Ruqalya, cette beauté aussi unique que le Seigneur Tout-Puissant. Tu pourras tout attendre de moi. Comme tu le sais, je suis assez riche pour ne rien devoir à ceux de mon clan. Ils copulent avec les démons et les déesses du diable Îflis, pas moi.

Muhammad ne répondit pas. Sous les poils de sa barbe, on pouvait deviner la satisfaction autant que l'amusement.

'Othmân ne pouvait le voir : la fraîcheur apportée par la pluie était impuissante à calmer le feu de ses pensées et de ses craintes.

Il marcha ainsi, comme sur les cactus du désert, jusqu'au seuil de la maison d'Al Arqam. Là, Muhammad fit signe à Bilâl de reprendre les manches du dais, puis il se tourna vers le jeune homme :

— 'Othmân ibn Affân, demanda-t-il, connais-tu déjà des versets que notre Rabb nous enseigne comme étant les mots de notre Loi ?

'Othmân grimaça en baissant le front.

— Quelques-uns seulement. Pas beaucoup, Envoyé, pas beaucoup. Je n'ai pu apprendre qu'à l'occasion, auprès de ceux que mon clan n'effraie pas.

— En ce cas, jeune 'Othmân, j'espère que ta vie prochaine auprès de ma fille Ruqalya te sera belle et longue, afin que tu puisses les apprendre tous et ne jamais les oublier.

Ce jour-là, nul ne put échapper aux cris de joie de Ruqalya. Fatima fit de son mieux pour cacher sa mauvaise humeur.

Que son père fût satisfait de donner sa seconde fille, la répudiée, au riche 'Othmân, elle n'en doutait pas. À Ashemou, qui l'observait de son regard qui devinait tout, elle sut dire avec un sourire :

— Elles sont innombrables, les ruses d'Allah et de mon père pour augmenter le nombre des croyants...

Elle connaissait les pensées d'Ashemou et de la tante Kawla. Celles-ci craignaient sa tristesse, peut-être sa jalousie, devant le bonheur de sa sœur. Elles avaient peur que le souvenir d'Abd'Mrah de nouveau ne la ronge.

Comme elles se trompaient ! Ce n'était pas ainsi que Fatima songeait à Abd'Mrah. Jamais. Pour eux deux, pour Abd'Mrah et elle, jamais elle n'avait imaginé ce commun et vulgaire bonheur des épousailles. Elle n'était pas faite pour cela. Pas plus qu'Abd'Mrah ne l'avait été pour devenir un triste époux.

Même si Allah l'Intransigeant n'en avait pas fait son martyr, non, ils ne seraient pas devenus mari et femme. Ils seraient devenus des guerriers. Elle et lui, unis comme deux mains sur la garde d'une même nimcha au service de son père, le Messager.

Voilà comment elle pensait à Abd'Mrah.

Dans ses plus beaux rêves éveillés, ils galopaient côte à côte, volant au-dessus des déserts de roche et de poussière, tantôt sur des méharis magnifiques, tantôt sur des chevaux d'une race incomparable. Avec le même courage, la même insouciance, ils abattaient et défaisaient les plus puissants, les plus cruels, les plus acharnés ennemis d'Allah et de son Messager. Ils abattaient les démons, tranchaient les djinns et, dans leur sillage, comme caressé par le souffle frais d'une oasis, naissait un royaume à la splendeur inconnue.

En comparaison de ce destin fabuleux, quelles épousailles auraient pu l'attrister et la rendre jalouse ?

Aucunes, aucunes !

Mais qui pouvait le savoir ?

Personne. Pas même Ashemou.

## Les nouvelles de Yatrib

Alors que cessaient enfin la saison des pluies, celui qui frappa à la porte d'Al Arqam, Muhammad l'attendait depuis longtemps. Tamîn al Dârî, son cher compagnon, était de retour !

Les nouvelles qu'il apportait bouleversèrent chacun comme un souffle de vie.

Tamîn était né à Hébron, en Palestine. Il y avait fait le gros de ses affaires avec la communauté des Juifs, qui le respectaient grandement. Ce commerce, sur le chemin du retour à Mekka, le conduisait souvent dans l'oasis de Yatrib. Les habitants en étaient des Juifs descendants d'Abraham, à l'exception de deux clans : les Aws et les Khazraj. Originaires du lointain Sud, ces derniers ne s'étaient installés à Yatrib que depuis peu de générations.

Au repas du soir offert par Abu Bakr après la prière, Tamîn cala son corps gras et agile contre des coussins et raconta :

— Autrefois, les maîtres de l'oasis étaient les Juifs Banu[1] Qurayza. Ils maintenaient la paix et réglaient le commerce. Mais aujourd'hui, c'est fini. Aujourd'hui, les puissants de Yatrib sont les Aws et les Khazraj. Les pères de leurs pères venaient du sud de Mekka. Par malheur, ils ne cessent de s'opposer aux Juifs.

1. Pour des raisons de compréhension, nous avons réservé l'appellation « Banu » aux clans juifs.

Tous les prétextes leur sont bons. Mais les disputes ruinent la paix et les affaires, alors les plus sages désirent l'unité entre tous les clans de Yatrib. Pourtant, ils craignent le Dieu des Juifs. Ils le devinent plus puissant que leurs idoles.

Le plat contenant des dattes fourrées et des figues baignant dans du lait de chamelle passa de main en main. Tamîn y puisa quelques fruits avant de continuer :

— Les fils sont lassés des disputes de leurs pères. Ils se mettraient volontiers sous le pouvoir du Dieu d'Abraham. Ils disent : « Les Juifs possèdent une écriture et ils en savent plus que nous tous sur le monde. Quand nous nous opposons à eux, ils nous disent : "Un prophète va venir, comme est venu Moïse. Il vous soumettra, vous, les païens, car vos dieux ne sont que pierre et bois. Notre génération vient d'Abraham, elle a tout vu de la naissance du monde. Placez-vous dès maintenant sous la paume de Yahvé, et la paix ira entre nous." Ils ont raison. » Les anciens des Aws et des Khazraj rechignent. Ils disent : « Ce Dieu de Moïse est peut-être grand, mais il est du Nord et nous sommes du Sud. Jamais il ne sera notre Dieu. Il fera de nous ses esclaves. » Si bien que personne ne trouve de solution. Sauf que...

Tamîn fixa Muhammad dans les yeux.

— ... sauf que, quand je leur ai parlé d'Allah et de son Messager, les Aws comme les Khazraj se sont écriés : « S'il en est un qui peut nous unir, le voilà ! Et Son Messager, peut-être est-il le prophète que nous annoncent les Juifs ? S'il vient ici, il prendra soin de nous avant de prendre soin d'eux ! » Et maintenant, Messager, les Aws et les Khazraj n'ont plus qu'un désir : te rencontrer.

À sa manière paisible et confiante, Tamîn observa les visages qui lui faisaient face : les sourcils froncés d'Abu Bakr et d'Al Arqam, l'air patient de Muhammad. Il ajouta avec douceur :

— Ces jours-ci, sur la route de Mekka, je me réjouissais de vous annoncer cette nouvelle. De vous dire : « Compagnons ! La parole du Messager d'Allah vole de plus en plus loin ! » Mais voilà, vous me racontez qu'ici, dans Mekka, la vie des croyants en Allah n'est plus possible. Vous m'assurez qu'il nous faut émigrer. Fuir, comme Moïse et son peuple ont fui la cruauté de Pharaon. Et moi, je vois que le Tout-Puissant s'est servi de moi pour désigner notre terre du futur. Muhammad, convie ici des habitants de Yatrib. Convaincs-les de nous accueillir tous. Je te le promets, ils t'écouteront et en seront heureux.

Le débat fut intense. Beaucoup d'entre eux avaient déjà séjourné une fois ou l'autre à Yatrib, profitant de sa fraîcheur au retour de Ghassan ou avant la périlleuse traversée des plateaux du Maydan. À six journées de chameau de Mekka, Yatrib était une vaste oasis, si verte et si humide que l'on y oubliait le sable et la poussière du Hedjaz. La population y était à peine le tiers de celle de Mekka. On y cultivait tous les légumes, on y marchandait tous les bétails, et on y fondait parmi les plus belles armes de guerre. Sans compter les marques qu'Allah depuis longtemps avait déposées en cette terre, où les païens n'étaient pas les bienvenus. En outre, chacun le savait : le père du Messager y avait sa tombe. Il y était mort alors qu'il visitait la famille de son épouse Âmina, la mère de Muhammad. Elle qui était précisément du clan des Khazraj.

Abu Bakr se montra plein d'enthousiasme :

— N'y a-t-il pas à Yatrib tous les signes dont nous avons besoin pour guider nos pas ?

C'était l'opinion de tous. Pourtant, et selon son habitude, quand chacun eut parlé avec excitation, Muhammad déclara :

— Allons prier et dormir. Laissons au Tout-Puissant le temps qu'il Lui convient pour nous prendre la main.

En vérité, il leur fallut plus de patience qu'une nuit de sommeil et de prière. La décision ne vint ni le lendemain, ni le surlendemain. Avant elle, Muhammad fit une annonce qui étonna plus d'un fidèle qui se tenait dans la cour d'Al Arqam.

Depuis des jours, l'excitation de Ruqalya à l'idée des épousailles emplissait la maisonnée. Le matin où le Messager devait s'asseoir entre les nouveaux époux, le quartier des femmes n'était qu'un tourbillon d'énervements, de rires, de chuchotements et, finalement, d'applaudissements lorsque Ruqalya apparut dans une tunique de Saba brodée d'argent et de coquillages offerte par son futur époux. Une tunique qui ne tomberait de ses épaules que pour accueillir les caresses de 'Othmân...

Mais après la prière du milieu de journée, avant que chacun ne prenne place devant les plats, Muhammad saisit la main de Ruqalya dans sa main droite et celle d'ibn Affân dans sa main gauche. Le jeune et élégant 'Othmân semblait transfiguré.

— Par la volonté d'Allah qui me guide à chaque pas, annonça Muhammad, j'ai pris une décision. Aujourd'hui, 'Othmân ibn Affân accueille ma fille Ruqalya pour épouse. Dans deux jours, mon gendre 'Othmân conduira ceux qui veulent le suivre à Axoum, par-delà la mer d'al Qolzum. Il ira dans cette partie de la terre porter la parole et les bienfaits d'Allah – qu'Il nous soit Clément et Miséricordieux ! – auprès d'un puissant du nom de Najâshi. Ce prince d'Axoum vénère le Dieu unique des chrétiens. Il est bon et complaisant envers notre Seigneur Tout-Puissant. Depuis longtemps, il nous a envoyé des émissaires de fraternité. Il nous dit : « J'aime le Seigneur Clément et Miséricordieux selon nos usages. Vous avez les vôtres. Cela ne fait pas de différence. Il n'est de Dieu que Lui. Et nous sommes frères en Lui. » Ce Najâshi sait comment on nous traite ici. Il nous dit : « Venez, je serai votre protecteur respectueux. Chez moi, vous n'aurez rien à craindre. » J'ai questionné Allah au sujet de ces offres. Son ange me répond : « La terre du Seigneur n'est-elle pas assez vaste pour vous permettre de voyager pour Lui[1] ? » L'heure est venue de tourner le dos à Mekka et à ses païens. De prendre la route et de gagner de nouveaux horizons. De répandre aussi loin que possible la parole d'Allah. Il n'attend de nous que ce courage. Il dit : « J'effacerai les mauvaises actions de ceux qui émigrent, de ceux qui vont souffrir dans Mon Chemin[2]. » J'ai confiance. Je confie Ruqalya à 'Othmân, mais

1. Coran 4, 97.
2. Coran 3, 195.

aussi Omm Kulthum, que la répudiation a libérée de nos ennemis. Elles me sont chères.

Muhammad rassura ses filles.

— N'ayez pas peur. Que ceux qui veulent suivre les pas de 'Othmân le Valeureux se fassent connaître. Le Tout-Puissant sera sur vous.

Alors que les uns et les autres discutaient, hésitaient, se décidaient, le Messager donna enfin à ses compagnons, Tamîn, Abu Bakr et Al Arqam, la réponse qu'ils attendaient :

— Il est trop tôt pour rencontrer les gens de Yatrib. Ils ne nous connaissent pas assez. Et nous, nous ignorons leurs intentions. On ne peut désigner la nouvelle terre sainte d'Allah sans plus d'étude.

À ces mots le visage de Tamîn se crispa. Muhammad posa une main sur son épaule :

— Ne t'assombris pas, Tamîn. Si le Tout-Puissant nous veut à Yatrib, tu le sauras bientôt. Nous allons envoyer aux Juifs, ainsi qu'aux Aws et aux Khazraj, un joyau qu'Allah a déposé pour nous dans la Ka'bâ. Ce que vaut leur cœur, là-haut dans le vert de l'oasis, cela se saura vite.

Le joyau dont parlait Muhammad, c'était Moç'ab ibn Omayr. Abu Bakr applaudit.

— Bien sûr ! Bien sûr, voilà la solution !

Tamîn alla écouter Moç'ab ibn Omayr à la Ka'bâ. Il revint subjugué.

— Qu'il aille à Yatrib ! s'exclama-t-il avec joie. Leur cœur s'ouvrira devant lui, je le sais. Il n'y a de Dieu que Dieu, et il est tout entier dans la bouche de Moç'ab !

Le lendemain, pour la première fois, Moç'ab ibn Omayr franchit la porte de la maison d'Al Arqam. Lorsque Muhammad lui eut déclaré ce qu'il attendait de lui, Moç'ab se prosterna en le remerciant mille fois.

— C'est ma récompense ! s'écria-t-il sans hésiter. J'en serai digne. Mon chameau est rassasié depuis longtemps, Messager.

Ma selle ne prend qu'un instant à poser. Demain, je serai sur la route.

— Sois prudent, Moç'ab. Tu vois comment il en va ici, dans Mekka. Quand on fait retentir la parole d'Allah, les mauvais coups sont vite donnés, et les hypocrites ne manquent pas. À Yatrib, ce que valent Juifs et non-Juifs, tu ne le sauras qu'en étant seul et sans protection. Tu peux en mourir.

— Que dois-je craindre, Messager ? s'amusa Moç'ab. N'est-il pas dit : « Ne va pas dans le doute ; ce que les autres adorent et servent leur vient de leurs pères. Nous leur en compterons leur part exacte, ni plus ni moins[1]. »

Une fois encore, Muhammad et ses compagnons furent ravis de Moç'ab.

Qui pourrait résister à la beauté et à la douceur de la récitation des paroles d'Allah par Moç'ab ?

Qui mieux que lui pouvait plaider leur cause à Yatrib ?

---

1. Coran 11, 109.

## Ambassade à Axoum

Ils furent une trentaine à prendre la route d'Axoum avec 'Othmân et Ruqalya. Pour plus de sécurité, leur caravane se mêla à d'autres qui allaient à Djedda commercer avec les marchands d'Afrique. La cour d'Al Arqam s'en trouva soudain très calme.

Trois ou quatre jours plus tard, Abu Bakr, qui surveillait toujours de près l'humeur des puissants, se montra satisfait.

— Bien sûr, le départ de 'Othmân, de sa nouvelle épouse, de sa belle-sœur, de sa troupe de croyants et de serviteurs, n'est pas passé inaperçu, assura-t-il. Nos ennemis savent. Ils savent, mais ils ne disent rien. Pour les Omayya, 'Othmân était déjà un fils perdu. Son départ leur convient. S'il était resté dans Mekka, ils auraient dû l'affronter. Le renier devant la mâla ou passer pour des faibles. Le départ de 'Othmân leur ôte ce poids. Quant à ceux qui l'accompagnent chez l'Abyssin, ils n'étaient que les plus faibles de nos compagnons. Ceux qu'aucun clan ne protège et dont personne ne réclamera le prix du sang s'ils venaient à être tués. Seul Yâkût regrette leur départ. C'est sur eux qu'il prenait plaisir à exercer sa cruauté. Mieux vaut prendre garde à lui.

Aubes et crépuscules, en apparence rien ne changea. Cependant, Fatima demeurait sur ses gardes, hantée par l'enseignement d'Abdonaï : « Quand tout se veut tranquille, tout ment. Dans la paix, tu dois avoir cent yeux. » Certes, les gens de

Mekka s'étaient accoutumés à leurs allées et venues dans la cité. Mais cela ne signifiait pas que tout allait en harmonie...

Les voisins d'Al Arqam s'amusaient à frapper sur des tambours quand sa maisonnée se recueillait pour la prière, ou, chauffés par les dévots d'Al'lat et d'Hobal, ils se livraient à des concours d'obscénités. De temps à autre, certains en vinrent à jeter leurs détritus par-dessus le mur de la cour. Dans les jours précédant la petite fête de printemps d'Al'lat, ce fut toute une barrique d'utérus de brebis qu'ils déversèrent devant la porte, interdisant l'entrée ou la sortie de la maison jusqu'à ce que le sol soit purifié.

À la Ka'bâ, l'absence de Moç'ab ibn Omayr fut remarquée, puis oubliée. Avec les longues et sèches journées de printemps, les pèlerins se pressaient de plus en plus nombreux pour faire leurs offrandes et leurs demandes à leurs idoles. Le soir, après avoir tourné autour de la Pierre Noire, ils s'approchaient de Muhammad pour l'apostropher et se moquer de lui. Le Messager était devenu une attraction. Un homme ayant à demi perdu la raison à qui ils réclamaient en riant des tours de magie.

— Un prophète sans magie, cela n'existe pas ! s'exclamaient-ils. Allez, allez ! Montre-nous ce que tu sais faire, ibn 'Abdallâh !

Parmi eux, on trouvait toujours quelqu'un des clans d'Abu Sofyan ou d'Abu Lahab pour les exciter dans l'espoir qu'ils en viennent à lever une pierre ou un bâton.

Abu Bakr et Al Arqam s'inquiétaient terriblement de ces provocations. Ils pressaient Muhammad de renoncer à sa prière du soir dans l'enceinte de la Ka'bâ.

— Ils finiront par trouver un vrai fou prêt à tout, prédisait Abu Bakr en se tordant les mains.

— Si Allah le veut, répliquait sèchement Muhammad. Si, dans Sa Clémence et Sa Miséricorde, Il le juge utile.

— Laisse-moi au moins te faire accompagner par plus de serviteurs, suppliait Al Arqam. S'ils deviennent violents, ta fille n'y suffira pas.

Muhammad refusa :

— Mettre du nombre entre eux et moi les énervera davantage. Ils seront comme des hyènes qui reniflent la blessure de leur proie. Leurs persiflages ne me blessent pas. Et ma fille suffit grandement. Elle sait ce qu'elle doit faire.

Cependant, plus tard, tandis qu'ils marchaient côte à côte dans les ruelles, il dit à Fatima :

— Quand tu devines que leur rage monte et peut les submerger, quand tu sens que les insultes et les rires ne leur suffisent plus, évite leurs regards. Montre-toi humble. Ne crispe pas les doigts sur ton bâton, ne te raidis pas. Ces gens-là ne sont pas des puissants de Mekka. Ils ne possèdent pas l'arrogance de ceux qui se croient toujours les plus forts. De nous voir humbles et sans peur, voilà qui les trouble plus que tout.

Fatima n'avait qu'à observer son père pour comprendre qu'il avait raison. Lorsqu'un déluge de sarcasmes pleuvait sur lui, il fermait les paupières et priait comme s'il était seul. Les moqueurs et les agresseurs n'étaient jamais longs à perdre patience et à s'en aller. Parfois, dès qu'ils braillaient leurs obscénités, Muhammad leur tournait le dos. Une manœuvre que Fatima détestait. Jamais le dos de son père ne lui semblait aussi fragile, et jamais les imbéciles aussi capables du pire ! Au moins, tant qu'elle se tenait là, avec son bâton ferré qui lui transmettait la force d'Abdonaï, les païens détournaient leur rage du Messager. C'était elle qu'ils abreuvaient de railleries :

— L'impuissant ! gueulaient-ils. Il se cache derrière sa fille pour se protéger ! Ce n'est pas un homme.

— Déjà, il a une seule épouse ! Une gamine de six ans ! Et voilà ce qu'il trouve comme combattant : sa fille qui se conduit comme un garçon.

— Un prophète sans couilles et un dieu dégénéré, c'est ce qu'ils sont, cet Allah et lui !

Tout de même, quand les injures duraient trop, Muhammad abandonnait sa prière. Il se relevait et prenait tranquillement la main de Fatima.

— Viens, rentrons, disait-il.

Ils marchaient droit sur les provocateurs qui, étrangement, leur livraient passage en silence.

La première fois, Fatima avait protesté. Muhammad ne devait pas quitter la Ka'bâ pour elle !

— Je peux supporter leurs insultes, lui dit-elle. Mes oreilles en ont déjà entendu beaucoup.

— Et moi, je peux prier dans la cour d'Al Arqam sans que l'air au-dessus de ma tête soit souillé, avait répliqué son père.

Sur l'esplanade de la Ka'bâ, alors qu'on allumait les torches et qu'il lui tenait toujours la main, il avait ajouté :

— À un moment, il faudra leur céder la place. La Ka'bâ est ensevelie sous leurs ordures. Cela aura une fin, et il faudra alors venir la purifier. Le doute les atteindra quand leur haine leur retombera dessus telle la grêle de pierres dans le désert. Allah y veillera. S'ils devaient porter la main sur toi, toi qui es la chair de ma chair, il me faudrait porter la main sur eux. Rien ne m'en empêcherait, mais mieux vaut ne pas en arriver là. Je ne veux pas contrarier les plans de notre Seigneur Tout-Puissant.

Jamais, et de toute sa vie, Fatima n'oublia cet instant et ces paroles. Elles se coulèrent dans son sang comme l'ivresse même du bonheur.

Mille et mille fois, elle se revit sortant de la Ka'bâ, une main tenant son bâton ferré, l'autre nouée à celle de son père.

Mille et mille fois, elle en vint à louer les provocateurs qui avaient permis que l'amour du père pour la fille et de la fille pour le père circule si parfaitement.

Grande était la leçon : la Clémence et la Bonté d'Allah pouvaient advenir par les chemins les plus détournés et les plus inattendus. Le Messager le savait depuis longtemps. Elle l'apprenait.

## Les pèlerins

Un après-midi, au plus chaud du jour, le front suant et soucieux, Al Arqam s'approcha de Muhammad. Le Messager était plongé dans une longue étude des rouleaux de Waraqâ avec l'aide de Zayd et d'Ali.

— Muhammad, qu'Allah soit Clément pour toi dans l'éternité ! Pardonne le dérangement. Je suis porteur d'une très mauvaise nouvelle. Mon oncle Abu as Alkr, le dernier des Omayya qui m'adresse encore la parole, m'a convié chez lui. Il m'a mis en garde. Ceux de la mâla veulent ta fin pour bientôt. La clique d'Abu Lahab s'obstine comme une nuée de vautours. Abu Sofyan et ses soutiens gagnent de plus en plus de voix au Conseil. Leur plan est d'unir tous les clans de Mekka pour ta mort. S'ils y parviennent, moi-même, je ne pourrai plus te protéger.

Zayd laissa tomber un des rouleaux d'écriture.

— Mon oncle Abu as Alkr m'a dit qu'il allait prendre leur parti, poursuivit Al Arqam. Si les vautours touchent à ma maison, il ne réclamera pas vengeance pour moi. Chez les Abd Manâf, c'est pareil : on se détourne de moi. Ma parole n'y pèse plus rien. Bientôt plus un clan ne s'opposera à ta mort. Chez les Abd Muttalib et les cousins de ton père 'Abdallâh, seule une poignée rechigne encore à te renier, en souvenir de ton épouse Khadija. Mais, tôt ou tard, ils céderont. Yâkût alors sera devant toi... Ou un autre qui, en ce moment, devient pire qu'Abu Lahab et ses complices. Tu le connais : au temps de la saïda bint Khowaylid, vous avez fait des affaires ensemble. C'est Omar ibn al Khattâb al Makhzum. Aujourd'hui, il va partout clamant qu'il faut en finir avec toi. Sa sœur Fatima est partie avec 'Othmân et tes filles sans son accord. Il est entré dans une rage folle en l'apprenant. On dit que, ce matin, Abu Lahab lui-même l'a empêché d'aller te trancher la gorge. Il avait déjà sa lame en main. Tout à l'heure, je l'ai vu de mes yeux sur le parvis du grand marché qui hurlait à qui voulait l'écouter : « Mekka est dans les larmes, et c'est la faute d'un seul, Mohammad le Putréfié ! Ce bâtard des démons sépare le fils du père, les frères des sœurs, et les frères entre eux. Ibn 'Abdallâh est impuissant dans sa couche ! Al'lat lui a fermé les cuisses, alors il veut ruiner la paix de Mekka. Tant qu'il sera debout et crachera ses mots empoisonnés, il n'y aura que trouble et malheur dans nos maisons ! Il chasse nos esclaves, nos filles, nos sœurs et nos épouses pour en faire des suceuses de djinns ! Qu'attendons-nous pour mettre fin à ce chaos ? »

Zayd et Ali se redressèrent, blancs de rage.

Dans Mekka, Omar ibn al Khattâb était redouté. Il n'était pas seulement très riche et très puissant. Il maniait l'épée avec une fureur à peine humaine. Austère et intransigeant, il pouvait, d'un coup de poing sur le front, assommer un cheval qui n'allait pas l'amble selon sa volonté. Plus d'une fois, on l'avait vu torturer et dépecer l'un ou l'autre de ses serviteurs qu'il avait surpris récitant des paroles venues d'Allah. S'il en était un à craindre comme le souffle d'Îflis, c'était lui.

Pourtant, devant les visages défaits de ses compagnons, Muhammad ne fit que murmurer :

— Omar est Omar. Dieu est Dieu. Celui qui tient Sa poigne sur l'autre, on Le connaît.

C'est à cet instant que surgit Tamîn.

— Six pèlerins sont arrivés de Yatrib ce matin, annonça-t-il. En ce moment, ils prient dans la Ka'bâ. Ils m'ont reconnu et sont venus vers moi comme si j'étais le Seigneur en personne – Puisse-t-Il me pardonner cette vanité ! Voilà, Messager : Allah le Clément et Miséricordieux nous désigne le chemin.

Les bras de Tamîn dessinaient des ombres mouvantes sur les murs. Volubile, il raconta :

— Moç'ab a accompli sa mission au-delà de toute louange. Les gens de Yatrib ne tarissent pas d'éloges sur lui. Sa parole fait merveille non seulement auprès des Aws et des Khazraj, mais aussi auprès des Juifs, qui l'écoutent avec attention. Tous se montrent impatients de connaître ce Messager qui porte une parole si proche de leurs écritures.

— Pourquoi ne les as-tu pas amenés dans ma cour ? s'étonna Al Arqam.

Tamîn avait l'air réjoui.

— Ils veulent rester discrets. Ils connaissent trop bien l'arrogance et l'intransigeance de ceux de Mekka dès qu'on touche aux idoles de la Ka'bâ. Ils n'ignorent pas les menaces qui pèsent sur nos croyants. En outre, recevoir notre émigration, nous accorder de la place à Yatrib et nous offrir leur protection, ce n'est pas une décision légère. Il disent : « Le Messager doit savoir à quoi s'attendre. Et nous aussi. Il en est forcément dans Yatrib qui s'opposeront. Nous ne sèmerons pas les mauvaises mœurs de Mekka chez nous. Tout au contraire, la venue de l'Envoyé n'aura qu'un but : la paix pour l'avenir. »

— C'est bien, intervint Muhammad. Ils sont sages. Ils veulent un prophète et non un guerrier. Comme les Juifs en leur temps, ils veulent un nâbi portant sans arrogance les paroles du Seigneur. Qui le leur reprocherait ?

Tamîn approuva :

— Tu as compris. D'autant qu'ils sont riches. Ils commercent avec ceux de Ghassan, ceux de Maydan, ceux du Hedjaz. Et aussi : les armes forgées dans Yatrib sont fameuses, tous les clans en possèdent, jusque loin dans le Nord.

La gaieté de Tamîn s'estompa. Embarrassé, il ajouta :

— La peur, ils l'ont aussi. Tout à l'heure, devant la source Zamzam, ils ont entendu Omar ibn al Khattâb vociférer contre toi. Ils le connaissent bien. Les nimcha dont il est le plus fier ont été forgées à Yatrib. Ils savent ce que valent ses menaces.

Muhammad vit les regards qui s'échangeaient. Il ne perdit pas son calme.

— Il n'y a aucune raison que cela se passe facilement. Quand Mûsâ mena son peuple loin de Pharaon, Allah ne lui traça pas un chemin de soie...

Il attendit que chacun opine avant de demander :

— Que proposent-ils ?

— Une rencontre dans trente jours, à l'occasion du grand marché. Nul ne les soupçonnera. Ils seront en nombre suffisant pour te voir, t'entendre et décider.

— C'est bien, je suis d'accord. Mais d'abord, je dois leur parler. Cette nuit, attends que la lune passe à l'est et conduis-les sur la route de Mina, après le cimetière d'al Ma'lât. S'ils n'en ont pas le courage, comment auraient-ils celui de nous accueillir ?

Au deuxième tiers de la nuit, ils quittèrent la maison d'Al Arqam ensemble, mais, pour plus de sûreté, se divisèrent en petits groupes. Muhammad, Zayd et Fatima empruntèrent un chemin, Abu Bakr, Bilâl et Al Arqam un autre. Ils se retrouvèrent près du cimetière. Là, des garçons bédouins vinrent saluer Muhammad. Ils s'inclinèrent devant lui.

— Tamîn al Dârî nous envoie à ta rencontre pour te conduire jusqu'à lui, Messager, chuchota le plus âgé d'entre eux.

Abu Bakr posa la main sur le bras de Muhammad.

— Comment peux-tu savoir que ces gosses ne nous trahiront pas ?

— Je les reconnais, dit Fatima en se plaçant de leur côté. Ceux que tu vois là ont déjà risqué leur vie pour mon père sur le parvis du grand marché. Ils étaient avec Abd'Mrah.

Muhammad glissa sa main dans celle d'un jeune Bédouin.

— Montre-nous le chemin, dit-il.

Un instant plus tard, après s'être engagés dans un étroit et très obscur labyrinthe de roches où ils avançaient les uns derrière les autres, chacun retenant le vêtement de celui qui le précédait, ils débouchèrent sur une clairière ouverte sous le feu des étoiles. Tamîn s'y trouvait en compagnie des envoyés de Yatrib.

Depuis un moment déjà, le cœur de Fatima tapait fort. Malgré l'obscurité, elle avait reconnu la cachette où Abd'Mrah, à leur dernière rencontre, lui avait confié le méhari blanc qu'il offrait à son père.

Un jeune Bédouin émit un sifflement. Tamîn aperçut le grand manteau et le chèche clair de Muhammad. Soulagé, il marcha à sa rencontre.

— Voici l'Envoyé, annonça-t-il aux gens de Yatrib.

Ils étaient six, trois Aws et trois Khazraj, serrés autour de deux mèches de lampe. Inquiets, ils se levèrent. Après les salutations et une courte prière commune qu'ils avaient apprise de Moç'ab, Muhammad récita un peu de son enseignement. Il leur parla aussi des prophètes vénérés par les Juifs de Yatrib :

— Ceux-là sont venus à leur peuple par la seule décision d'Allah, l'Unique. Et, en leur temps, le Seigneur a donné à ces nâbi la constance pour guider ceux qui se soumettaient à leurs mots. Mais qui les écoutait ? Ainsi est la vérité : le jour du jugement approche, pourtant les hommes demeurent inconscients. Du porteur de message, ils disent : « Voilà encore les rêveries d'un fou infecté par l'imagination des mauvais poètes. » À moi, Allah le Seul, l'Unique, dit : « Nous n'avons envoyé avant toi que des hommes ayant reçu Notre révélation. » Alors, moi qui ne suis que le porteur des mots, je vous dis : Si vous doutez, vérifiez le vrai auprès de ceux qui tiennent parmi vous le registre des générations. À moi, Muhammad, Son nâbi, il m'a été seulement révélé que Dieu est Dieu et qu'il n'en est aucun autre. À vous de vous soumettre à Son Poids et à Sa Clémence. Que le cœur du nombre soit sourd et distrait, il en va et en ira de même à Yatrib comme de par le monde. Mais sachez : ceux-là, ils ne sont que de la nourriture pour la géhenne[1].

1. Coran 21, 1-7 ; 108.

Les hommes de Yatrib se montrèrent impressionnés et surpris. Les paroles de Muhammad étaient plus nettes et plus tranchantes que celles sorties de la bouche de Moç'ab. C'étaient des paroles exigeant choix et décision.

Certains murmurèrent :

— Muhammad parle comme les nâbi des Juifs dont on enseigne la parole dans les *kuttâb*[1] de Yatrib. Alors, à quoi bon le faire venir chez nous ?

D'autres répliquèrent :

— Parce qu'il est des nôtres. Sa langue est celle de notre bouche et celle de nos ancêtres.

Après un temps de silence et de réflexion, le plus âgé des Aws se tourna vers ses compagnons :

— Saison après saison, nous craignons que la division détruise notre cité. Nos clans et ceux des Juifs ne cessent de se disputer. La terre de Yatrib est une. La vérité, on la connaît : sans union, le vent et la haine finiront par nous disperser comme un panier de dattes rancies. Cet Envoyé d'Allah est notre chance. Son Seigneur peut nous rassembler sous une même paume, nous, les Khazraj et les Aws, tout autant que les Juifs des Banu Qurayza, Banu an Nadir ou Banu Qaynuquâ. Rentrons à Yatrib, allons vers eux avec ce que nous venons d'apprendre. Chacun choisira. Il faut faire vite. Les menaces sur l'Envoyé, on les connaît. Omar, on le connaît aussi.

Il n'y eut plus guère d'opposition. Ceux de Yatrib étaient trop impatients de repartir. Les yeux brillants, l'un des plus jeunes, qui se nommait Hubâb ibn al Mundhir, s'inclina profondément devant Muhammad. En se redressant, il dit fougueusement :

— Nâbi ! Je te le dis, si ton Rabb nous unit dans Sa foi, nous tous de Yatrib, alors il n'y aura pas d'homme plus puissant que toi sur la terre visible.

1. *Kuttâb* en arabe, *madrasa* en hébreu : école.

## Un nouveau fidèle : Omar ibn al Khattâb

En attendant le retour de la délégation, Abu Bakr obtint que Muhammad ne quitte plus la maison d'Al Arqam dans la seule compagnie de Fatima. Désormais, Bilâl et Zayd les accompagnèrent. Et chaque jour, sur leurs gardes, ils guettaient les cris d'Omar ibn al Khattâb, craignant de le voir surgir, la lame dressée.

Al Arqam faisait de son mieux pour connaître les décisions de la mâla au sujet de Muhammad. Les partisans d'Abu Lahab avaient-ils obtenu l'unanimité pour la mise à mort du Messager ? Malheureusement, désormais les bouches se fermaient devant lui.

— Ils prendront leur décision sans que rien ne transpire, se lamentait-il. Nous l'apprendrons trop tard...

Abu Bakr supplia Muhammad de ne plus se rendre à la Ka'bâ.

— À quoi bon, Messager ? Ce n'est plus qu'un lieu souillé par les idolâtres. Bientôt, par la volonté d'Allah, tu lui tourneras le dos.

Après un long silence, Muhammad répondit :

— Je sais depuis longtemps de quoi Omar est fait. Il n'est que de la nourriture pour le Seigneur Tout-Puissant. Il ne nous appartient pas de nous en charger.

Après quoi, il demanda à Abu Bakr de s'asseoir avec lui, Zayd et Ali devant les rouleaux de Waraqâ.

— Nous devons encore lire et apprendre. Quand ceux de Yatrib reviendront, il nous faudra leur donner nos règles, qui deviendront les leurs. Sinon, il n'y aura pas d'accord. Nous ne devons pas aller là-bas, à Yatrib, avec seulement des mots sur les lèvres. Ils doivent être écrits, comme ont été écrites les lois de Mûsâ.

L'extraordinaire eut lieu sept jours seulement avant la nouvelle rencontre prévue avec ceux de Yatrib. Alors qu'ils s'avançaient vers l'esplanade de la Ka'bâ, Muhammad, Fatima et Zayd virent Omar venir à grands pas devant eux. C'était un homme de moins de trente ans, beau et puissant, la barbe fine comme le tissu de ses vêtements. Mais son regard faisait craindre le pire.

Muhammad plaça sa main sur l'épaule de Fatima, autant pour la retenir que pour lui transmettre un peu de son calme. Tous trois avaient remarqué qu'Omar ne tenait pas sa lame dressée dans sa main droite, mais une planche de bois d'une largeur de deux paumes.

De sa voix qui portait loin, en guise de salut, il lança à Muhammad :

— Ce matin, je me suis levé pour te tuer, toi et ta fille Fatima, qui porte le même nom que la sœur que ton dieu m'a volée. Et pour ne pas hésiter au moment d'abattre ma nimcha, je suis allé chez ma sœur afin de respirer le parfum de ses tuniques. Je voulais que ma colère soit fraîche et mon cœur bien écorché de souvenirs quand je brandirais ma lame devant toi. Mais dans les tuniques de ma sœur Fatima, voilà ce que j'ai trouvé.

Omar leva la planchette qu'il tenait. Muhammad, Fatima et Zayd virent qu'elle avait été peinte de vert et qu'on y avait écrit avec soin deux enseignements d'Allah confiés au Messager.

Zayd lut aussitôt les noms :

— Al Bayina et Al 'Adiyat[1].

1. Coran, Al Bayina, l'Évidence, 98 ; Al 'Adiyat, les Coursiers galopants, 100.

— Oui ! grinça Omar. Oui, tu lis juste, fils de Kalb ! Et moi aussi, je sais lire.

Omar agita la planchette. Sa colère était palpable et son regard furieux. Il semblait prêt à bondir. Mais sur qui ou sur quoi, on ne le savait.

Muhammad le laissa trépigner un peu, tenant toujours fermement l'épaule de Fatima, dont il voyait les phalanges livides sur le bâton ferré.

Enfin, avec beaucoup de douceur, il demanda à Omar ibn al Khattâb :

— Et... ?

— Messager, Messager ! gronda Omar. J'ai lu et j'ai tremblé. Envoyé d'Allah, cela s'est planté dans mon cœur, et je n'en reviens pas. Ma lame est toujours dans mon fourreau. Je n'ai pas d'autre désir que celui de te suivre, comme ma sœur. Comment expliques-tu cela ?

— Je ne l'explique pas, ibn al Khattâb. Je dis seulement que Dieu est Dieu et qu'il n'en est pas d'autre.

— Alors je veux que chacun le sache. Je désire aller avec toi dans la Ka'bâ. Je veux me laver à l'eau de Zamzam et dire ce qu'il faut dire pour qu'Allah me réclame mon devoir !

Muhammad ne put s'empêcher de rire :

— Allah réclamera, sois-en sûr. Et à hauteur de tous les blasphèmes que tu as prononcés pour ne pas L'écouter quand déjà Il te parlait. Mais pour ce qui est d'aller dans la Ka'bâ, tu sais mieux que personne que cela nous est impossible. On nous en empêche.

— Celui qui voudrait interdire à Omar ibn al Khattâb même de regarder une mouche n'est pas né, Messager ! Dis-moi : ta voix est-elle celle de la Vérité ?

— Elle l'est.

— Et depuis quand doit-on cacher la vérité dans la Ka'bâ ? Allons chez Al Arqam chercher ta maisonnée, et nous irons tous ensemble prier où l'on doit prier.

Un peu plus tard, en plein soleil, et alors que les ombres déjà raccourcissaient, les gens de Mekka, éberlués, se pressèrent sur l'esplanade du sanctuaire pour voir cela : Omar ibn al Khattâb priant épaule contre épaule avec Muhammad le Messager devant la source Zamzam.

Derrière eux se tenaient les dizaines de croyants en Allah qui n'avaient pu franchir la porte de la Ka'bâ depuis des saisons.

Le soir même, Omar leur ouvrit sa maison. Chacun remarqua les traces bleues sur son visage. À Abu Bakr qui ouvrait de grands yeux, Omar dit en riant :

— La nouvelle valait que j'aille l'annoncer à mes oncles. Je voulais qu'Abu Lahab et Abu Sofyan l'apprennent vite. Tu peux imaginer leur bonheur ! Ils ont décidé de me rouer de coups. Pour la tradition, je me suis laissé un peu faire. Puis quand j'en ai eu assez, je leur ai cassé les bras. Je leur ai dit : « Si c'est là votre moyen pour me faire changer d'avis, n'y comptez pas ! Omar ibn al Khattâb n'est plus des vôtres ! Il va dans le Chemin d'Allah, l'Unique et le Miséricordieux. Je marche sur les traces de Son Envoyé, Muhammad. Vous ne m'en détournerez pas. Votre choix est simple : craignez ce qui vous attend ou soumettez-vous. »

# Le Juif Ubadia ben Shalom

Ceux de Yatrib arrivèrent au jour prévu. Ils étaient plus de soixante-dix. Des Aws et des Khazraj, comme la première fois. Sur la route, ils s'étaient mêlés à des marchands du Hedjaz venant déposer des offrandes à Al Ozzâ. Ils entrèrent dans Mekka sans être vus. La chaleur estivale frappait durement la cité. Les puissants de la mâla avaient déjà rejoint Ta'if ou étaient partis pour Ghassan avec leurs caravanes. Le moment était bien choisi.

Tamîn, de nouveau, fut celui qui organisa la rencontre. Compte tenu du nombre, il pria les gens de Yatrib d'aller dresser leurs tentes à Aqaba. C'était une courte vallée sur la route de Mina, proche des pentes où se tenaient les Bédouins durant l'hiver. Un choix sage. Les habitants de Mekka n'y venaient que rarement, et il restait assez de jeunes Bédouins à al Bayâdiyya pour assurer la surveillance du campement.

Abu Bakr et Muhammad laissèrent passer quelques jours afin d'être certains que leurs ennemis n'avaient pas remarqué la présence des émissaires de Yatrib et ne prévoyaient aucun mauvais coup. La troisième nuit, le croissant de la lune montante fut si faible qu'il éclairait à peine les murs, les roches et la route. Muhammad se décida :

— C'est le moment !

Comme la première fois, le Messager et ses compagnons quittèrent la cour d'Al Arqam par petits groupes. Quand ils arrivèrent dans la vallée, il était si tard qu'on ne les attendait plus. Beaucoup dormaient, qu'il fallut réveiller en hâte. Enfin, tout le monde s'assembla sous une grande tente de conseil qui avait été érigée dans ce seul but et qui était munie de lampes.

Les six émissaires que Muhammad avait déjà rencontrés étaient là. Eux aussi procédèrent aux salutations, présentant les uns aux autres. Quand ils reconnurent Omar ibn al Khattâb sous son chèche rouge, ils firent un bond. Pour peu, ils se seraient enfuis de frayeur.

Leur crainte et leur surprise déchaînèrent l'hilarité d'Omar. Il se tapa sur les cuisses. Son rire entraîna celui de Fatima. Depuis combien de temps ne l'avait-on pas entendue rire ? Muhammad caressa sa barbe d'un geste satisfait. Un geste qui, d'un coup, dénoua la tension.

Muhammad saisit la puissante main Omar. Il la leva à hauteur de sa poitrine et déclara :

— Omar ibn al Khattâb est avec nous, et il nous est précieux.

Il s'ensuivit un silence où se mêlaient attentes et incertitudes. Omar s'avança d'un pas et s'inclina devant les visiteurs. Les traits de son visage ainsi que sa jeunesse apparurent plus nettement dans la lumière ocre des lampes.

— Je sais à quoi vous pensez, commença-t-il d'une voix très posée. Je sais d'où vient votre peur. Vous m'avez vu me vautrer dans le blasphème et l'insulte, comme tous les négateurs de Mekka. Juste : j'étais l'un des leurs. Et même l'un des pires. Allah est Grand, mais jamais Sa Clémence ne pourra effacer de mes mains le sang des croyants qu'elles ont répandu.

Omar brandit ses paumes devant tous, afin que chacun pût bien les voir. Il est vrai que, dans la lumière des quinquets d'huile noire, elles paraissaient sanglantes. Il les referma, enfoui les poings sous ses manches, et gronda :

— Mais voilà, Dieu est Dieu, et il n'en est aucun autre. Quand Il l'a voulu, Il a posé Sa paume sur ma tête et m'a mis à genoux comme un agnelet. C'est Lui qui décide de mon sort.

Le souffle qui s'échappe de ma bouche est le Sien. Il le donne et Il le reprend quand il Lui convient, et moi je n'ai de vie que pour qu'elle soit la Sienne.

Ceux de Yatrib n'en croyaient ni leurs yeux ni leurs oreilles. Les six, que la fureur d'Omar à la Ka'bâ avait terrifiés lors de leur précédent voyage, contèrent l'histoire à leurs compagnons. Cela brisa tous les doutes. Quel plus grand signe Allah pouvait-Il leur donner de Sa Puissance, de Sa Clémence et de Sa Miséricorde ? Quand Il le décidait, Il pouvait retourner Ses pires ennemis aussi aisément que le tissu d'un chèche, et les mettre à Son service. Les païens réclamaient sans cesse exploits et miracles d'Allah et de Son Messager. Mais quelle idole aurait su montrer pareil pouvoir ?

— Envoyé, dirent-ils dès qu'ils eurent tous pris place autour de Muhammad, formant un large cercle. Envoyé, donne-nous les règles qu'Allah réclame pour que tu viennes vivre parmi nous à Yatrib. Elles seront les nôtres dès qu'elles passeront tes lèvres.

Muhammad tira d'un étui de cuir le rouleau des règlements et lois de la bonne vie commune des croyants que Zayd et Ali avaient rédigés sous sa dictée.

Un homme trapu, au visage rusé de marchand, qui s'appelait Abu Ayyûb et que les autres semblaient considérer un peu comme leur meneur, eut une exclamation de surprise en déroulant le rouleau.

— C'est écrit dans la langue des Hébreux !

— Pas seulement, répliqua Muhammad. Dans celle de Mekka, aussi. Les Juifs de Yatrib doivent savoir que nous ne sommes pas ignorants d'Abraham et de Moïse.

Les mains de Muhammad se posèrent sur les épaules de Zayd et d'Ali. Il dit avec douceur :

— Ce sont mes fils par l'adoption. Ils savent lire et écrire ce qu'il faut lire et écrire.

L'accord ne fut pas long à trouver. Ils décidèrent que les croyants de Mekka prêts à émigrer à Yatrib partiraient par petits groupes, et de nuit. Ainsi, personne ne s'en apercevrait. Abu Lahab et Abu Sofyan ne pourraient s'interposer.

Muhammad dit :

— Quand tous ceux qui le souhaitent seront loin, je vous rejoindrai à mon tour.

— Ma maison t'accueillera aussi longtemps que tu le voudras ! s'exclama aussitôt Abu Ayyûb.

Le reste de la nuit, tous suivirent l'enseignement et la parole du Messager.

À l'instant où Muhammad s'apprêtait à quitter la tente pour regagner la Ka'bâ, l'un des hommes de Yatrib, silencieux et attentif jusque-là, s'approcha pour lui faire face. Il le salua d'une inclinaison.

— Ibn 'Abdallah ! dit-il.

Sous son chèche très serré, son visage était long et mince, sa barbe blanche taillée avec soin, et ses pupilles ressemblaient à deux points ardents.

— Ibn 'Abdallâh, répéta l'homme. Mon nom est Ubadia ben Shalom. Je suis un Juif de Yatrib, un Banu Salma. Pour mon peuple, je suis un rabbi.

Tous les yeux se posèrent sur eux et le silence se fit. Zayd murmura à Muhammad :

— Il a dit son nom en hébreu. Dans la langue de Mekka, c'est « ibn Salam ». « Rabbi », c'est le nom que l'on donne chez eux à celui qui lit et explique les écritures.

D'un air amusé, ben Shalom approuva d'un signe.

— Ton fils traduit parfaitement, dit-il.

— Il est de Kalb, expliqua Muhammad. Votre langue, il l'a apprise enfant. Il me l'enseigne aussi un peu.

— Tu pourras venir l'apprendre tout entière dans nos écoles de Yatrib, proposa ben Shalom. Ce sera un plaisir pour les miens de t'y accueillir. Comme cela a été un plaisir de t'entendre parler des nâbi de notre peuple.

Muhammad plissa les paupières.

— Tu as une question pour moi, ibn Salam ?

— Pas une question. Seulement une pensée. À Yatrib, les nôtres voudront savoir si tu es un vrai ou un faux nâbi. Tu ne pourras les éviter.

— Telle n'est pas mon intention. Une chose est de se battre contre les païens et les idolâtres qui souillent la Ka'bâ, ici, à Mekka. Une autre est de répandre les paroles d'Allah parmi ceux qui lisent le livre de Moïse. L'ange a posé ces mots dans mon cœur : « Ô mon peuple, je ne vais que dans l'évidence de mon Rabb. Je ne vais pas contre vous et vos préventions. La Réforme qui vient dans mes mots est celle de la paix ; pour être devant vous, je n'ai d'autre appui que Dieu[1]. » Si la question que tu ne poses pas, ibn Salam, est : « Muhammad le Messager vient-il à Yatrib l'arme à la main et la parole de Dieu dans le cœur ? », tu connais la réponse.

Muhammad ouvrit grand son manteau, montra sa ceinture qui ne retenait pas même un poignard.

— Allah me conduit à Yatrib avec le désir de paix.

Ubadia ben Shalom éclata de rire.

— Ibn 'Abdallâh, tu sais lire dans les esprits bien plus que tes mots ne le révèlent quand ils passent tes lèvres.

Son amusement s'interrompit brusquement. Ses doigts lissant sa barbe nette et ses yeux fouillant ceux de Muhammad, il s'exclama, assez fort pour que tous l'entendent :

— Que tu sois l'Envoyé d'Allah, je veux bien le croire. Que tu sois le frère de Moïse, le fils d'Imrân, Messager des Lois de Dieu et envoyé pour la même mission que lui, je veux bien le croire aussi. Je le dirai à ceux qui m'écoutent dans nos madrasa de Yatrib. Nous verrons ce qu'ils en penseront en te voyant devant eux. Car tu dois venir, Muhammad ibn 'Abdallâh. Tu dois venir, il n'y a pas de doute !

Autour d'eux, la tension s'évanouit. Il y eut des cris de joie, des embrassades. Les uns et les autres entourèrent Muhammad. Petits ou grands, frêles ou forts, ils donnèrent leur nom :

— Je suis Huyayy ibn Akhtab.

1. Coran 11, 88.

— Je suis Abu Yassûr.

Tous répétèrent :

— À ton arrivée à Yatrib, ma maison sera tienne. Tu n'auras plus rien à craindre. Nous, les Banu Qaynuqâ, nous serons tes frères et tes affidés autant que les Aws et les Khazraj.

Il leur fallut rompre les accolades et les adieux. Le ciel, par-dessus les montagnes de l'est, commençait à blanchir.

# Adieu Mekka

Tout alla vite.

Tamîn forma un premier groupe de croyants. Une maigre poignée, en vérité, à peine une douzaine, suivie de près par ceux de Yatrib. Deux autres groupes quittèrent Mekka les nuits suivantes. Ils devaient rejoindre Tamîn près d'une source, à Khalid. C'était au tiers du chemin. Ils poursuivraient leur route tous ensemble, ce qui leur garantirait une bien meilleure sécurité. Leur seule crainte était qu'Abu Lahab ne lance ses mercenaires à leurs trousses. Selon les lois de Mekka, les habitants de la cité avaient interdiction d'abandonner leur ville sans l'autorisation de la mâla.

Avec angoisse, Al Arqam et Abu Bakr surveillaient les rumeurs. Mais tout semblait bien se passer. Nul soupçon n'empoisonnait les ruelles de Mekka. La chaleur de l'été, de nouveau, était leur meilleure alliée : ce n'était pas une période pour voyager. Malgré tout, Omar imagina de faire courir une fausse information. Il se disputa avec sa famille, laissant croire qu'il voulait désormais accueillir Muhammad le Messager dans la cour des 'Adi. La dispute fit grand bruit et en aveugla plus d'un, ce qui réjouit grandement Omar.

Une fois la plupart des croyants en sécurité loin de Mekka, Muhammad demanda à Omar d'escorter les femmes et les enfants de la maisonnée. Omar fit la grimace.

— Messager, grommela-t-il, accompagner une caravane de femmes et d'enfants est indigne de moi ! Je ne suis pas un Bédouin ! Je partirai avec toi. Tu auras besoin de bras sûrs.

— Qui d'autre que toi pourrait défendre nos femmes sur la route ? objecta Muhammad. Celui qui aura cette charge sera bien seul. Et, une fois à Yatrib, tu devras songer à organiser mon arrivée. J'ai toute confiance en ceux avec qui nous avons passé un pacte à Aqaba. Mais qu'en sera-t-il des autres lorsqu'ils apprendront que nous venons vivre sur leur terre et dans leurs usages ? Tamîn et Moç'ab sont trop doux, et si l'humeur devient vive...

À Zayd, Muhammad dit :

— Pars avec Omar. Ta présence le divertira et il pourra t'enseigner des maniements d'épée que tu ignores. N'hésite pas à faire l'élève avec lui. Il aime qu'on l'admire. Mais, surtout, ce que je veux, c'est que tu te rapproches des Juifs quand tu seras à Yatrib. Ils ont beaucoup à nous apprendre. Cet Ubadia ibn Salam qui est venu devant nous à Aqaba nous veut du bien. Écoute-le. Renseigne-toi sur leurs écoles, ces madrasa, comme ils les appellent. Vois si elles sont bonnes pour nous et ce qu'ils y enseignent de leur nâbi. J'aurais besoin de tout ce savoir quand j'arriverai. Qu'Allah soit tout du long avec toi, mon fils !

Plein de joie, Zayd alla voir Fatima :

— Bonne nouvelle, s'exclama-t-il. Nous ferons ensemble la route jusqu'à Yatrib. Notre père l'a décidé.

Fatima, qui depuis toujours se montrait heureuse de la compagnie de Zayd, lui adressa à peine un regard. Malgré les questions de son frère d'adoption, elle ne desserra pas les lèvres, affichant jusqu'au soir le visage figé qui était le sien à la mort d'Abd'Mrah.

Ce n'est qu'au crépuscule, avant la prière, que Zayd en apprit la raison.

Que Fatima soit du voyage avec Omar, comme toutes les autres femmes de la maisonnée, personne n'en doutait. De même que les épouses d'Abu Bakr, ses jeunes fils et Aïcha, la promise du Messager.

Celle-ci arriva dans le quartier des femmes après le repas du milieu du jour. Depuis Ta'if, Fatima ne l'avait revue. Elle n'était, comme le dit Ashemou avec un sourire attendri, qu'une enfant à l'esprit encore peuplé de rêves, de jeux et de poupées. Mais déjà sa grâce attirait l'attention et l'affection. L'arc de ses sourcils était parfait, d'une symétrie présageant une rare beauté. Ses cheveux, drus et bouclés, serrés sur ses tempes et hauts sur son front doucement bombé, encadraient de roux un visage plein de lumière. Elle était grande pour son âge. Dans les jeux, lorsque son jeune corps se dépensait en riant, sa silhouette révélait cette élégance qui, plus tard, serait celle d'une élue d'Allah.

À peine fut-elle entrée avec ses servantes dans la cour d'Al Arqam que toutes les femmes de la maisonnée l'ensevelirent sous un babillage de compliments, de rires et de caresses. Ashemou et la tante Kawla comme les autres.

S'en voulant par avance de sa curiosité, Fatima s'approcha, elle aussi. Un moment, elle observa celle qui, dans quelques années, deviendrait la véritable épouse de son père, mais que chacune et chacun traitait déjà avec les égards dus à ce rang. Elle jugea qu'il faudrait quatre ou cinq ans encore avant que Muhammad ne la prenne dans sa couche. Une vingtaine de saisons, tout au plus.

Serrant les dents, Fatima sentit la lame invisible de l'inéluctable lui transpercer le cœur. Vingt saisons, ce n'était rien ! Dans une sorte d'éclair éblouissant, elle crut deviner ce qu'allait être sa nouvelle vie à Yatrib.

Cette Aïcha serait l'épouse de son père. Et il l'aimerait. Oh, Fatima devinait sans peine combien il l'aimerait, cette belle Aïcha ! Mais elle, sa fille, que deviendrait-elle, là-bas, dans la paix de Yatrib ?

Elle le voyait : les croyants affluaient auprès du Messager, l'œuvre d'Allah s'accomplissait. Aux premières paroles prononcées à la rencontre d'Aqaba, Fatima l'avait pressenti : demain, la vie serait tout à l'opposé de celle de Mekka. Sa mission auprès de son père bien-aimé était une mission de guerre. Si Yatrib était le royaume de la paix d'Allah, cette mission s'achèverait avec la périlleuse sortie de Mekka. Et voilà.

Était-ce là la volonté du Clément et Miséricordieux ?

Oh, Fatima le voyait aussi... Les grimaces de la tante Kawla, d'Abu Bakr, d'Omar et de bien d'autres le disaient : ils se lassaient de cette fille du Messager qui se refusait à être une fille parmi les filles. Qui maniait le bâton de bataille, qui fréquentait les Bédouins comme des égaux et semblait ne vouloir jamais prendre un époux.

Fatima chancela sous la douleur de ses pensées.

Ashemou, comme toujours, la surveillait de près.

— Fatima..., chuchota-t-elle en lui saisissant le coude.

Fatima se dégagea, mais le murmure et le geste d'Ashemou attirèrent le regard d'Aïcha sur elle. Ses yeux parfaits, transparents et confiants, s'immobilisèrent sur les pupilles sombres et tourmentées de Fatima. Aïcha tressaillit sous leur dureté puis, en un très bref éclat, elle sourit. Un sourire doux, étrange et distant, comme si elle pressentait, à sa manière d'enfant, ce qui bientôt les lierait indissolublement l'une à l'autre. Jusqu'à la mort.

Un frisson bien plus effrayant que les menaces et les dangers qu'elle avait affrontés depuis des lunes glaça Fatima. Elle s'éloigna en courant du vacarme et des effusions ridicules du quartier des femmes. L'instant d'après, elle était devant son père.

— Je ne partirai pas avec les femmes et Omar ! déclara-t-elle avec toute la brutalité dont elle était capable. Je partirai avec toi, et personne d'autre.

Muhammad n'eut pas le temps de répondre. Abu Bakr, qui n'était pas loin, lança sèchement :

— Bien sûr que si ! Tu pars avec les femmes et ma fille. C'est moi qui accompagne le Messager. Ce qui est décidé est décidé, pour toi comme pour tous.

Fatima connaissait trop l'obstination d'Abu Bakr, son orgueil et aussi la défiance qu'il montrait à son égard. Elle se contenta de river ses yeux à ceux de son père. Ce qu'elle avait à lui dire – que sa décision, à elle, était irrévocable – il n'avait nul besoin de mots pour savoir qu'il ne pouvait en être autrement.

Allah l'Omnipotent, le Clément et Miséricordieux lui donna raison – du moins osa-t-elle le penser, priant longtemps pour se faire pardonner l'orgueil de cette réflexion.

Alors que les femmes préparaient leurs baluchons, Al Arqam revint du grand marché le visage convulsé de crainte.

— Le calme de Mekka nous a trompés ! s'exclama-t-il devant Muhammad. Abu Lahab et Abu Sofyan ont mené leur affaire depuis Ta'if. Cet accord qu'ils attendaient pour s'en prendre à toi, ils l'ont obtenu. Ils t'agresseront demain matin, à l'aube, quand tu sortiras avec ta fille pour aller à la Ka'bâ ! Il y aura autant d'hommes et de lames que de clans dans Mekka. Depuis trois jours, ils s'assemblent dans la cour d'Abu 'Afak. Le vieux poète est tellement enragé contre toi qu'il veut être lui-même de la tuerie.

La nouvelle déclencha stupeur et gémissements. Omar se déclara prêt à fondre, lame levée, sur les fourbes. Muhammad eut le plus grand mal à l'apaiser.

— Omar, ne vois-tu pas qu'Allah nous informe ? Pourquoi le ferait-Il, si ce n'est pour placer notre destin entre nos mains ? Si tu cours chez Abu 'Afak, aussi fort et courageux sois-tu, et même s'il en est pour te suivre, croyez-vous que vous aurez le dessus ? Non. Les négateurs sont trente, peut-être plus. Vous aurez affaire aux sbires de Yâkût. Vous en sortirez déchirés ou morts. Que deviendrai-je, alors ? Je serai à la merci des idolâtres. Ils auront gagné.

Omar gronda et soupira avant de plier devant la sagesse du Messager.

— Mais existe-t-il une autre solution ? demanda Ali qui, dès le premier instant, avait annoncé sa volonté de suivre Omar chez Abu 'Afak. Si nous restons dans cette cour, ils nous assiégeront. Si tu en sors, père, ils te tomberont dessus. Si nous ne sommes pas assez forts pour les vaincre chez Abu 'Afak, nous ne pourrons pas mieux te protéger dans les ruelles. Tu n'atteindras jamais les portes de Mekka.

Il y eut des discussions, de nouvelles plaintes... Finalement, Muhammad déclara :

— Nous devons feindre d'être sots et ignorants. Les hypocrites aiment les ruses. Allah aussi, quand il le faut.

Après de longs chuchotements, voilà ce qu'il fut décidé :

Au cœur de la nuit, Omar et les femmes quitteraient la cour d'Al Arqam. Muhammad et Abu Bakr seraient parmi eux. Pour une fois, le Messager ne serait pas revêtu de son grand manteau brun que chacun connaissait. Il se dissimulerait sous la cape de laine verte que portait souvent Al Arqam. Après bien des réticences, et beaucoup de mauvaise humeur, Abu Bakr accepta de se vêtir en femme.

Dès que leur caravane avancerait sur la route de Jarûl en direction de Yatrib, Muhammad et Abu Bakr s'en sépareraient. Ils fileraient se cacher quelques jours dans une grotte du jabel Thûr. Muhammad et Abdonaï avaient coutume d'y séjourner à l'occasion de leurs chasses.

Omar grommela, vaguement ironique :

— Allah est grand ! Je ne serai donc pas un Bédouin... Mais qui te dit, Envoyé, qu'ils ne vont pas nous assaillir dès que nous mettrons le nez hors de cette cour ?

— N'oublie pas qu'ils ignorent que nous connaissons leur plan. Ils ne penseront pas que je suis avec les femmes et ne voudront surtout pas nous alarmer. Au contraire, dès qu'ils nous verront, ils feront tout pour ne pas apparaître.

— Mais demain ? s'inquiéta Al Arqam. Que se passera-t-il quand ils ne te verront pas sortir de chez moi, Messager ?

— Il sortira, fit Ali d'une voix assurée. Mais ces mauvais auront la surprise de découvrir le fils à la place du père.

Tout le monde le dévisagea avec stupéfaction. Ali s'inclina vers Muhammad.

— C'est moi qui serai sous ton manteau, si tu le veux bien.

— C'est prendre un grand risque, objecta Abu Bakr.

— Allah décidera si le risque est grand ou pas, répliqua Ali.

— Le garçon chante juste ! s'exclama Omar en claquant ses mains sur ses cuisses.

Fatima voyait les yeux brillants de bonheur et de reconnaissance de son père.

— Je serai avec Ali, lança-t-elle. S'il faut se battre, nous nous battrons. S'ils nous demandent où est notre père, nous dirons qu'il est malade et sur sa couche.

Abu Bakr ouvrit la bouche. Avant qu'il ne prononce une parole, Fatima ajouta :

— Et vous aurez besoin de moi, dans la grotte du jabel Thûr. Il vous faudra avoir des nouvelles, de l'eau et de la nourriture. Je vous les apporterai.

Omar rit et s'inclina vers Muhammad.

— Tes enfants font plaisir à entendre. Je vais regretter de n'être pas dans Mekka pour les jours à venir.

## La ruse

Le ciel était couleur de lait et la lumière encore faible, et c'était une bonne chose. Le corps d'Ali peinait à remplir le grand manteau de Muhammad. Mais avec la capuche rabattue, ainsi que le Messager avait l'habitude de la porter le matin, la substitution serait tout de même difficile à deviner.

De voir le grand manteau de son père flotter sur les épaules d'Ali, Fatima ne put retenir un petit rire. Elle s'en voulut aussitôt et saisit les mains de son frère adoptif.

— Ali..., murmura-t-elle, troublée par l'aveu qu'elle allait faire. Ali... tu es courageux. Plus que je ne le pensais. Je suis fière de toi. Peut-être...

Elle hésita, puis, après un court silence :

— Peut-être la colère les emportera-t-elle ? Ou Yâkût les poussera-t-il à se venger sur nous ? Il faudra se battre pour de bon, et...

— Je sais, l'interrompit fermement Ali.

Il entrouvrit les pans du manteau. À sa ceinture luisait le manche d'ivoire du large poignard hérité de son père.

— Si cela arrivait et si nous devions nous retrouver auprès d'Allah, moi, Ali ibn Talib, je serais fier de m'être battu à ton côté, ma sœur.

Malgré le peu de lumière, Fatima surprit l'émotion qui passait sur ses traits. Elle tressaillit. C'était la seconde fois qu'un homme la regardait ainsi, la seconde fois qu'un homme lui dédiait son combat et son affrontement de la mort. Peut-être Ali devina-t-il sa pensée. Il s'empressa d'ajouter d'un ton empreint de tristesse :

— S'il était encore en vie, le Bédouin Abd'Mrah serait à ma place. Je n'en doute pas.

Fatima n'eut pas à répondre : Al Arqam les rejoignit dans la cour avec les quatre serviteurs qu'il lui restait. Nerveusement, il dit tout bas :

— Il est temps.

Il sembla à Fatima que la grosse porte grinçait plus que d'habitude. Ses mains étaient si crispées sur son bâton et sur le manche de son poignard de ceinture que ses bras lui paraissaient de pierre. Elle se souvint à temps des conseils d'Abdonaï. Elle respira de toute sa poitrine avant de se jeter dans la ruelle. Comme prévu, Ali se porta à sa hauteur dès les premiers pas.

Et l'enfer leur tomba dessus.

Ils jaillirent de tous les porches, de toutes les encoignures, de tous les renfoncements, braillant, s'égosillant ! Devant, derrière, à gauche, à droite... Les lames levées, l'acier plus pâle encore que le ciel. Des visages, des chèches, des bras... Le temps d'un éclair ils virent tout et rien. Fatima hurla. Ali aussi. Leurs bras se déchaînèrent, lames et bâtons, tournoyant, frappant, fendant le vide, un tissu, rebondissant contre une autre lame, traversant des ombres... Les mauvais étaient innombrables ! Vingt, trente, plus...

Fatima ressentit jusque dans son coude le choc de son bâton contre une tête. Elle entendit le cri de douleur en même temps qu'elle vit Ali rouler au sol, empêtré dans ce manteau trop grand pour lui. Elle vit les lames se dresser, elle lança encore son bâton, se déchirant la gorge dans un cri, massacrant un ou deux poignets. Un coup terrible au bas des reins la fit basculer en avant. « Un plat de lame », songea-t-elle. Sa tête bourdonnante percevait les vociférations des assassins. « Ils ne m'ont pas encore tuée ! »

Al Arqam hurla alors qu'elle tombait sur Ali. Leurs assaillants allaient les engloutir comme l'abîme d'un puits quand, soudain, au-dessus d'eux, un cri jaillit :

— Ce n'est pas ibn 'Abdallâh !

D'autres voix s'en mêlèrent :

— Cessez ! Cessez ! On a été joués !

— Retenez vos lames, retenez vos lames !

— C'est Ali ! Le neveu d'Abu Lahab !

— Par Al'lat ! Le fils d'Abu Talib !

Sans ménagement, ils mirent Ali debout. Il avait le visage en sang, une blessure au front, mais il riait. Yâkût hurla :

— Où est ibn 'Abdallâh ?

Il agrippa le bras de Fatima, la secoua comme une branche de tamaris, beuglant encore :

— Où est ton père ?

Sa voix résonna dans toute la ruelle. Les voisins d'Al Arqam étaient maintenant sur le seuil de leur cour, suspicieux. L'un des assassins posa la main sur le poignet de Yâkût et dit :

— Calme-toi, ils nous ont trompés !

Les autres se dévisagèrent, grognèrent, baissèrent leur lame. Ali rit encore, nerveux, soulagé. Yâkût le frappa de son poing, le faisant chanceler. Le bâton de Fatima vola sans même qu'elle y eût songé. De toutes ses forces, de toute sa haine, elle l'abattit sur le bras de Yâkût. Il y eut un bruit étrange que le cri de douleur du mercenaire couvrit. Il voulut se précipiter sur Fatima. On le retint, tandis que des lames étaient pointées sur la poitrine de la fille du Messager.

Al Arqam lança :

— L'Envoyé d'Allah est malade. Il dort sur une couche dans ma cour.

— Tu mens ! cria Yâkût en se tenant le bras, le visage aussi livide que l'était maintenant le ciel.

— Ça suffit ! Vous voyez bien qu'ils ont été prévenus de notre piège. On a manqué...

Il y eut un instant de confusion, les uns et les autres ne sachant que faire. Fatima s'approcha d'Ali. Lui prit le bras et sentit qu'il tremblait. Elle le serra contre elle, le soutint un peu. L'un des assaillants conclut :

— Il n'y a plus rien à faire ici. On n'est pas venus à trente pour le fils d'Abu Talib ni pour trancher la gorge d'une fille.

Yâkût tenta encore de les retenir :

— Al Arqam ment, j'en suis sûr !

— Alors, c'est qu'ibn 'Abdallâh n'est plus dans sa maison, répliqua un autre.

— Il a fui Mekka, dit un troisième. Il a su et il a fui.

Ils se débandèrent, maugréant, quittant la ruelle sans se retourner.

— Ma sœur, on a gagné ! s'esclaffa Ali. Allah soit loué jusqu'à la fin des temps ! À nous deux on les a vaincus, ces négateurs !

Les deux vieilles servantes d'Al Arqam soignèrent les blessures d'Ali. Elles n'étaient pas profondes, mais il avait perdu beaucoup de sang et était à demi inconscient. Les vieilles lui firent boire des breuvages épais qui l'endormirent. À Fatima, elles promirent qu'il se réveillerait en possession de tous ses esprits.

— Il est jeune et solide. Il aura mal à la tête pendant trois jours et ne sentira plus rien ensuite. S'il doit prendre la route bientôt, il devra manger beaucoup de viande pour recouvrer des forces.

En attendant qu'Al Arqam revienne du grand marché avec des nouvelles, Fatima veilla Ali. Craignant que la fièvre ne le prenne, elle lui saisissait la main sans cesse. Les vieilles la regardaient faire avec des sourires entendus.

— Ne crains rien, fille. Une demi-lune, et il sera comme avant. Et les coups sur la tête ne changent pas le cœur, sois-en sûre.

Agacée, Fatima abandonna le chevet d'Ali. Le soleil était déjà haut. Al Arqam revint plus vite que prévu en compagnie d'un inconnu. Un homme d'une vingtaine d'années que recouvrait un vieux manteau d'Al Arqam. Quand il l'ouvrit pour la saluer, Fatima aperçut dessous la tunique d'un Bédouin.

Avant qu'elle ne l'interroge, Al Arqam dit :

— L'attaque de ce matin est sur toutes les bouches. Au marché, les rieurs se moquent de Yâkût et de son piège éventé. Que Muhammad ait pu leur échapper, cela leur plaît. Mais cela ne durera pas. Abu Lahab et les siens ne vont pas tarder à faire taire les moqueurs. Par chance, j'ai rencontré...

Al Arqam désigna le Bédouin, cherchant son nom. L'autre le prononça à sa place, son regard noir fixé sur celui de Fatima :

— Ibn Uraïqat. Je suis le cousin d'Abd'Mrah. Pour moi, il était plus qu'un frère.

Il découvrit son bras. Une longue balafre remontait jusqu'au coude.

— Un serpent m'a mordu dans la montagne. Abd'Mrah a ouvert mon bras et a sucé le sang pourri. Aujourd'hui, je suis vivant, et lui, il ne l'est plus. Je ne suis pas de vos croyants. Al'lat est encore en moi. Mais ceux qui ont massacré Abd'Mrah sont les mêmes que ceux qui veulent massacrer ton père. Je vais vous aider. Je sais où vous allez. J'étais l'un des guetteurs, quand vous avez rencontré les Juifs de Yatrib. Je connais les routes cachées. Je vous guiderai, toi et ton père.

Fatima se mordit les lèvres pour ne pas laisser les larmes lui monter aux yeux. Ainsi, Abd'Mrah les aidait par-delà la mort ! Elle n'en était pas étonnée.

— Vous ne devez pas attendre, approuva Al Arqam. Il faut profiter de la confusion de Yâkût...

Il s'assombrit.

— On raconte que tu lui as cassé le bras avec ton bâton, dit-il à Fatima. La rage de la vengeance doit désormais le calciner autant que les flammes de l'enfer.

— Prépare ton baluchon, intervint froidement ibn Uraïqat. J'ai des chamelles prêtes à l'enclos d'Ajyad...

— Mais il faut aussi des provisions, remarqua Fatima. Et de l'eau...

Le Bédouin opina.

— Mes chamelles ont des bâts bien remplis. J'ai tout prévu.

Les possessions de Fatima tenaient dans une sacoche de cuir. Elle emporta aussi l'arc que lui avait donné Abdonaï et un double carquois de flèches. Ibn Uraïqat eut un mouvement de surprise en les découvrant à l'épaule de la jeune fille, mais il ne fit pas de commentaires. La discussion eut lieu lorsqu'elle refusa de se séparer du méhari blanc offert à son père par Abd'Mrah et du vieux cheval de chasse d'Abdonaï. Ibn Uraïqat lui fit face.

— Ils ne tiendront pas sur les routes que nous allons prendre, dit-il. Ils nous ralentiront ou mourront. Avec cette chaleur, ton cheval tombera de soif avant deux jours.

Al Arqam trouva la solution :

— Ils peuvent rester avec mes bêtes. Ali les conduira à Yatrib quand il sera en état de vous rejoindre. Il en sera heureux.

Ali était encore endormi par les tisanes des vieilles servantes quand Fatima quitta la cour d'Al Arqam avec le Bédouin. Elle en fut contente. Elle préférait qu'il ne voie pas le cousin d'Abd'Mrah. Elle alla chercher le manteau de Muhammad. Les servantes n'avaient pas eu le temps de le laver. « Tant mieux, songea-t-elle. Mon père sera fier de ces taches sur son manteau. »

Au dernier moment, elle s'agenouilla et saisit les mains inertes d'Ali. Elles étaient fraîches, sans fièvre. Des mains d'homme aux doigts fins, des mains qui caressaient plus souvent l'encre des rouleaux du savoir que le fil des lames et les pommeaux des nimcha. Elle les baisa doucement. Le courage d'Ali, elle en était désormais la garante. Personne ne pourrait plus jamais le mettre en doute.

Le soleil était au plus haut quand ils s'éloignèrent de Mekka. C'était l'heure où chacun se calfeutrait entre les murs frais des maisons. Ibn Uraïqat leur fit tout de même emprunter des pistes tortueuses où il serait aisé de se rendre compte s'ils étaient suivis. Et où ils pouvaient trouver un peu d'ombre pour respirer dans la fournaise.

Ils parvinrent à la grotte de Thawr à la nuit tombante. Muhammad les accueillit avec joie. Il embrassa longuement Fatima. Au premier regard elle vit qu'il portait le baudrier et la nimcha pris autrefois à Tabouk sur un homme d'Abu Sofyan.

Elle lui raconta comment Ali et elle avaient affronté les assassins le matin. Son père se réjouit longtemps, réclama mille détails. Ensuite, elle dit l'intention d'ibn Uraïqat de les conduire à Yatrib.

Le Bédouin parla. Quand il eut fini, Muhammad dit :

— Qu'importe que la déesse Al'lat soit encore dans ton cœur. Toi, tu es déjà dans celui d'Allah. Pour les chamelles et les provisions que tu m'apportes et tout le temps que tu consacres à nous conduire sur les routes, tu auras le salaire qu'il convient. Mais ton don de confiance vaut bien plus cher et, celui-là, je n'ai pas assez de richesse pour te le payer.

Tandis qu'ils conversaient, Abu Bakr comprit : qu'il le veuille ou non, Fatima marcherait avec eux.

## La longue marche

Vingt jours.

Vingt jours, c'est ce que dura leur route jusqu'à Yatrib. Vingt jours sur les sentiers étroits des montagnes du Hedjaz, aux flancs de ses ravins comme sur les plateaux où le soleil, liquéfiant l'air autant qu'une huile, faisait trembler d'une fièvre ardente la poussière et les roches.

Vingt jours d'un bonheur absolu dont Fatima goûta chacun des instants. Pressentant qu'elle n'en vivrait plus jamais d'aussi parfaits et d'aussi doux auprès de son père, elle les grava dans sa mémoire.

Pourtant, les journées se ressemblaient toutes. Alors que la nuit occupait encore le ciel, le Bédouin ibn Uraïqat se levait et allumait un petit feu. Il y chauffait une tisane d'herbes, tandis qu'à leur tour Muhammad, Abu Bakr et Fatima quittaient leurs couvertures pour prier longuement et avec ferveur. La fraîcheur nocturne les enveloppait ainsi que la caresse d'une paume, et plus d'une fois Fatima songea que ce pouvait être la manière d'Allah de les encourager et de les protéger.

Lorsque ensuite ils laissaient leur campement, ils le faisaient aussi légèrement que des oiseaux s'envolant d'une branche nue, n'y abandonnant jamais la moindre trace.

Au début, il y eut un peu de tension. Ils craignaient encore que les mauvais de Mekka, Yâkût ou ses mercenaires, ne soient lancés à leur poursuite. Le Bédouin ibn Uraïqat les menait par des sentes à l'écart de toutes les routes connues. Abu Bakr, désorienté, se montrait inquiet :

— Sais-tu vraiment où tu nous conduis ? demanda-t-il à plusieurs reprises.

En réponse, le Bédouin se contentait d'un grognement ou d'un battement de paupières. Un matin, devinant la nervosité grandissante de son cher compagnon, Muhammad, retirant le pan de son chèche qui protégeait ses lèvres de la poussière, dit :

— Ne crains rien. Il n'est de Dieu que Dieu et Il est avec nous autant qu'ibn Uraïqat.

Quand leur peur d'être rattrapés par ceux de Mekka disparut, le Bédouin sut trouver des abris pour les protéger des heures les plus brûlantes : des grottes de montagne, l'ombre de roches face à l'est, de simples replis broussailleux d'où ils devaient chasser les serpents et les lynx... Avant qu'ils ne s'y installent, après la prière du milieu du jour, ibn Uraïqat en retournait chacune des pierres pour en débusquer les scorpions.

Lui, le dévot d'Al'lat, il connaissait aussi les quatre murettes que les pèlerins avaient érigées en bordure des chemins. Depuis la nuit des temps, ils venaient s'y ployer pour leurs prières de païens, d'idolâtres et d'ignorants de la vérité.

Mais c'étaient là des lieux de pureté.

La première fois qu'ils en avaient croisé sur le bas-côté, ibn Uraïqat avait pivoté sur sa selle pour faire face à Muhammad, une question muette sur les lèvres. Le Messager avait opiné. À Abu Bakr qui se fâchait, il avait déclaré :

— La terre entière peut devenir notre *masdjid*. Partout où nous allons, Allah a placé Sa présence et Sa force.

Ils ne repartaient qu'au crépuscule pour de longues marches qui se prolongeaient tard dans la nuit. Ils ne s'arrêtaient que pour accorder un véritable repos aux chamelles. Ibn Uraïqat savait se diriger à l'aide des seules étoiles. Plus d'une fois, durant ces marches nocturnes, lorsque l'éblouissement de la lune cessait, Fatima entrevit ce lac de pure obscurité près de la Voie lactée qu'elle avait découvert à Ta'if. Cette minuscule portion du royaume infini d'Allah où elle avait rêvé de se promener, sa main nouée à celle d'Abd'Mrah, ainsi que dans la splendeur accomplie du paradis.

Ces fois-là, cependant, nulle magie de démon ne l'emportait. Si, bien souvent, à suivre la silhouette balancée d'ibn Uraïqat, lui venait la pensée d'Abd'Mrah, l'amour qui gonflait sa poitrine était tout entier destiné à son père, le Messager.

Elle ne le quittait guère des yeux et s'étonnait de le redécouvrir. En vérité, depuis des années, il n'avait jamais été autant en sa compagnie, malgré les heures passées ensemble dans l'enceinte de la Ka'bâ. Là-bas, Muhammad était dans ses prières et la présence d'Allah. Durant ce long trajet, s'il allait, jour après jour, dans l'entière pensée de son Rabb, il redevenait aussi l'infatigable voyageur qu'il avait été, l'homme des grandes caravanes. Celui qui durant des années avait parcouru du nord au sud la terre des Arabes, des Perses, des Juifs et des chrétiens. Un homme qui savait tout autant que le Bédouin ibn Uraïqat prendre son repos sur sa selle, diriger sans hésiter sa monture dans les éboulis, grimper des pentes sableuses et ne pas broncher sous l'incandescence du soleil.

L'âge, et peut-être la violence des dernières épreuves, avait durci son visage, creusé les rides longtemps fines de son front. Sa barbe, dense et brillante, l'adoucissait. Comme l'adoucissait ce regard qui lui venait lorsque ses yeux se posaient sur sa fille.

« Ma Fatima Zahra ! Fatima, la Resplendissante ! » s'exclama-t-il un matin en la voyant lancer sa chamelle au grand trot, puis bander son arc pour abattre de deux flèches sûres, à la gorge et au cœur, un *maha*[1] à longues cornes.

Cette chasse leur assura le dîner pour plusieurs jours. Ibn Uraïqat, avec le respect des Bédouins pour les belles prises, retira la peau aux longs poils doux et blancs pour la tendre sur des branchages et la faire sécher sur sa monture.

1. Oryx d'Arabie.

— Ma fille, tu pourras y poser les pieds dans ta nouvelle chambre de Yatrib, approuva Muhammad, les yeux scintillants de fierté.

Il n'avait pas voulu que Fatima efface le sang d'Ali de son grand manteau. La tache sombre demeurait comme une sorte de blessure entre les plis.

Chaque matin, lorsque le soleil s'élançait dans le bleu absolu, leurs trois ombres dessinaient dans la poussière des apparences de géants. Puis elles s'amenuisaient autour d'eux, comme si Dieu, refermant doucement sa paume, dardait son attention sur son Envoyé.

De temps à autre, Abu Bakr se postait au côté de Muhammad. Ils ne se parlaient pas. Fatima, derrière eux, ne pouvait voir leurs visages. Souvent, il lui sembla qu'ils allaient ainsi, priant et s'émerveillant de ce chemin qui les rapprochait de Yatrib et de leurs propres rêves.

Parfois, c'était elle qui allait au côté de son père. Eux aussi demeuraient silencieux. Pas un mot ne franchissait leurs lèvres. Inutile.

Au détour d'une bifurcation qu'empruntait soudain le Bédouin ibn Uraïqat, ou parce que leurs bêtes montraient elles-mêmes le désir de se rapprocher plus encore, ou parce qu'ils allaient au-dessus d'une crête de sable ou de poussière caillouteuse, leurs regards se croisaient. Chaque fois, dans le noir intense de la pupille de son père, Fatima lisait des mots qu'il ne prononcerait jamais.

Des mots, des phrases qui diraient combien ils se tenaient tous les deux, chair, cœur et esprit serrés dans l'amour parfait qu'Allah leur accordait depuis toujours.

Étrangement, en ce temps suspendu, des souvenirs depuis longtemps oubliés surgissaient à l'esprit de Fatima. Le jour où son père lui avait pour la première fois placé un arc entre les mains et en avait tiré la corde, sa main puissante recouvrant la sienne, si menue, de petite fille.

Ou bien cet autre jour, quand il avait tellement ri alors qu'elle s'était vêtue en garçon pour le suivre à la chasse. Lorsque les servantes l'avaient poursuivie dans la cour, cherchant à lui ôter ces vêtements qu'elles trouvaient ridicules et choquants sur une fille, Muhammad l'avait défendue. Il avait dit, tranquillement :

— Fatima portera ce qui lui convient pour la chasse.

Et ce soir terrible où il l'avait si longtemps tenue serrée contre lui. Tous les deux aussi muets que maintenant, dans la brûlure du désert. Silencieux, tremblants, glacés, alors que Khadija hurlait sur le corps éventré d'Al Qasim, son fils unique.

Et d'autres, tant d'autres souvenirs ! Nets, précis. Si précis, si présents durant cette longue marche vers Yatrib, qu'il vint à Fatima l'étrange pensée que son père, tout près d'elle, les visitait lui aussi. Les rappelait à sa mémoire avant de les abandonner, afin que son cœur soit pur de tout passé quand arriverait le moment d'affronter les temps nouveaux de Yatrib.

Fatima se mit à redouter la fin de ces moments uniques. Jour après jour, cette fin approchait, inéluctable. Jour après jour, Fatima priait pour que le Clément et Miséricordieux lui pardonne son égoïsme.

Et aussi pour que, jusqu'à la fin de sa vie, elle puisse garder intacte au plus profond d'elle-même cette merveille qui jamais ne se reproduirait. Elle avait bien assez de lucidité pour le deviner.

*Quatrième partie*

# Yatrib

## Quand Fatima devint femme

Et ce fut ce qu'il advint.

Ils longeaient le lit sec d'un *wadi.* C'était le matin. Le soleil n'était pas encore haut. Le Bédouin ibn Uraïqat immobilisa sa chamelle à l'ombre d'un bosquet de tamaris. Il désigna la courbe que formait l'oued serpentant entre des petites collines. Lui, si avare de mots, se tourna vers Muhammad et annonça :

— Tu es arrivé, ibn 'Abdallâh. Là-bas, à droite, tu trouveras le village de Qobâ. Depuis ses hauteurs, tu pourras apercevoir les palmiers de Yatrib.

Il claqua de la langue et talonna le cou de sa monture pour lui faire plier les genoux.

— Que fais-tu ? s'étonna Abu Bakr en dénouant son chèche.

— Je descends vous dire adieu, répliqua ibn Uraïqat.

Déjà il cherchait des brindilles pour allumer un feu, des feuilles de menthe et de mélisse pour préparer une tisane.

— Nous n'y sommes pas encore, remarqua Muhammad, étonné.

— Pour le chemin à venir, tu n'as plus besoin de moi, ibn 'Abdallâh. Comme tu l'as dit : ton Rabb connaît ta route. Il te conduira. Et pour ceux de Qobâ et de Yatrib, il vaut mieux que tu te présentes sans moi.

Ces mots touchèrent le Messager. À sa manière délicate et respectueuse, ibn Uraïqat lui rappelait qu'il n'était pas un croyant d'Allah. En effet, les Mekkois reprochaient au Messager son impuissance et le fait qu'il ne s'entourait que de pauvres et de Bédouins. Ibn Uraïqat avait raison. C'était lui seul que son Rabb voulait voir approcher de Qobâ puis de Yatrib.

Ils burent la tisane de l'adieu en silence. Après quoi ibn Uraïqat ôta la peau du maha abattu par Fatima du cadre où elle séchait. Il la roula soigneusement.

— Maintenant, dit-il en la lui tendant, je connais une fille qui sait chasser comme un homme.

Les adieux furent brefs. Lorsque Muhammad, Abu Bakr et Fatima quittèrent l'ombre du bosquet, ibn Uraïqat avait disparu. Le sentier par lequel ils étaient arrivés était vide.

Ils parvinrent assez vite à Qobâ. Ce n'était qu'un lieu ordinaire au nord de la route qu'empruntaient les caravanes pour atteindre Yatrib. Ibn Uraïqat avait dit vrai : on y devinait, vers l'est, les palmeraies de Yatrib.

Lorsqu'ils approchèrent des murs blancs du village, des cris résonnèrent, des gosses s'enfuirent, des silhouettes se rassemblèrent. Des hommes levèrent la main au-dessus de leurs yeux avant de lancer :

— Allah est grand ! Allah est grand !

Prévenu par Omar ibn al Khattâb, déjà à Yatrib avec les femmes, Tamîn avait envoyé de nouveaux croyants guetter l'arrivée du Messager. Ils accoururent, très excités, au milieu du chahut et des rires. En un instant Muhammad fut entouré de prévenances. On touchait sa tunique, on lui offrait à boire, à manger... Une petite foule se forma. Puis ce fut tout le village qui vint le fêter.

Moç'ab ibn Omayr arriva, les larmes aux yeux. Surpris, Muhammad le serra contre sa poitrine. Depuis des jours, Moç'ab enchantait les habitants de Qobâ par ses merveilleuses récitations des paroles du Messager.

— À Yatrib, j'ai fait un rêve, dit-il, la voix frémissante. Je t'ai vu chercher ici, ô Envoyé, au-dessus de Qobâ, une grotte pour la nuit. Mais il n'existe aucune grotte au-dessus de Qobâ ! Je me suis réveillé, et j'ai compris : je devais venir parler aux gens d'ici. Leur réciter les versets d'Allah. La grotte que tu cherchais dans mon rêve, c'était leur cœur. Et te voilà...

Moç'ab désigna la foule qui les entourait.

— C'est leur cœur, oui..., répéta-t-il. Et maintenant ils connaissent assez de prières pour joindre leurs paroles aux tiennes.

C'est ce qu'ils firent aussitôt. Muhammad refusa la nourriture et les gobelets de lait. Il réclama seulement une écuelle d'eau pour se laver le visage et les mains. Moç'ab le conduisit vers le mince enclos où les païens de Qobâ avaient eu coutume d'honorer leurs idoles. Le sol avait été soigneusement nettoyé des cendres et des résidus des offrandes. Entouré d'Abu Bakr, de Moç'ab et des nouveaux croyants, il leva les paumes et le front vers le ciel. Aux premiers mots qu'il prononça : « Au nom d'Allah, le Clément et Miséricordieux, louange à Allah, Seigneur des Mondes, Maître du jour de la rétribution[1] »... l'œuvre déjà accomplie par Moç'ab fut évidente. Les gens de Qobâ élevèrent la voix sans hésiter. Leurs mots et ceux de l'Envoyé résonnèrent à l'unisson. Ils connaissaient les versets par cœur, aussi bien que les croyants mekkois.

Puis ils s'attroupèrent autour de Muhammad. Fatima sut avec certitude que la proximité avec son père, qu'Allah lui avait offerte durant vingt jours, s'achevait. De ce moment, et pour les temps à venir, son père serait uniquement celui vers qui tous se tourneraient. Le Messager, l'Envoyé de Dieu.

Pour elle, il n'aurait plus qu'une attention légère, car son Rabb ferait peser sur ses épaules le poids écrasant de la construction d'un monde nouveau.

Sa place n'était plus dans les pas de Muhammad. Déjà, ici, à Qobâ, il n'avait nul besoin d'être protégé.

Le cœur lourd, elle s'écarta, se tint à distance de la joie et de l'animation. Quand l'excitation retomba, des femmes de Qobâ prirent conscience de sa présence. Elles s'approchèrent,

1. Coran 1, 1-4, sourate dite « liminaire ».

souriantes, bienveillantes. Mais incapables de cacher leur étonnement devant son apparence.

Bien vite, leur incompréhension se fit taquine : Que faisait donc la fille du Messager, la poitrine barrée par un arc ? Et avec ce gros bâton à pointe ferrée au bout du bras ! Avait-elle accompli tout le trajet depuis Mekka en chevauchant sa chamelle comme un homme ? Installée sur une simple selle à pommeau et non à l'abri d'un palanquin ? Ignorait-elle la décence ?

Quand elles découvrirent le poignard passé dans la ceinture qui ceignait la taille de Fatima, les exclamations n'eurent plus rien de moqueur. Les regards se chargèrent de réprobation et de suspicion. Était-il possible que la fille du Messager se comporte ainsi ?

— Oh non ! se récrièrent-elles. Fille Fatima, tu ne peux pas paraître à Yatrib ainsi vêtue ! On se moquera de toi. Tu feras honte à ton père. Que penseront-ils d'un Envoyé qui laisse sa fille adopter l'apparence d'un homme ?

Pourquoi Allah voulut-Il qu'Abu Bakr, venant réclamer une nouvelle cruche d'eau, entendit cette dernière remarque ?

Sans hésiter, il intervint. Il s'adressa aux femmes avec cette assurance, et même cette habituelle arrogance qui impressionnait toujours. Il les apaisa en leur certifiant que la tenue de Fatima n'avait été que passagère et que Muhammad ne l'avait permise qu'à cette condition.

— La route a été longue et difficile. Nous devions nous cacher des païens de Mekka qui cherchaient à nous rattraper pour tuer le Messager. C'est pourquoi il a accordé à sa fille de se vêtir en homme, afin que, de loin, nos poursuivants ne puissent pas nous identifier. Votre jugement est bon : l'épreuve est finie. Pour entrer dans Yatrib, Fatima retrouvera une apparence de femme. Le chemin de l'Envoyé ne peut être que celui de la pureté de tous, et d'abord de sa famille.

Ces derniers mots, Abu Bakr les prononça en fixant durement Fatima. Son air réprobateur exprimait le fond de sa pensée : « C'en est fini, Fatima. Le moment est venu pour toi de te comporter comme les autres filles. Ton père n'a plus besoin d'un faux fils qui manie le bâton près de lui. Tes caprices n'auront plus de place dans notre sainte cité. J'y veillerai. »

Pour la première fois depuis des années, Fatima ne riposta pas. Elle baissa les paupières. Elle le savait : Abu Bakr énonçait une vérité contre laquelle elle ne pourrait ni ne voudrait lutter.

Une étrange émotion la saisit. Ce fut comme si son corps lui devenait soudain indifférent. Son cœur, ses émotions, la vérité de son être se recroquevillèrent loin au fond d'elle-même, durcis d'un coup comme une pierre.

Et c'est à l'intérieur de cette pierre plus dure que tous les cailloux du Nefoud, et désormais pour toujours pesante au-dedans d'elle, qu'il lui faudrait, malgré toute sa désolation, toute sa douleur, vivre et respirer l'amour de son père.

Ravies par les paroles d'Abu Bakr, les femmes traitèrent Fatima en princesse. Elles la lavèrent, la parèrent de belles tuniques aux couleurs chatoyantes, babillant autour d'elle comme si le lendemain était le jour de ses épousailles. Fatima se laissa faire. Accompagnée par les rires et les plaisanteries de ses nouvelles compagnes, elle enveloppa le bâton d'Abdonaï, son arc, son carquois et sa dague dans le mince tapis qu'on lui offrit à cet effet.

Cette nuit-là, sur sa couche, parmi toutes les jeunes filles d'une maisonnée Aws qui les accueillait, elle scella ses lèvres d'une main pour que nul ne puisse entendre la plainte qui lui déchirait la poitrine.

# Enfin Yatrib !

Muhammad partagea deux journées avec les gens de Qobâ, priant, se reposant, récitant la parole d'Allah en compagnie de Moç'ab devant des dizaines de fidèles, recouvrant des forces. La longue route depuis Mekka avait été éprouvante. Puis il s'apprêta à prendre le chemin de Yatrib.

Prévenus, Tamîn et Omar l'attendaient à l'entrée de l'oasis, entourés de nouveaux croyants. Ne voyant pas approcher le Messager, les plus fougueux décidèrent d'aller à sa rencontre. Ils grossirent la troupe autour de la chamelle blanche que Muhammad menait au pas.

Sans cesse leur caravane ralentissait, s'immobilisait. Fatima retenait sa monture en arrière de la petite foule qui bourdonnait autour de son père. Bientôt, les fidèles seraient si nombreux, il y aurait tant de distance entre eux, qu'elle ne devinerait plus qu'à peine son grand manteau brun et son chèche clair.

De sa chamelle l'Envoyé saluait ceux qui approchaient. Sans cesse il répétait les mêmes paroles, et en retour recevait le même accueil fervent. Abu Bakr maintenait à distance les plus exaltés, ou les plus curieux et les moins respectueux.

Une fois seulement, alors que les murs de Qobâ étaient déjà loin derrière eux, Fatima s'imagina poussant sa chamelle dans cette foule désordonnée pour se placer au côté de son père.

Mais ce n'était que le rêve d'un temps révolu... Il eût fallu qu'elle portât ses vieux vêtements et tînt le bâton ferré dans son poing...

Elle n'était plus cette fille-là. Elle devait le comprendre... l'admettre.

Les yeux mi-clos, elle se laissa porter par le ballant indifférent de sa monture, effaçant rêves, pensées et tristesse et se préparant à accepter l'apparence que l'on exigeait d'elle.

Peu à peu les sentes de pierre devinrent des sentes de sable où le pas des montures s'assouplissait. Ils s'écartèrent de l'oued dont il longeait le cours depuis Qobâ, s'engagèrent dans une vallée où pullulaient les palmiers et les plantations de fruitiers.

Fatima n'avait jamais voyagé. Elle n'avait encore jamais vu de terre aussi opulente, aussi verte. Bientôt, ils abandonnèrent l'étroitesse de la vallée. Devant eux s'étala une savante marqueterie de jardins délimités par des barrières de palmes ou des haies d'oponce. Comme dans une description du paradis, oliviers, figuiers, orangers et quantité de légumes poussaient aux revers des sillons précieusement entretenus. L'air était chargé de frais parfums : on y respirait la menthe, la bourrache, l'aneth ou les feuilles de romarin.

En retrait, à une double portée de flèche, se dressaient les lisières de palmiers aux troncs minces et pâles. Ici et là, assombrissant la glaise craquelée et poussiéreuse, l'eau courait au creux de minces rigoles qu'entravaient des digues et des claies qui la guidaient jusque dans des bassins à l'ombre des palmiers.

Partout des hommes, des femmes et des enfants creusaient, ratissaient, récoltaient ou taillaient... À l'approche de la troupe qui entourait Muhammad, ils se redressèrent, sourcilleux et vifs, la main refermée sur leurs outils. Mais ici, on n'était pas à Ta'if ou à Mekka. Leurs regards étaient seulement curieux, sans agressivité. Ici, Abu Lahab et Abu Sofyan n'imposaient pas leur loi.

Les femmes de Qobâ avaient fait sangler un palanquin sur la monture de Fatima. Elles avaient vêtu et fardé la jeune fille.

Ses yeux aux longues paupières brillaient de khôl, sa tunique verte à liseré rouge et ocre dessinait sa poitrine. Une bande de lin blanc nouée sur sa nuque retenait les mèches folles de sa chevelure luisante de henné et d'huile d'argan. Un peu de pommade rouge masquait l'amertume de ses lèvres. Elle avait tout juste pu refuser la présence d'un serviteur pour tenir la longe de sa chamelle.

À son passage, les yeux des femmes se posaient avec insistance sur Fatima. Éblouis et intéressés. Quelques-unes esquissèrent un signe de bienvenue.

Et c'est ainsi qu'elle entra dans Yatrib, regard fixe et cœur de pierre, mais dans la splendeur de ses seize ans.

Ils rejoignirent Tamîn, Zayd et Omar ibn al Khattâb. Les embrassades, les chants, les rires et les prières recommencèrent. La joie et l'agitation des Aws et des Khazraj étaient à leur comble. Fatima scruta les visages. Elle en reconnut beaucoup.

Mais elle ne discerna aucune femme.

En revanche, elle ne put manquer le regard de Zayd fixé sur elle, souriant, ravi et affectueux.

Zayd était manifestement heureux de la voir, surtout sous cette apparence. Ce fut plus fort qu'elle : la honte et la colère lui brûlèrent la poitrine. Sans répondre au salut de son frère, elle se détourna dans son palanquin de fille. Le bruit commençait à énerver sa chamelle. Fatima tira sur la longe, fit faire à sa monture quelques pas de côté et l'immobilisa dans l'ombre clairsemée d'un néflier. De loin, elle observa la scène.

Omar n'était pas homme à dévoiler ses émotions, si ce n'est par des cris et des gesticulations. Les embrassades, répétait-il à qui voulait l'entendre, ne sont dignes des hommes que lorsqu'ils s'inclinent sur la couche des femmes. Mais, ce jour-là, en assistant aux retrouvailles de Tamîn et de Muhammad, Omar avait les yeux émus d'une jeune fille.

L'Envoyé enfin se tourna vers lui. Connaissant sa pudeur, il se contenta de lever la main. Omar s'inclina profondément, avant de montrer un visage brillant de vénération. Avec une exclamation d'amitié, Muhammad allait l'attirer à lui quand, d'un mouvement vif, Omar lui effleura les paumes du bout des doigts, comme s'il y recueillait un baume. Avec violence il se frappa le front, les lèvres et la poitrine de cette essence invisible. À la surprise de tous, et même de Muhammad, il répéta deux fois son geste.

Ce geste, chacun, du pays de Sham à Saba, le connaissait. Très ancien et très respectueux salut du désert, il disait l'allégeance d'un sujet à son prince. Qu'Omar reçoive ainsi le Messager en ces nouvelles terres d'Allah en impressionna plus d'un. Les effusions cessèrent. Un drôle de silence survola ces retrouvailles, comme si un événement mystérieux venait d'avoir lieu.

Un silence que Muhammad rompit :

— As-tu trouvé un lieu pour nous ? demanda-t-il à Tamîn.

Tamîn secoua la tête et désigna les notables Aws et Khazraj qui l'accompagnaient. L'un d'eux annonça :

— Bien des terres de l'oasis ne sont pas encore labourées et sont sans habitation, Envoyé. Mais ce n'est pas à nous de choisir. Qui d'autre que toi peut dire la volonté d'Allah ?

Aussitôt Muhammad réclama sa monture.

— Conduisez-moi. Il n'y a pas de temps à perdre. Ce soir, je veux prier en sachant où se tiendra la maison que Dieu nous destine.

Alors qu'ils se mettaient en marche entre les palmeraies, Zayd s'approcha du palanquin de Fatima. Il posa la main sur l'encolure de la chamelle :

— Fatima...

Devant l'air défiant de la jeune fille, il hésita, puis se tut. De la pointe de sa baguette, Fatima titilla le cou de l'animal afin qu'il suive le groupe de Muhammad. Zayd marcha à son côté, les doigts toujours posés sur la fourrure de la bête. Ils avancèrent sans parler pendant une vingtaine de pas. Raidie, les yeux fixés devant elle, Fatima redoutait les questions et les taquineries de Zayd.

Mais ce fut tout autre chose qu'elle entendit :

— Je suis heureux que tu sois enfin arrivée, Fatima. Nous avions tous peur pour vous, et je n'ai cessé de prier en pensant à toi. À toi et à notre père.

Puis il ajouta, sincèrement et sans nulle moquerie :

— Tu es très belle en fille, même si tu détestes cela.

Étonnamment, son intonation était dénuée de la joie que supposaient ses mots. Elle était si grave et si pesante de tristesse que Fatima comprit que Zayd était porteur d'une triste nouvelle.

— Qu'y a-t-il ? demanda-t-elle, la gorge serrée, tirant brutalement sur la longe pour immobiliser la chamelle.

— Je voulais être celui qui te l'apprendrait, dit Zayd. Il est arrivé malheur à Ashemou...

Fatima ne sut jamais si elle avait crié ou si les mots avaient seulement explosé dans sa tête et son cœur : « Ashemou est morte ! »

Comme s'il avait entendu sa plainte, Zayd opina :

— Une vipère, dit-il. Cinq jours après le départ de Mekka. Ashemou prenait soin de la mère d'Ali, un peu malade... Un matin, elle s'est réveillée pour préparer le feu. Elle a aperçu la tête de la vipère sous la couverture, tout près du cou de la vieille dame. Elle n'a pas réfléchi. Elle a lancé sa main...

Zayd, levant le poignet, désigna la peau fine où transparaissaient les veines.

— La vipère l'a mordue là. Dans le doux de la chair. Ses crocs étaient plantés si loin qu'Ashemou n'a pu arracher la tête de l'animal. Elle a à peine crié : le venin lui avait coupé le souffle. C'est allé si vite... Elle n'a pas eu le temps de souffrir.

Dans la voix de Zayd, les larmes perçaient. Fatima le comprenait. S'il en était un qui avait aimé Ashemou autant qu'elle-même et que Khadija, c'était bien lui, le fils adoptif. L'esclave libéré, comme l'avait été Ashemou.

Non, l'émotion de Zayd ne l'étonnait pas. Mais elle-même ne parvenait pas à pleurer, et cela l'effraya. Elle songeait : « Ashemou est morte ! », et pourtant elle n'était que dureté et glace.

Elle relança sa chamelle. Zayd lui jeta un coup d'œil surpris, choqué peut-être. Mais il demeura à son côté. Sans prononcer un mot de plus.

Muhammad et la petite foule de croyants étaient maintenant loin devant. De part et d'autre des chemins de sable, les jardins étaient plus restreints et plus serrés. Des habitations les jouxtaient. De vastes constructions encloses dans de hauts murs aveugles. On ne pouvait rien distinguer des cours, qui devaient être grandes. À l'angle de quelques-unes avaient été érigées des tours carrées deux fois plus élevées que les enceintes. Rien n'évoquait une cité : ces maisons semblaient éparpillées au hasard de l'oasis, leurs murs ne dessinant aucune ruelle ou place. On n'apercevait ni boutiques, ni l'agitation d'un marché.

Zayd se racla la gorge. Il avait saisi les pensées de Fatima et en était peiné. Avec, cette fois, un peu de reproche, il désigna un point loin au-delà des palmiers :

— La cité, il y en a une, petite, là-bas, chez les Juifs des Banu Qaynuqâ.

Fatima l'entendit à peine. À bien regarder ce qui l'entourait, cette beauté nouvelle, étrangère, si différente de Mekka et dont elle ne connaissait rien – ni les chemins, ni les ombres, où le ciel n'était nulle part limité par les montagnes de basalte et où elle n'avait aucun souvenir –, elle n'était déjà plus la Fatima bint Muhammad qu'elle avait été.

Elle reconnut le puits profond d'où provenait sa douleur.

Le puits de la solitude. Immense, terrassante.

C'était cela. Ashemou n'était plus. Abdonaï n'était plus. Abd'Mrah l'avait à peine approchée avant de souffrir la pire des morts. Et aujourd'hui son père s'éloignait d'elle, comme tout entier offert aux inconnus.

— Ô Allah ! murmura-t-elle. Ô, Allah, pourquoi me veux-Tu si seule ?

Ses doigts tremblèrent sur la longe de la chamelle. Elle ferma les yeux, le chagrin pesant lourdement sur sa poitrine.

— Fatima... Fatima !

Zayd levait le visage vers elle. Des yeux, une bouche pleins de tendresse et de compréhension. Peut-être chargés, eux, d'une autre espérance...

Mais au lieu de répondre à sa tendresse, Fatima eut cette étrange pensée : « Non ! Ne t'approche pas de moi. Allah a besoin de toi. »

De sa baguette, elle pointa le groupe devant eux. Muhammad, les Aws et les Khazraj s'arrêtaient devant un vaste terrain. Il était aussi nu d'habitations que de cultures, sans la moindre haie de jardin, avec seulement, ici et là, quelques bosquets esseulés de palmiers que le vent agitait, produisant un froissement sec.

— Rejoins mon père, dit-elle. Ne le laisse pas seul. Il va vouloir parler avec les Juifs. Ne le quitte pas, tu lui es trop précieux.

Zayd ouvrit la bouche pour protester. Mais il se contenta de poser ses yeux brillants sur elle. Fatima ne s'était pas trompé : Zayd savait lire en elle comme il savait déchiffrer les obscurs rouleaux de Waraqà et les lois de Moïse.

Et, comme pour lui donner raison, là-bas, au côté du Messager, Abu Bakr agita la main :

— Zayd ! Zayd ! Que fais-tu ?

Le ton d'Abu Bakr était agacé quand il lança à Zayd :

— Ne t'éloigne plus, fils de Kalb ! Ta place n'est pas auprès de la fille mais auprès du père.

Dans le même temps, l'un des Khazraj disait à Muhammad :

— Envoyé, ici, tu peux choisir. Ces terres ne valent rien pour la culture. Elles appartiennent à des Juifs de la vieille cité. Il s'en trouvera toujours un qui sera content de te céder un lopin. Choisis, choisis !

Muhammad caressa sa barbe, hésitant :

— Non, répliqua-t-il. Où nous bâtirons nos nouveaux murs, ce n'est pas plus à moi qu'à toi de le choisir. Il n'en est qu'Un, toujours, qui choisit pour nous.

D'un geste vif, il lança la longe par-dessus le cou de sa chamelle, puis l'accrocha lâchement à la selle. D'un claquement de langue et d'une frappe sur le flanc, il poussa l'animal en direction du terrain.

— Va, va ! Va ! ordonna-t-il. Qu'Allah te guide !

La bête hésita, balança sa longue tête de droite et de gauche, avec cette sorte d'arrogance étonnée des chameaux. Ses babines roulèrent sur ses dents jaunes et ses gros yeux semblèrent fixer la foule autour du Messager. Puis elle s'éloigna au pas de marche, comme si elle s'apprêtait à entamer une longue route qui la mènerait très loin de l'oasis.

Incrédules, les croyants avaient les yeux rivés sur son errance. L'un d'eux finit par s'exclamer :

— Envoyé, au pas où elle va, ta chamelle se perdra bientôt dans les sentiers des palmeraies ! Il va nous falloir lui courir derrière !

— Elle ira où Dieu le veut, qu'Il soit Béni et Clément, répliqua Muhammad, la voix ferme. S'Il souhaite que l'un de ces terrains devienne le masdjid où l'on chantera Ses louanges et la terre de Son Messager, Il y conduira cette chamelle. Il n'est pas de créature de ce monde qui ne pose un pied devant l'autre sans qu'Il en soit le Maître et le Destin.

Tandis qu'il parlait, la chamelle s'éloignait toujours plus. Tantôt elle jetait ses épais sabots vers la droite, tantôt vers la gauche. Elle s'égarait loin des bosquets aux palmes secouées par le vent, dans la partie la plus ingrate, là où la terre sèche et grise ne retenait pas même des touffes rases de chardon.

Soudain, aussi brutalement que si on l'eut sifflée, elle s'immobilisa. Autour de Muhammad, la foule qui le suivait retint son souffle... Mais non. La bête se contenta de baisser le cou, d'approcher ses babines du sol comme pour en humer la pauvreté. Aussi soudainement qu'elle s'était arrêtée, elle repartit : cette fois, elle revint sur ses pas. Puis elle s'écarta sur la gauche, face au soleil, en se dandinant comme si elle allait prendre le trot. Ce qu'elle fit. La longe, dénouée, glissa de son cou et traîna dans la poussière du sol.

Le silence autour de Muhammad était maintenant tendu, anxieux. La marche de l'animal était trop inhabituelle. Trop vive et trop précise. Les chamelles étaient connues pour leur nonchalance, leur mollesse paresseuse dès qu'elles étaient livrées à elles-mêmes. Un doigt guidait celle-ci. Nul n'en doutait plus. Dans ce manège de la chamelle, tous voyaient l'Invisible.

Aussi ne furent-ils pas surpris lorsqu'à nouveau, sans crier gare, elle se figea. Elle piétina un peu. Tourna sur elle-même, jeta un blatèrement bref.

Elle se trouvait entre deux bosquets de vieux palmiers aux troncs masqués d'un fouillis de palmes sèches. Elle blatéra une fois encore : un grognement plus long, plus impatient, accompagné d'une vive secousse de la tête, comme si elle se débarrassait d'un nuage de mouches.

Les hommes n'attendirent pas davantage. Ils crièrent le nom d'Allah avec de grands rires, s'élancèrent vers la chamelle, qui les regarda placidement approcher. Une discussion s'engagea. À qui appartenait ce terrain ? Où étaient ses limites ?

Muhammad retint ses compagnons. Ils prirent tout leur temps pour avancer. Quand ils furent assez proches pour que le Messager puisse saisir la longe de sa chamelle, la querelle était close.

— Le terrain appartient à des orphelins du clan des Banu Zafr, déclara celui des Khazraj qui avait conduit la délégation d'Aqaba.

Les autres approuvèrent.

— Jusqu'où il va, ils le diront. Certainement, il n'est pas bien grand. Assez pour bâtir une maison, mais sans rien de reste pour un jardin. Et comme tu le vois, Envoyé, un terrain pauvre. Très pauvre. Un terrain oublié : l'eau est loin. Ici, pas d'irrigation. Comment feras-tu pour te nourrir ?

Le rire d'Omar éclata dans l'air brûlant. Il répondit avant que Muhammad n'ouvre la bouche :

— S'il est pauvre et sans eau, ce terrain que nous désigne le Seigneur, pourquoi y planterions-nous un jardin ? Allah ne nous veut pas jardiniers. Ici, nous venons pour prier ! Pour le jardinage, Dieu a déjà accordé ce qu'il faut à Yatrib.

Comme toujours, le ton et la posture d'Omar impressionnèrent. Peut-être aussi effrayèrent-ils un peu. Des paupières se baissèrent. Des nuques s'inclinèrent.

Muhammad posa la main sur le bras du Khazraj qui avait parlé.

— Sais-tu à qui je devrais payer cette terre ? demanda-t-il. Connais-tu les Juifs à qui appartient ce terrain ?

L'autre hésita. Une voix s'éleva derrière eux :

— Nâbi ! Moi, je sais qui ils sont et je peux te servir.

Muhammad et les compagnons se retournèrent. Ils reconnurent le visage franc et ouvert, la barbe blanche soigneusement taillée, la tunique de lin fin et le chèche court et serré du Juif qui les avait visités à Mekka.

— Ubadia ibn Salam ! s'exclama Muhammad.

Il ouvrit les bras, répéta en prononçant lentement les mots hébreux :

— Ubadia ben Shalom !

L'embrassade fut sincère. En s'écartant, Ubadia plaça une main sur son cœur et s'inclina :

— Nâbi, nul n'est plus heureux que moi de te voir sur les terres de Yatrib. Dieu est grand et mille fois Clément qui t'a conduit ici sain et sauf ! C'est vrai, cette terre appartient à deux frères des Banu Zafr aussi pauvres que la poussière sous nos pieds. C'est leur seul héritage et presque leur seul bien. Jusqu'à ce jour, nul n'a voulu la leur acheter. Pour quoi faire ? Tu as entendu : à part des murs de prière, que pourrait-il y pousser ?

— Alors, ils me la vendront ?

— Il te la vendront et te béniront comme leur sauveur, nâbi. Ils chanteront Dieu avec toi. Ton achat sera leur providence. Viens chez moi te restaurer et te reposer jusqu'à la prière du soir. D'ici là, ton affaire sera conclue, et Yatrib saura que tu es juste et bon.

## Bâtir la maison de l'Islam

Alors commencèrent pour Fatima les temps de silence et de pauvreté.

Deux longues années terribles durant lesquelles sa fougue, sa vigueur, ses colères, sa dévotion à son père devinrent mutisme, retrait.

Deux longues années durant lesquelles elle sembla même vouloir s'effacer dans sa seule apparence de fille. Comme si, saison après saison, épreuve après épreuve, elle ne devenait plus que l'ombre de la Fatima bint Muhammad que son père le Messager, sur la route de Yatrib, avait appelée Fatima Zahra, la Resplendissante.

Comme l'avait prédit ben Shalom, les orphelins possédant le terrain désigné par la chamelle furent trop heureux de le vendre. Le soir même, Muhammad annonça que, après un jour de répit, on commencerait à élever les murs. Et c'est ce qu'ils firent tous durant deux lunes, de l'aube à la nuit, sans prendre d'autre repos que le temps des prières et des repas.

Les gens de Yatrib offrirent leur savoir pour dessiner l'emplacement des enceintes, des portes et des habitations. Ensuite, pas une main ne manqua pour creuser, charrier et placer les pierres de soutènement. Puis il fallut pétrir la glaise prélevée sur le terrain, tracer une rigole pour apporter l'eau à laquelle, piétinant longuement, on mélangeait de la boue mêlée d'un peu de paille. Après quoi, les femmes tassaient cette lourde terre, la moulaient en forme de briques qu'elles disposaient sur des palmes, où elles durcissaient sous le feu du soleil autant que dans un four. Alors elles transportaient les briques près des murs qui montaient enfin, esquissant une ombre nouvelle sur la poussière du sol.

Chacun travailla jusqu'à avoir les reins, les cuisses et les épaules moulus. Muhammad était toujours le premier sur le chantier, entouré d'Omar, d'Abu Bakr et même de Tamîn. Et chaque jour, une fois leur propre labeur terminé, les nouveaux croyants affluaient. Ils s'attelaient à la tâche avec une ardeur qui insufflait un courage renouvelé aux plus épuisés. Aux moments les plus durs de l'après-midi, Moç'ab, de sa voix si particulière, si douce et si persuasive, chantonnait des versets énoncés par l'ange à l'Envoyé, allégeant ainsi les têtes bourdonnantes de fatigue.

Durant ces rudes journées, Fatima, comme toutes les femmes de la maisonnée de son père, fut accueillie dans les cours amies. Tantôt chez les Aws, tantôt chez les Khazraj ou chez les Juifs des Banu Qaynuqâ.

Partout on la fêtait avec une gentillesse et une attention particulières, elle, la fille de l'Envoyé, du nâbi. Partout on la traitait en fille, et on s'étonnait qu'à son âge elle n'ait pas déjà un époux.

— Seize années ! Et toute ta beauté ! s'exclamaient les unes. Pourquoi n'as-tu pas d'homme dans ta couche ?

— Nous, cela fait déjà longtemps que nous sommes mariées, riaient les autres. Les as-tu tous repoussés ?

— Ou bien attendais-tu de choisir un homme de Yatrib ? se moquaient-elles gentiment, se masquant le visage de leurs paumes. On prétend qu'ils sont plus fins et plus aimants que ceux de Mekka...

Et, chaque soir, elles étaient cinq ou six à s'empresser autour de la jeune fille pour enduire de baume d'herbes à l'huile de *lubân*[1] ses mains écorchées. La tante Kawla, que la

1. Benjoin.

fatigue vieillissait à vue d'œil et que la mort d'Ashemou avait plongée dans une tristesse qu'elle ne parvenait pas à surmonter, disait :

— Ne te rebelle pas, Fatima. Je t'en prie, ne te rebelle pas... Elles ont raison. Tu verras, bientôt, ton père sera fier de toi.

Un jour, enfin, tandis que s'élevaient les murs de la nouvelle cour, Ali et Al Arqam arrivèrent à Yatrib. Les derniers croyants de Mekka les accompagnaient. Al Arqam, devant le Messager et ses compagnons, raconta, suscitant l'enjouement, comment Yâkût avait passé des jours à les poursuivre, le bras dans une attelle, épuisant une douzaine de chevaux dans l'espoir de se venger.

Mais ces rires et les plaisanteries d'Al Arqam, Fatima, à l'origine du bras cassé de Yâkût, ne les entendit pas : les hommes se retrouvaient après la prière du soir, et les femmes n'étaient pas conviées à leurs conciliabules.

Le lendemain, à l'aube, alors que chacun se dirigeait vers les tas de briques, Ali fut à son côté. Sa blessure était guérie, et pour ceux de Yatrib qui s'étaient répété l'histoire du piège contre les païens de Mekka, il était déjà auréolé d'une légende.

Comme Zayd, il remarqua dans l'instant la beauté de Fatima et sa tenue de fille.

— Tu es belle..., dit-il d'une voix étouffée.

Il n'ajouta pas « en fille », comme l'avait fait Zayd, mais Fatima entendit les mots qu'il prenait soin de retenir.

Comme elle ne montrait aucun signe de plaisir à son compliment, ni même l'envie de se montrer accueillante, il ajouta :

— Ma mère connaît ta douleur d'avoir perdu Ashemou. Ce que ta servante a fait lui vaut cent fois le paradis d'Allah. Sache que, chaque jour, ma mère prie pour qu'Ashemou se tienne à Son côté.

— Elle ne devrait pas, répliqua sèchement Fatima.

— Fatima...

— Ashemou ne s'est jamais déclarée soumise à notre Seigneur Clément et Miséricordieux.

— Que dis-tu ? Elle priait avec nous ! Tu l'as vue aussi bien que moi !

Fatima opina avec un sourire las :

— Quand notre père lui a demandé : « Viens avec nous dans la croyance d'Allah ! », Ashemou lui a répondu : « Je suis ta servante et je t'obéis. Pour ta satisfaction et pour que tu ne me juges pas impure devant les tiens, je réciterai les paroles que tu m'enseigneras. Mais mon cœur n'a jamais été assez grand pour aimer un dieu. Il n'est fait que pour ton épouse Khadija, toi et ta fille Fatima. »

Un instant, Ali demeura muet au côté de Fatima. Le bel allant avec lequel il l'avait abordée avait disparu. Il la dévisagea, tendu.

— Zayd m'a dit que tu avais changé depuis ton arrivée ici.

— Tout a changé depuis notre arrivée ici. Tu le constateras toi-même. Et c'est pour le bien qu'Allah veut à notre père.

Encore une fois, Ali fut réduit au silence. Ils étaient devant le terrain où, désormais, les murs ocre-gris dessinaient nettement la prochaine cour de l'Envoyé. Les femmes s'acheminaient vers les couffins et les amas de briques. Plusieurs d'entre elles leur jetèrent des coups d'œil complices, des sous-entendus bien visibles sur le visage.

Fatima obliqua sans un mot de plus pour les rejoindre. Ali s'écria :

— Ma sœur, je voulais te dire que, tout au long de la route depuis Mekka...

Il se tut. Fatima s'était retournée et son regard lui déconseillait de poursuivre. Elle savait et ne voulait pas savoir.

## Les jours de labeur

La maison du Messager fut enfin achevée peu après les grosses chaleurs d'été. Une maison plus vaste qu'on ne l'avait imaginée.

Tout au long du mur nord, des troncs de palmier soigneusement débardés et polis soutenaient l'entrelacs d'une toiture de palmes et d'argile large d'au moins dix pas. Après avoir durci et rougi sous le soleil, elle avait été recouverte de palmes vertes rigoureusement alignées afin de drainer l'eau des pluies.

Trois pièces de taille égale occupaient le mur est. Sous une toiture aussi solide que celle de l'auvent du nord, leurs cloisons étaient de briques jusqu'à hauteur d'homme, puis de bois et de palmes afin que l'air circule au plus fort de l'été. Elles ne possédaient pas encore de portes véritables, mais les tissages ne manquaient pas pour les remplacer.

L'unique porte de l'enceinte perçait le centre du mur ouest. Disposés de chaque côté, les fours de la cuisine et les resserres n'étaient que des cabanes sommaires. Quant au mur sud, il demeurait nu, ce qui semblait rendre la cour centrale, déjà vaste, bien plus immense encore.

La veille de leur première nuit dans la maison, Muhammad réclama qu'on plante un tamaris au cœur de cette cour, comme dans celle de Khadija à Mekka.

Lorsque enfin la prière réunit tous les compagnons et nouveaux croyants qui avaient aidé à la construction, il déclara :

— Chaque fois que vos yeux se poseront sur les branches de ce tamaris, vous vous souviendrez de mon épouse Khadija. Puisse-t-elle pour l'éternité demeurer au côté d'Allah, elle qui m'a soutenu quand l'ange Gabriel m'a réduit à un sac de frayeur dans la grotte de Hirâ.

Après la prière, la première qu'ils accomplirent dans cette cour, il assigna aux uns et aux autres les différentes parties de la maison. Le grand auvent abriterait les compagnons qui n'auraient pas encore bâti leur propre demeure. C'était là aussi que l'on se tiendrait pour les prières lors des journées de chaleur, de pluie ou de grand froid. Le reste du temps, l'on prierait devant le mur sud qui faisait face à la Ka'bâ de Mekka.

Les trois pièces aux murs de brique, elles, seraient destinées aux femmes. La plus proche de l'auvent accueillerait Aïcha dès le jour de ses noces. La mère d'Ali, Kawla et Fatima occuperaient celle du centre. La troisième serait réservée aussi longtemps que nécessaire aux épouses des compagnons qui n'avaient pas encore de toit.

La fête du premier soir fut emplie de promesses. Hélas, les jours suivants s'annoncèrent harassants. Bien vite, chacun se rappela la mise en garde des Aws et des Khazraj lorsque la chamelle de l'Envoyé s'était immobilisée sur ce terrain stérile, sans irrigation ni puits. Ce jour-là, Omar ibn al Khattâb s'était moqué des craintes des habitants de Yatrib. Plus personne, désormais, ne les trouvait ridicules. L'eau dont ils s'étaient servis pour la fabrication des briques n'était pas saine, ni même assez limpide pour la lessive. Les femmes devaient aller remplir jarres et outres au wadi Bathân, qui serpentait loin derrière les collines de l'ouest. Même si les chamelles et les mules charriaient les récipients, la marche aller-retour était longue et épuisante.

Et comment vivre sans jardin ? Seules les aumônes des nouveaux croyants permettaient de manger. Mais aucun des maigres repas de dattes et de lait aigre n'était assuré, et la maisonnée vivait dans la peur du manque de nourriture.

Abu Bakr, Omar, aucun compagnon n'avait de quoi acheter une terre riche et cultivable ; dans la crainte de ralentir leur fuite, tous avaient abandonné leurs biens en quittant Mekka, n'emportant avec eux que de maigres baluchons. Depuis leur arrivée à Yatrib, Tamîn avait déjà troqué une caravane entière contre les ustensiles nécessaires à la maisonnée, ainsi que des tissus pour les vêtements et les couches, des cuirs, des couvertures, des jarres... Sa bonté l'aurait conduit à faire plus, mais Muhammad s'y opposa. La générosité de son compagnon ne devait pas trop alourdir sa dette.

Avant son départ de Mekka, Al Arqam n'avait pu vendre le chargement de sa dernière caravane revenue du Nord. Abu Lahab et Abu Sofyan lui avaient interdit tout commerce au grand marché. Ils se vengeaient ainsi de n'avoir pu empêcher la fuite de Muhammad. Aussi Al Arqam avait-il envoyé sa caravane à Djedda en espérant écouler un peu de ses marchandises, mais une grande partie de l'argent investi serait sans doute perdue. Malgré tout, il épuisa ce qu'il lui restait de fortune pour qu'un artisan de Yatrib installe une porte solide à l'entrée de la cour, gage de sécurité.

Ainsi les jours devinrent une litanie de besognes fastidieuses, mille fois répétées. Chaque matin, Fatima et les plus jeunes femmes faisaient l'aller-retour entre la maison et le wadi pour rapporter de l'eau. L'après-midi, elles s'aventuraient loin pour ramasser des dattes oubliées sur de vieux palmiers et entasser dans des couffins les légumes et les fruits dont les nouveaux croyants voulaient bien leur faire don. Il leur fallait ensuite préparer ce peu de nourriture, trouver du lait, laver le linge ou repousser inlassablement la poussière sableuse que le vent levait et soufflait tout exprès, semblait-il, jusque dans leurs couches.

Après la prière de l'aube, Muhammad et ses compagnons quittaient la cour. Sans relâche, le plus souvent accompagnés du Juif ben Shalom, ils visitaient les maisons de Yatrib, passant d'un clan à l'autre, portant les paroles d'Allah et le désir d'entente entre les Aws et les Khazraj.

Au retour, épuisés, ils mangeaient le maigre repas que les femmes avaient cuisiné. La faim et l'inquiétude commencèrent à marquer les visages et les cœurs. Muhammad le devina. Avant la prière du crépuscule, il prit l'habitude de soutenir le courage et la volonté de chacun par des paroles douces et riches de promesses que son Rabb déposait dans sa bouche. Il racontait l'histoire ancienne de Noé, de Job ou de Moïse, ces nâbi que déjà Allah avait envoyés à la rencontre des peuples pour soulever et conduire les gens du Livre à travers la grande dureté des jours.

## Fatima tisse

Alors que les nuits devenaient fraîches à l'approche de l'hiver, les femmes des maisonnées Aws et Khazraj mirent en garde celles de Mekka :

— L'hiver ici n'est pas celui du Sud. Nos montagnes ne sont pas les vôtres et votre soleil n'est pas le nôtre. La pluie et le froid d'ici, il faut savoir les supporter. Ne vous laissez pas surprendre. Il est temps de tisser des vêtements chauds, ou les maladies vous tueront avant l'arrivée du printemps.

Les plus croyantes offrirent de la laine brute à carder. La tante Kawla et la mère d'Ali connaissaient depuis longtemps l'art de tisser. Elles savaient aussi fabriquer les outils nécessaires : la toupie à carder et le cadre simple de tissage que l'on pouvait accrocher au mur. Kawla l'enseigna à Fatima.

Comme dans l'accomplissement de toutes les autres tâches, Fatima se révéla très efficace. Il ne lui fallut pas longtemps pour faire claquer une navette entre les fils raides d'une trame. Elle apprenait et travaillait sans jamais protester, mais aussi sans ouvrir la bouche. Cela devint si rare d'entendre sa voix que les nouvelles croyantes de Yatrib plaisantèrent sur sa mauvaise humeur : elles l'appelèrent « Fatima du silence ». La tante Kawla veillait cependant à ce qu'on ne l'importune pas, quitte à menacer et à détourner la vérité s'il le fallait :

— Laissez-la en paix ! intimait-elle aux femmes. Fatima est comme elle est. Une fille comme elle, vous n'en croiserez pas deux dans votre vie. Allah lui trace un chemin qu'aucune de nous ne saurait emprunter. Et depuis toujours son père le sait. Elle est sa préférée. Quand elle était petite, déjà il l'adorait plus que ses autres filles. Je ne vous conseille pas de pousser la moquerie trop loin, ou il vous en cuira.

Les nouvelles croyantes baissaient le front en rechignant. Quelques-unes marmonnaient :

— Chez nous, on ne laisse pas les filles se comporter aussi bizarrement. Déjà, à son âge, elle n'a toujours pas d'époux. Au moins pourrait-elle être polie et moins distante envers nous.

Dans les instants qui suivaient de pareilles remarques, Fatima se montrait si serviable envers celles qui la critiquaient qu'elles s'en trouvaient déconcertées et embarrassées. Elles imaginaient aussitôt que Fatima était devenue comme elles et l'assaillaient de questions. Sans jamais recevoir de réponse.

De même, depuis leurs sèches retrouvailles, Ali et Zayd se tenaient à distance de Fatima. Zayd était celui à qui l'indifférence apparente de la jeune fille paraissait peser le plus.

Une fin d'après-midi nuageuse, il la découvrit qui tissait seule, dehors, à l'ombre du mur d'enceinte. Il ne put s'empêcher de venir s'accroupir près d'elle. Un long moment s'écoula, bercé par les claquements secs de la navette contre le cadre de tissage, sans qu'il trouve le courage d'ouvrir la bouche. Enfin, empli de crainte, il dit :

— Aujourd'hui, nous sommes allés loin de l'oasis, chez les Banu Salma. Notre père a parlé devant toute la maisonnée. Moç'ab a récité. Abu Bakr a raconté notre histoire. Omar a décrit comment Allah est venu vers lui. Les Juifs nous écoutent avec beaucoup d'attention. Certains nous donnent à manger et à boire. Ils nous considèrent comme des frères, des Gens du Livre. D'autres froncent les sourcils. Ils demandent à notre père : « Es-tu des nôtres ou non ? Il est difficile de se retrouver dans tous tes mots. » Souvent, ils insistent : « Si tu es un nâbi véritable, comme Job ou Moïse, tu dois pouvoir nous en donner des preuves. » À cette question tant entendue, notre père répond : « Les preuves, le Seigneur vous les a déjà offertes.

Il n'en reste qu'une nouvelle, et vous l'avez devant vous : je suis celui qu'Il vous envoie. Ouvrez les yeux. Ouvrez vos livres. Toutes les réponses à vos questions y sont, de ce qui a été à ce qui sera. »

Pendant que Zayd parlait, Fatima restait si attentive à la laine qui courait entre ses doigts qu'un inconnu aurait pu la croire sourde. Mais Zayd la connaissait bien. Il sut lire les éclats de satisfaction dans ses iris. Il sut interpréter les frémissements de ses lèvres ou le battement plus fort de la veine à son cou lorsqu'elle découvrit l'incrédulité que son père devait affronter.

Il ne lui en fallut pas plus pour comprendre qu'il serait le bienvenu près de Fatima tant qu'il lui relaterait cette vie nouvelle où elle n'avait plus sa place.

Dès lors, quand l'occasion se présentait, que l'un et l'autre se trouvaient libérés de leurs tâches, Fatima tissait à l'extérieur de la maison, et Zayd s'asseyait près d'elle. Bien sûr, chaque fois cela avait l'air d'être l'œuvre du hasard. Une ironie d'Allah qui les désirait côte à côte, en paix et à l'abri de la curiosité. Chaque fois Zayd déroulait ce qu'il avait vu et entendu durant les journées précédentes.

— Certaines maisons de Yatrib, disait-il, sont agencées comme celles que j'ai connues dans mon enfance à Kalb. Mais d'autres sont plus imposantes. Elles possèdent des murailles de défense pour repousser les assauts et des cours assez vastes pour contenir des dizaines de guerriers.

Il les décrivait avec soin. De même qu'il dépeignait des parties inconnues de l'oasis, incroyablement plus étendue que ceux de Mekka ne l'avaient d'abord imaginé, ou ce que mangeaient ses habitants et comment ils se divertissaient.

— Les gens de Yatrib sont pieux, remarquait-il. Mais ils sont riches, et ils aiment le confort autant que la distraction. Quand notre père parle sévèrement de la vie et des comportements que chacun doit adopter, comme cela lui arrive souvent, ils se renfrognent et examinent longuement la pointe de leurs babouches. Aujourd'hui, Omar l'a noté. Il a dit :

« Envoyé, permets-moi de te prévenir : tu ne chantes pas assez joyeusement pour ceux-là. » Notre père a ri en frappant le bras d'Omar. « Un jour, le plus sévère d'entre nous, ce sera toi, ibn al Khattâb ! » a-t-il répondu.

Zayd racontait aussi ses occupations, ses découvertes et ses surprises :

— Notre père exige que je lise beaucoup. Il veut que je connaisse tous les rouleaux de savoir auxquels j'ai accès. Ici, à la madrasa, les Juifs très croyants en entassent plus qu'on ne pourrait en déchiffrer en une vie. Leurs fils y apprennent à lire, à écrire et à penser les mots du Livre. Quand on y entre, on y respire un parfum qui n'existe nulle part ailleurs. C'est l'odeur de l'encre sur les parchemins anciens, comme nous l'avons connue dans la chambre du hanif Waraqà, mais en bien plus fort. Et avec quelque chose d'autre, à la fois suave comme les vieux cuirs et qui pourtant sent le lait des nourrissons. Je l'ai dit à un rabbi, un vieillard chenu qui est content de m'enseigner ce que j'ignore. Il m'a dit : « Fils, ce parfum que tu respires, c'est le parfum du passé. C'est bon signe pour toi : seuls ceux que Dieu aime le perçoivent. » Est-ce vrai ? Je ne sais pas, sinon que je suis heureux de m'y retrouver et que notre père le souhaite. Les Juifs de la madrasa sont bons avec moi. Ils ne me cachent rien. Si je ne sais pas écrire un mot, ils rient et secouent la tête en geignant : « Mon garçon, ta connaissance tiendrait dans un œuf de pigeon ! » C'est vrai. Mais ils font tout leur possible pour qu'elle tienne bientôt dans une besace.

Un soir où Fatima tissait des fils épais pour une tunique, Zayd s'approcha d'un pas plus lourd, presque réticent. Il déposa devant elle un gros couffin de laine.

— Aujourd'hui, nous étions chez le Juif ben Shalom, dit-il, pensif. Il est différent des autres. Il se comporte comme s'il était des nôtres, pourtant il est très fidèle aux siens. Il dresse à notre père le portrait des gens d'ici. Qui a été le plus fort et pourquoi il ne l'est plus. En qui on peut avoir confiance. Qui est assidu à la madrasa, qui est bon commerçant, qui dilapide. Qui sont les sourcilleux, les jaloux, les chicaneurs... Notre père l'appelle ibn Salam, et il ne s'en choque pas. Je crois bien que l'amitié naît entre eux, et nous passons beaucoup de temps dans sa maison. Aujourd'hui, alors que nous partions, les femmes de chez lui m'ont donné cette laine afin que tu tisses une couverture pour notre père.

Zayd poussa le couffin contre la hanche de Fatima, interrompant son tissage. Pour une fois, elle le fixa de manière insistante. Elle avait deviné qu'il n'avait pas tout avoué, cela, il le comprit. Il grimaça et esquissa un sourire faussement désinvolte :

— Elles disent que notre père maigrit et qu'il aura froid dans l'hiver qui vient. Les femmes de Yatrib aiment les hommes qui ont de la graisse sur le ventre. Elles assurent que, dans leurs couches, c'est une douceur de plus que leur offre le Seigneur.

La plaisanterie de Zayd n'amusa pas Fatima. Elle plongea la main dans la laine. Une laine si douce que, pour la première fois depuis très longtemps, Zayd la vit sourire.

— C'est une bonne laine, très chaude, dit-elle. Tu remercieras les femmes de ben Shalom. Je suis sûre qu'elles ont raison. Je vais fabriquer une couverture bien épaisse pour notre père.

Zayd ne put retenir une exclamation :

— Allah est grand ! Tu sais encore parler.

Fatima retira sa main de la laine et reprit son ouvrage. Zayd entortilla une mèche de cheveux autour d'un de ses doigts, silencieux à son tour. Entre deux claquements de son métier à tisser, Fatima remarqua sèchement :

— Y a-t-il autre chose que tu voudrais dire et que tu ne dis pas ?

Zayd baissa les yeux pour parler :

— Aujourd'hui, notre père a dit à Abu Bakr que si Aïcha survivait à sa maladie, il l'épouserait aussitôt.

## La maladie d'Aïcha

Depuis quelque temps, les femmes de la maisonnée ne parlaient que de cela : Aïcha, la fille d'Abu Bakr, l'enfant que le Messager avait prise pour épouse à Ta'if, était malade. Selon la tradition, les véritables épousailles n'auraient lieu qu'au jour où Aïcha deviendrait véritablement femme. Mais la maladie la rongeait, et ce jour n'arriverait peut-être jamais.

Aïcha avait attrapé cette maladie d'hiver dont parlaient les habitants de Yatrib. La fièvre la rendait brûlante, le souffle lui manquait et parfois, au cœur de la nuit, Fatima entendait, derrière la cloison qui les séparait, ses gémissements rauques qui affolaient la tante Kawla et la mère d'Ali.

Ces deux-là veillaient sans relâche la fille d'Abu Bakr. Fatima accomplissait leurs tâches à leur place depuis plusieurs jours déjà, quand la mère d'Ali lui annonça :

— Cette nuit, tu devras veiller Aïcha. Ton père t'en remerciera.

Pour une fois, Fatima fit entendre sa voix :

— Quand Aïcha sera guérie, mon père n'aura qu'Allah à remercier. Moi, je ne suis pas faite pour veiller une malade.

La mère d'Ali eut un grognement de reproche. Elle allait répliquer, quand la tante Kawla lui saisit le coude pour l'en dissuader. Et avec douceur :

— Fatima nous remplace à nos tâches. Ce n'est pas rien, et cela convient aussi bien que de veiller la petite.

Chaque matin, Abu Bakr se présentait devant la tenture qui fermait la porte de sa fille pour connaître son état. Il avait les yeux rougis par l'insomnie et l'angoisse. Sous son inquiétude, chacun devinait les questions qu'il taisait. Elles occupaient toutes les têtes.

Pourquoi Allah faisait-Il souffrir Aïcha ? Elle n'était qu'une enfant.

Pourquoi infligeait-Il cette nouvelle épreuve à Son Envoyé ?

Était-ce la fille ou le père, Aïcha ou Abu Bakr, que Dieu mettait ainsi en garde ?

Le Tout-Puissant refusait-Il les épousailles de Son Messager avec une fille si jeune ?

Muhammad lui-même venait devant la chambre. Il demandait à la tante Kawla ou à la mère d'Ali :

— Est-elle mieux ? A-t-elle encore beaucoup de fièvre ? Dort-elle ? Parle-t-elle ?

Les deux femmes secouaient la tête. Elles aussi avaient les cernes creusés par les tourments et les nuits sans sommeil. La mère d'Ali était plus faible et plus âgée que Kawla. On la voyait s'assoupir à tout bout de champ dans la journée. Bientôt, elle ne fut plus en état de veiller. Abu Bakr pria une cousine de Tamîn, une femme jeune et forte, de la remplacer.

Dès sa seconde nuit de veille, c'est elle qui prévint Abu Bakr et Muhammad :

— Allah le Grand, le Tout-Puissant ! Ô le Clément et Miséricordieux ! Oh, Seigneur ! Abu Bakr, ta fille a perdu tous ses cheveux. Ils sont tombés sur sa couche par poignées, comme des oiseaux morts ! Oh, Envoyé ! La voilà avec le crâne aussi chauve que celui d'un vieux ! Qu'est-ce que cela veut dire ?

Nul n'aurait su répondre à cette question, pas même le Messager d'Allah. Les femmes des Aws et des Khazraj qui avaient mis en garde ceux de Yatrib contre les maladies d'hiver furent consultées. Muhammad envoya Ali chez le Juif ben Shalom pour réclamer son aide. Zayd courut à la madrasa interroger les rabbis. Partout, il n'y eut pour réponse que des yeux écarquillés par la stupeur et l'ignorance.

Au milieu de ce terrible jour, Muhammad réunit la communauté des croyants, ceux de Mekka et ceux de Yatrib, dans sa nouvelle cour. Le temps était mauvais. À l'horizon, le ciel pesait, aussi gris qu'une cendre refroidie. Le vent soufflait des bourrasques aigres, soulevant des débris de palmes aussi secs que du cuir, faisant tourbillonner des feuilles de vigne racornies, des plumes ou des brins de laine oubliés.

La prière fut intense et longue. Fatima prononça le nom d'Aïcha et implora la Clémence du Seigneur Tout-Puissant avec la même ferveur que les autres fidèles.

Il n'empêche, dans les jours qui suivirent, rien ne changea. Aïcha demeurait le crâne nu et moite de fièvre, sa tête était recouverte d'un voile épais, ses lèvres d'enfant se craquelaient. Il fallait sans cesse lui passer un linge humide et tiède sur la bouche. La faire manger était une gageure et, la nuit, quand le souffle lui manquait, ses geignements semblaient chaque fois appeler la mort.

Le cinquième jour après qu'Aïcha eut perdu ses cheveux, le ciel redevint bleu et pur. Le froid humide s'estompa au soleil. Fatima profita d'un de ces moments pour aller tisser tout contre le mur ouest, le plus chaud.

Zayd s'approcha alors que les claquements réguliers du métier à tisser retentissaient à peine. Sans doute la guettait-il.

À sa seule manière de s'accroupir, Fatima sut qu'elle devait une fois de plus s'attendre à quelque chose de désagréable. Zayd fixa brièvement les brins de laine qui allaient et venaient sur la trame blanche, puis il libéra son cœur :

— Quand Aïcha a perdu ses cheveux, les rabbis de la madrasa m'ont dit : « Demande à ton nâbi s'il veut bien venir parler avec nous. » Le lendemain, notre père est allé avec moi devant eux. Les rabbis l'ont interrogé sur le Livre. Des questions de toutes sortes, surtout au sujet des versets dictés par l'ange Gabriel. Lorsque le Messager eut fini de répondre, les rabbis se sont consultés en privé. Ils sont revenus devant notre père avec de nouvelles questions. Celles-ci concernaient les anciens prophètes du Seigneur. Elles étaient si précises que cela donnait le tournis : Moïse a-t-il fait cela ? Job a-t-il dit ceci ? Crois-tu que celui que tu appelles Nûh ait proféré cela ? Celui que tu appelles Yûssuf, connaissait-il l'art d'interpréter les rêves ? Et ainsi de suite. À chaque réponse de notre père, les rabbis hochaient la tête. Ils semblaient satisfaits, mais j'étais inquiet. Je connais ces Juifs, la gentillesse qu'ils manifestent envers notre père n'est pas celle qu'ils m'ont toujours montrée, à moi.

Zayd s'interrompit un instant pour se frotter les yeux, comme s'il puisait dans son cœur le courage des mots à venir.

Après un court silence, il se remit à parler d'une voix monotone, si bien que Fatima dut tendre l'oreille pour l'entendre :

— Quand a approché le moment de la prière pour les Juifs comme pour les croyants d'Allah, le plus âgé des rabbis a prié l'Envoyé de s'approcher. Tout bas, il a demandé : « Nâbi, saurais-tu les réponses à ces questions ? » Après quoi il a déroulé les questions, mais dans un chuchotement si faible, si ténu, que notre père a été contraint de poser son oreille contre la bouche de vieil homme. Quant à moi, je n'ai rien pu saisir...

Au ton de Zayd, Fatima, les doigts soudain gourds, se trompa. Il lui fallut démêler quelques fils de laine avant que puisse reprendre le va-et-vient régulier de sa navette. Après un temps, Zayd poursuivit :

— Dès qu'il s'est redressé, j'ai vu que notre père était troublé. Il ne connaissait pas les réponses à ces nouvelles questions. Il a réfléchi un instant, les yeux clos. Puis il a dit : « Rabbi, je ne peux pas te répondre à l'instant. Le moment de la prière approche. Je dois rejoindre mes compagnons. Demain ou après-demain, nous nous retrouverons, et je te dirai ce que vous voulez entendre. »

Zayd à nouveau se tut, cherchant à capter toute l'attention de Fatima. Elle leva la tête et riva ses yeux aux siens.

— Cela fait cinq jours aujourd'hui que notre père a fait cette promesse au rabbi, reprit-il. Cinq jours qu'il n'a pas répondu ! Il ne le peut pas. Les réponses, il ne les connaît pas. Les vieux de la madrasa commencent à se moquer : « Quel est ce prophète qui ne peut pas nous répondre ? Dieu connaît toutes les réponses. Si cet ibn 'Abdallâh de Mekka est Son Messager, alors Dieu lui dicte les réponses. Mais s'il reste silencieux, c'est la preuve de son imposture. »

Zayd étouffa un sanglot. Les mains immobiles sur la toile déjà tissée qui recouvrait ses cuisses, Fatima patienta le temps qu'il retrouve sa voix. Zayd, fuyant son regard, fixa les lignes de vieux palmiers au loin.

— Notre père est inquiet, murmura-t-il. La maladie d'Aïcha et les questions sans réponse... Ce matin, après la prière, je l'ai entendu dire à Tamîn : « Le Seigneur est silencieux avec moi depuis trop longtemps. Son ange, je ne le vois plus, je ne l'entends plus. Cela dure depuis que nous sommes arrivés ici, à Yatrib. » Il n'en a pas dit plus. Mais on devine qu'il se demande si nous avons choisi le bon chemin...

— Mon père ne doute jamais ! l'interrompit durement Fatima.

Elle reprit son ouvrage. Les claquements du métier à tisser résonnèrent aussi sèchement que ceux d'un fouet sur la tête d'une mule.

Elle répéta :

— Notre père ne doute jamais. Peut-être est-il impatient. C'est tout. Toi qui es son premier fils adopté, toi, tu ne dois pas douter non plus.

Des mots tranchants et nets. Zayd en parut raffermi. Il observa Fatima travailler pendant un instant. Puis il se leva et s'éloigna sans un commentaire.

Le soir même, après le repas, alors que l'obscurité avait gagné chaque recoin de la cour, Muhammad se présenta sur le seuil d'Aïcha. Il ordonna aux femmes qui la veillaient d'aller se reposer :

— Cette nuit, leur dit-il, c'est moi qui prendrai soin de celle qu'Allah m'a confiée.

À la stupéfaction de toutes, il entra dans la chambre de sa promise et rabattit la tenture de la porte. Les cloisons de briques étaient fines, et plus encore dans la partie de bois et de palmes. Très vite, Fatima, la tante Kawla et la mère d'Ali discernèrent la voix sourde de Muhammad qui récitait et priait. Un long moment toutes les trois demeurèrent ainsi, dans le noir, aux aguets.

Mais Kawla et la mère d'Ali ne gardèrent pas le silence bien longtemps. De sa couche, Fatima les entendit qui se mettaient à échanger des commentaires sans fin sur cette bizarre décision du Messager.

— Cela s'est-il déjà vu ? Est-ce bien séant qu'un promis passe la nuit dans la chambre de sa future avant les épousailles ? demanda la mère d'Ali.

— Ce n'est pas l'époux qui se tient près de la couche d'Aïcha, mais l'Envoyé d'Allah, objecta Kawla.

— Tout de même, marmonna la première, que se passerait-il si Aïcha se trouvait prise de l'une de ses crises d'étouffement ? L'Envoyé saurait-il quoi faire ?

— Allah guide mon neveu en toute chose, répliqua la tante Kawla. Ne t'inquiète pas.

Fatima se boucha les oreilles de ses paumes. Pourquoi en entendre davantage ?

Son père agirait de même avec elle si elle se mourait ?

## Face aux rabbis

La maladie d'Aïcha dura encore longtemps. À toutes les femmes qui venaient vers elles, la tante Kawla et la mère d'Ali répétaient :

— Muhammad est le baume qui sauvera la fille d'Abu Bakr. D'un bout à l'autre de la nuit, il se tient près d'elle. Il noue leurs mains et prie Allah. Le Tout-Puissant décidera.

L'inquiétude rongeait Abu Bakr. Il maigrissait à vue d'œil. Ses joues se creusaient, ses yeux et sa peau devenaient aussi ternes qu'un ciel d'hiver. Lui qui, depuis toujours, se montrait soigné et soucieux de son apparence, laissait pousser sa barbe en broussaille. Il rôdait dans la cour du matin au soir, et parfois jusqu'au cœur de la nuit. Lui aussi récitait sans interruption les paroles que l'ange d'Allah avait confiées à Muhammad.

La maisonnée entière courbait le dos sous le poids de la peur. Chacun parlait bas, évitait les rires, les appels et les cris. Les yeux restaient baissés, et les envies de plaisir mouraient aussitôt nées. Les hommes prenaient soin de se diriger droit vers le grand auvent qui leur était réservé. Les femmes se cantonnaient à leurs chambres. Seules les plus âgées servaient les repas.

Deux fois Fatima s'installa pour tisser contre le mur ouest. Mais Zayd ne parut pas. Elle sut ainsi que son père n'était toujours pas allé devant les rabbis de la madrasa afin de leur prouver qu'il était un véritable nâbi.

Puis un matin, à peine le soleil levé, la mère d'Ali poussa des hurlements à faire trembler les murs :

— Aïcha n'a plus de fièvre ! Aïcha n'a plus de fièvre ! Elle mange et me sourit !

Cette fois, hommes et femmes mêlés, riant et posant mille questions inutiles, se retrouvèrent devant la chambre d'Aïcha. Kawla confirma les dires de la mère d'Ali. Des femmes se rendirent auprès de la couche de la malade.

— La pauvre petite ! Elle est plus blanche que du lait caillé et son petit crâne chauve fait mal à voir. Mais c'est vrai, elle sourit et elle mange tout ce qu'on lui donne sans rien recracher. Loué soit Allah le Clément et Miséricordieux !

Le silence revint quand Muhammad parut pour la prière du matin. Il avait un air à faire peur, les yeux rouges et cernés, les joues blêmes et une peau qui le vieillissait de dix ans. Mais un étrange sourire flottait sur ses lèvres. Plus tard, nombreux furent ceux qui affirmèrent que, dans la lumière encore timide, son visage était plus lumineux que le soleil lui-même.

Au milieu de la journée, alors que des nuages serrés comme un troupeau de mahas voilaient le ciel, Zayd n'eut plus la patience d'attendre. Il courut à la rencontre de Fatima sur les chemins des jardins. Elle portait un lourd couffin rempli de cardons piquants. Il le lui retira des mains et le jeta sur son épaule, dansant presque :

— Notre père a répondu aux rabbis ! L'ange l'a visité de nouveau !

Son excitation était grande et les mots jaillissaient de sa bouche :

— Ce jour est merveilleux. Merveilleux ! Allah nous ouvre la voie ! Tu avais raison. Il ne fallait pas douter. Notre père est si joyeux qu'il a baisé le front d'Abu Bakr. Après la prière de l'aube, il nous a dit : « Allons devant les Juifs de la madrasa. » Ali, Abu Bakr, Omar et moi, nous l'avons accompagné. En route, il nous a dit : « Les rabbis attendent mes réponses depuis trop longtemps. J'ai usé leur patience, maintenant je vais user leur mémoire. » Ses yeux brillaient de bonheur. Il a ajouté : « Vous, pas un mot. Mais écoutez et retenez ce que je vais dire. »

Zayd posa le couffin au sol pour mieux raconter :

— Toi aussi, tu aurais pleuré de joie si tu avais entendu les réponses de notre père. Elles étaient si parfaites, et avec tant de détails que les vieux Juifs de la madrasa eux-mêmes ignoraient, qu'en l'écoutant ils se sont mis à s'agiter sur leur siège comme des palmes séchées dans le vent du nord. « Ah, nâbi, nâbi ! Serais-tu plus sage que nous ? Ah, il n'y a pas de doute : prophète, tu l'es véritablement ! Fils d'Abraham, tu l'es ! Que le nom de Yahvé résonne dans l'Éternité ! » Notre père leur a répondu : « Ne vous étonnez pas. Ma réponse a tardé car j'ai commis une faute. Je vous ai dit : "Demain je viens vous voir et je saurai..." Mon Rabb s'est irrité de mon arrogance. Il m'a fait patienter. Il a rendu malade mon épouse Aïcha, qui n'a pas encore dix ans. Et moi, j'ai dû comprendre Ses signes. Cela m'a pris des jours. Enfin, je suis allé tenir la main brûlante de fièvre de mon épouse nouvelle. Elle qui avait perdu ses cheveux comme si elle naissait de nouveau ! Alors l'ange Gabriel m'a visité. Il m'a parlé et m'a donné les réponses à vos questions. Sans Lui, je ne serais qu'un ignorant, aussi ignare qu'une araignée. Louange à Allah ! Le Tout-Puissant a révélé le Livre à Son serviteur ! Mais Il m'a aussi réprimandé par la voix de l'ange. Il m'a dit : "Ne t'avance plus à promettre telle ou telle chose pour demain ou pour après-demain." Il m'a dit : "Si tu t'engages envers l'un ou l'autre, ajoute aussitôt : Inch Allah[1]." De la brise dans les jardins de Yatrib à la fièvre d'une épouse, rien n'advient qui ne soit la volonté d'Allah. Là-dessus, pas de discussion ! Il n'en est pas d'autre que Lui pour décider et donner les réponses aux questions. »

Dans son enthousiasme à imiter le ton de son père adoptif, Zayd n'avait pas remarqué que, dès qu'il avait prononcé le nom d'Aïcha, le visage de Fatima était devenu glacial.

1. Coran 28, 23-24.

Elle demanda :

— C'est ce que notre père a dit ? Au sujet d'Aïcha, c'est ce qu'il a dit ?

— Bien sûr, s'extasia Zayd. Qu'Allah l'avait rendue malade pour qu'il lui prenne la main et puisse de nouveau entendre l'ange Gabriel ! Ah, maintenant, qui osera encore prétendre que notre père n'est pas l'Envoyé d'Allah ?

Le lendemain, dès qu'il fut possible de bien y voir, ce fut au tour de Kawla de sortir de la chambre d'Aïcha en ameutant toute la maisonnée :

— Ses cheveux repoussent ! s'écria-t-elle, les larmes aux yeux. Venez voir : les cheveux d'Aïcha repoussent ! Quelle merveille !

C'était vrai. Un très fin duvet roux recouvrait le crâne de la fillette. Il ne tarda pas à s'épaissir. Chaque matin, la tante Kawla et la mère d'Ali introduisaient les femmes de la maison dans la chambre d'Aïcha. Toutes, elles lui caressaient la tête en s'extasiant. Les exclamations fusaient, aussi bruyantes que des caquètements de basse-cour : « Comme cette nouvelle chevelure pousse vite ! Comme elle est épaisse, douce et frisée ! Quelle abondance prodigieuse ! Quelle magnifique toison aura la jeune épouse de Muhammad ! »

— Ma fille, pour tes épousailles, tu seras plus belle que la reine de Saba ! s'écriaient les unes.

— Dieu veut que tu sois la plus belle pour ton époux, disaient les autres. Comme il va t'aimer, avec de si beaux cheveux !

— Qu'Allah est Grand ! s'enthousiasmaient encore d'autres. Il t'a rendue malade pour t'accorder une beauté d'ange. Il t'aime et veut pour toi le plus grand achèvement...

Sous la profusion étouffante des compliments, Aïcha riait. Ses yeux, magnifiques, scintillaient de bonheur, comme si la fièvre ne les avait pas voilés durant près d'une lune. Ils étaient clairs et légers, aussi, comme son rire retrouvé. Perçants et intelligents. Capables d'affronter ceux de Fatima l'unique fois où celle-ci entra dans la pièce afin de mesurer elle-même l'ampleur du miracle.

De même qu'à Mekka, leurs regards instinctivement se nouèrent et s'affrontèrent. Ce qui frappa Fatima et pénétra son cœur, ce ne fut ni la grâce d'Aïcha ni la splendeur de sa chevelure. Ni sa gaieté, sa légèreté ou ses sourcils d'oiseau. Non. Les femmes de la maisonnée voyaient sans voir et se laissaient éblouir par la splendeur des apparences. Car loin dans les pupilles, et aussi sur l'ourlet des lèvres de la promise de Muhammad, une ombre palpitait. Un calme étrange et puissant que Fatima n'avait jamais éprouvé elle-même. Une gravité surprenante dans ce visage de petite fille.

Et dans le regard que l'enfant Aïcha lui retourna, Fatima vit que la promise de son père en savait déjà beaucoup.

Allah les tenait toutes les deux sous Sa paume. Elles étaient l'une et l'autre soumises à Sa volonté. Mais jamais elles ne deviendraient amies. Jamais.

Épouse et fille de l'Envoyé, jusqu'à la fin de leurs jours elles demeureraient comme les deux faces d'une même lame. L'une en serait le fil qui tranche et coupe. L'autre l'éclat lisse et souple.

## Juifs et adeptes d'Allah ensemble

Jusqu'au printemps nouveau, les cheveux roux d'Aïcha poussèrent et embellirent, devenant si magnifiques que de partout autour de Yatrib les nouveaux croyants venaient les effleurer et y raffermir leur foi toute fraîche.

L'épreuve surmontée des questions devant les rabbis produisit son effet miraculeux. Les disputes qui, depuis de nombreuses années, dressaient les Aws et les Khazraj contre les Juifs de Yatrib, les Banu Zafr, les Banu Salma, les Banu Nabit ou les Banu Zuraya, se résolurent comme par miracle.

De la main de Zayd et d'Ali, Muhammad fit rédiger les règles de bonne entente, de soutien et de justice auxquelles les uns et les autres devraient à l'avenir se soumettre. Ces règles les liaient dans une même communauté contre les menaces incarnées par les païens et les idolâtres, surtout ceux de Mekka.

Juifs et non-Juifs de Yatrib se soumettaient aux lois du Dieu du Livre. Ils reconnaissaient en Muhammad leur nâbi, comme chacun désormais le nommait, leur juge et leur garant de paix et de justice.

Palabres, bouderies et réconciliations, voilà ce que furent les débuts de ces temps de nouveauté. Le Juif ben Shalom, puissant des Banu Salma, devint véritablement l'ami de l'Envoyé et le soutint plus d'une fois lorsque les rabbis discutaient à l'infini de l'interprétation des lois de Moïse. Le jour où Muhammad, dans son prêche avant la prière du crépuscule, dressa devant tous ceux de la cité le rouleau des Lois de Yatrib, ben Shalom se plaça à son côté :

— Écoutez ! s'exclama-t-il après que Muhammad se fut tu. Écoutez et regardez !

Les bras tendus, les paumes levées face au ciel, dans un mouvement qui ressembla à un pas de danse et attira quelques sourires, il pivota sur lui-même.

— Si je me tourne vers la madrasa, je m'appelle ben Shalom. Si je me tourne vers la maison de l'Envoyé d'Allah, je m'appelle ibn Salam. Pourtant, je n'ai qu'un corps, qu'une tête, une seule bouche, un seul cœur. Pourquoi cela est-il possible ? Parce que le plus précieux nous réunit : nous sommes les fils d'Abraham, d'Agar et de Sarah. Nous n'avons qu'un Livre, et il n'est de Dieu que Dieu. Notre Seigneur nous adresse Ses anges, Ses prophètes et Ses lois. Il est Un, et Il est mêmement Clément et Miséricordieux à ben Shalom et à ibn Salam. Allah ou Yahvé, seules les lettres changent. Lui demeure le Seigneur des mondes, l'Engendreur de toute vie, le Souverain du jour de Créance, le Rabb des univers[1]. Sa foudre et Sa volonté sont pour nous tous, ceux de Sarah et ceux d'Agar. Voilà pourquoi nos lois sont toutes filles d'Abraham et de Moïse : Dieu est Dieu, et Muhammad est son nâbi !

Les paroles de ben Shalom provoquèrent des murmures et des réticences chez les rabbis. Jamais encore, depuis que les Aws et les Khazraj avaient accueilli l'Envoyé d'Allah, les choses n'avaient été précisées avec tant de force. Aussi, pour répondre aux objections et aux agacements, Muhammad saisit la main de son ami. Doigts noués, ils offrirent leurs paumes au ciel.

— Il y a longtemps déjà, dit Muhammad, quand j'affrontais les païens de Mekka et supportais leurs insultes et leur désir de meurtre, pour me donner force et confiance, l'ange d'Allah m'a dit : « Proclame les mots et les lettres du Livre, et avec ceux du Livre ne débats que de la meilleure façon... À eux et à tous, dis : "Il est Un et Unique. Ce qui est descendu des

1. Coran 1, 2-4.

cieux pour nous est aussi Ce qui est descendu pour vous, ceux de l'Écrit..."[1]. »

Et, pour donner des preuves de cette vérité commune aux uns et aux autres, l'Envoyé annonça que, désormais, les croyants d'Allah prieraient tout comme les Juifs, en se tournant vers la sainte ville de Jérusalem. Et que le jour du jeûne sacré, celui que les Juifs appelaient Kippour, serait aussi celui des Soumis à Allah.

De ce moment, malgré le froid et la faim qui creusait encore trop souvent les ventres, l'atmosphère dans la maison changea du tout au tout. On vit Juifs et non-Juifs prendre goût à visiter la cour de Muhammad afin de l'écouter conseiller, juger et parler avant la prière.

Aussi souvent que possible, les visiteurs apportaient de la nourriture, des matériaux pour parfaire la maison ou encore de la laine et des fils. Et aussi, nota Fatima, des armes fabriquées de l'autre côté de l'oasis, sur la frange de la palmeraie où étaient établies des forges réputées.

Omar en profita pour convier les hommes à reprendre les jeux de boucliers et les entraînements à la lance, comme ils en avaient l'habitude à Mekka.

— Nous allons nous rouiller si nous ne nous entraînons pas à combattre ! s'écria-t-il. Allah Seul sait si, un jour, ce ne Lui sera pas utile.

Omar n'eut aucune difficulté à réunir pour ces entraînements des compagnons des clans Aws et Khazraj. Ce fut même l'occasion d'une conversion que Muhammad attendait avec impatience.

Omar avait invité deux des plus puissants représentants des Aws et des Khazraj. Ils furent impressionnés par son habilité et sa ruse dans les joutes, ainsi que par ses plaisanteries, tandis qu'il gagnait un combat après l'autre. Son courage tranquille et sans détour acheva de les séduire. Quand ils le félicitèrent, Omar leur déclara :

1. Coran 29, 45-47.

— Dans la joute ou le combat véritable, comme dans chacun de mes jours, tout est le fruit de la volonté d'Allah. C'est à Lui plus qu'à moi qu'appartiennent mon bras et mon sang. S'Il veut que je sois victorieux, je le serai. C'est ainsi : il n'est de Dieu que Dieu, et rien n'échappe à Son pouvoir.

Les chefs des Aws et des Khazraj retournèrent dans leur clan et déclarèrent :

— Que plus aucun des Aws et des Khazraj, homme ou femme, ne nous adresse la parole tant qu'il ne se sera pas déclaré Soumis d'Allah et de Muhammad, son nâbi.

Plus d'une fois, le cœur serré, retranchée dans l'ombre des cuisines, Fatima vit ainsi combattre Omar et les hommes de Yatrib. Au premier regard, tout lui revenait des critiques et des conseils d'Abdonaï. En peu de temps elle discernait les qualités et les défauts des combattants. Certains s'avéraient si maladroits qu'ils s'attiraient les foudres d'Omar. D'autres révélaient des capacités qui prouvaient une longue expérience.

Mais très vite elle retournait à ses tâches de femme en serrant les dents. À quoi bon vouloir se mêler à ces hommes ? Il était impensable qu'elle puisse revêtir un corset de cuir et empoigner à son tour une lance ou une nimcha. Omar le premier s'y serait opposé avec fureur. Nul plus que lui n'aimait que les femmes se cantonnent aux chambres, aux cuisines, à la lessive et au ménage.

— Il n'est qu'une place où les femmes livrent combat, répétait-il avec de grands rires. C'est dans leur couche.

Fatima savait qu'il ne ferait aucune exception. Pas même pour la fille de l'Envoyé, alors que c'était elle, et elle seule, qui avait repoussé les assassins de Mekka. Mais il y avait longtemps qu'elle s'était promis de ne rien demander à son père. Et plus que jamais il semblait sans un regard pour elle.

Muhammad devait se montrer attentif à ceux, de plus en plus nombreux, qui venaient se soumettre aux lois d'Allah. En outre, depuis la guérison d'Aïcha, souvent l'ange venait le visiter. Chaque soir, après la prière, il allait se délasser dans la chambre de sa promise. Malgré elle, Fatima les entendait à travers la trop mince cloison.

Dans la voix douce de son père, elle reconnaissait des intonations anciennes mais jamais oubliées. Celles qu'il avait au retour de ses voyages de commerce dans les pays de Ghassan ou de Saba. Ou quand, après les rudes journées aux entrepôts, il prenait plaisir à venir jouer avec elle... Lorsqu'il n'était encore que son père, et non le Messager d'Allah.

Mais désormais, c'était avec Aïcha qu'il s'amusait. Peu après son entrée dans la chambre, le rire enchanteur de la fille d'Abu Bakr ne tardait pas à éclater. Comme éclataient sous les paupières de Fatima de minuscules, presque invisibles, perles de larmes, si acides et amères qu'elles lui brûlaient les yeux.

De cette patience et de ce plaisir que montrait l'Envoyé avec Aïcha, toutes les femmes de la maison s'émerveillaient. La tante Kawla et la mère d'Ali ne parlaient que de ça. Dans la cour, à la cuisine ou frappant à genoux le linge sale sur la rive du wadi Bathân, elles chuchotaient :

— Voyez comme ses jeux avec la fille d'Abu Bakr rajeunissent le Messager d'Allah !

La tante Kawla riait :

— Il joue comme s'il avait l'âge de sa future épouse. Lui qui a cinquante ans passés, et malgré cet hiver qui nous a tous marqués, il reprend des années de jeunesse au lieu de les perdre !

— C'est qu'Allah les conduit tous les deux sur la voie du grand bonheur. Vous verrez : lorsque les épousailles auront noué Aïcha et Muhammad, ils deviendront comme des étoiles dans la nuit des temps à venir.

Il arrivait aussi que, dans la chambre d'Aïcha, les rires et les jeux cessent brusquement. Un silence étrange et lourd enflait, pesant sur la poitrine de ceux qui le percevaient. Puis, de l'autre côté de la cloison de briques, naissait un murmure lent et haché.

Dans ces moments-là, Fatima savait que Kawla et la mère d'Ali, qui écoutaient tout autant qu'elle, se mettaient à trembler. De leurs bouches montait un curieux marmonnement, mi-supplique, mi-prière : le marmonnement de l'effroi... L'ange de Dieu était là. Tout près. Comme posé sur la nuque de l'Envoyé.

Pourtant, Aïcha, malgré son jeune âge, ne montrait aucune peur. Elle ne criait pas, ne posait aucune question. Puis venait le moment où l'on entendait à nouveau, et avec soulagement, sa voix légère, nette et transparente, comme l'air après la pluie. Elle répétait les mots que l'ange d'Allah avait déposés dans le cœur du nâbi. Un peu plus tard résonnaient le bonsoir de Muhammad et la réponse ensommeillée, tantôt joueuse, tantôt négligente, d'Aïcha.

Fatima guettait les pas de son père qui s'éloignait vers le grand auvent, où il dormait avec les autres hommes. Parfois, il tenait une lampe pour éclairer son chemin. De temps à autre, il se dirigeait droit vers le mur sud.

Si elle quittait sa couche et soulevait la tenture de la chambre commune, Fatima apercevait son ombre se détachant sur le mur blanc, tandis qu'il priait, et priait encore, jusqu'à l'aube, demandant conseil à son Rabb.

Dans le dos de Fatima, la tante Kawla chuchotait alors :

— Fatima, ne reste pas là. Recouche-toi. Ne t'épuise pas à rester éveillée. Demain matin, ce sera ton tour d'aller chercher l'eau.

Dans le noir, Fatima se recroquevillait sur sa couche et serrait les poings contre ses yeux. La gorge nouée, elle suppliait Allah de l'épargner :

— Ô Puissant Seigneur, Ô Allah si Clément et Miséricordieux, ne me laisse pas devenir mauvaise ! Délivre-moi de la jalousie ! Ô Allah, Unique Seigneur, réclame ce que Tu veux et ôte le mal de mon cœur !

Et vint le jour où Allah, à Sa manière, lui donna Sa réponse.

## Bientôt mariée

Un matin, Fatima revenait du wadi sur le dos d'une mule chargée de lourdes jarres. À demi assoupie, bercée par le clapotement de l'eau, elle sursauta en poussant un cri, comme si un djinn se trouvait soudain devant elle. C'était Zayd. Il saisit la longe de la mule.

— Tu dormais, dit-il. Tu dormais et ta mule mangeait le sable au lieu d'avancer.

Il n'y avait aucun reproche dans sa voix. Seulement de l'amusement. Mais le reproche, il le perçut aussitôt dans les yeux de Fatima. Elle n'eut nul besoin de s'expliquer. Il opina :

— Tu as raison. Cela fait longtemps que je ne t'ai pas vue. Mais toi, tu ne vas plus tisser sous le mur ouest...

— L'hiver est passé. Il fait chaud et j'ai d'autres tâches à accomplir que de tisser de la laine.

Encore une fois, Zayd acquiesça.

Zayd avait quelque chose d'embarrassant à dire : ses lèvres pincées et ses doigts crispés sur la longe le trahissaient. Il n'était pas homme à savoir mentir et dissimuler.

Fatima relança sa monture à coups de talons sur les flancs. Ils avancèrent dans un silence rythmé par les gargouillements de l'eau dans les jarres. Enfin, Zayd leva la tête :

— Allah est grand et rend notre père heureux comme jamais. L'ange le visite souvent, désormais, et il a fait une découverte extraordinaire : Aïcha possède une mémoire comme personne. Il suffit que notre père lui récite des versets du Coran une seule fois, et elle s'en souvient aussi bien que si elle les avait appris durant des jours. Cela depuis sa maladie. Notre père s'en est aperçu quand il a répété pour la première fois les versets de l'ange devant elle. Le lendemain, et même le surlendemain, Aïcha les lui a récités sans peine. Pourtant, il ne les avait prononcés à voix haute devant elle qu'une seule fois !

De raconter cette merveille détendit Zayd. Mais il se rembrunit très vite : les traits de Fatima s'étaient durcis. Et ce qu'il était venu dire, il ne pouvait plus le taire, ni le repousser :

— Ali veut te parler, mais il craint ta parole.

Fatima ne répondit pas sur-le-champ. Peut-être Zayd vit-il le frémissement qui courait sur ses mains. Il lui rendit la longe de la mule. Après quelques pas, Fatima déclara, avec un très léger sourire :

— Je sais ce qu'il veut me dire. Pourtant je n'imaginais pas qu'il te prierait de venir me l'annoncer à sa place.

— Il ne m'en a pas prié. C'est moi qui...

Incapable de poursuivre, Zayd acheva sa phrase par un geste de la main. Fatima, de nouveau, laissa passer un peu de temps avant de remarquer :

— Toi aussi, tu aimerais me demander la même chose qu'Ali, n'est-ce pas ?

Cette fois, Zayd agrippa la mule pour l'immobiliser, si brutalement qu'elle trébucha sous le poids des jarres, déséquilibrées par les mouvements de l'eau.

— Je le veux depuis des années ! s'exclama-t-il. Tu le sais, tu as lu dans mon cœur depuis longtemps. Et tu sais aussi que je ne te le demanderai pas, car on ne réclame pas l'impossible.

Et comme Fatima le fixait sans desserrer les lèvres, il ajouta, précipitant ses mots comme il le faisait parfois sous l'empire de la crainte, de la joie ou de la peine :

— Je ne suis qu'un Kalb que ton père et ta mère ont libéré de l'esclavage. Qu'Allah les en bénisse ! Mais seul un homme de

Mekka et des Qoraych doit épouser, selon la tradition, la fille de l'Envoyé. Chacun sait dans notre maison qu'Abu Bakr souhaite qu'Ali devienne ton époux. Souvent, je l'ai entendu dire à notre père : « Messager, n'ignore pas l'âge de ta fille. Elle devrait être femme et épouse depuis des années déjà, et tu sais de qui. Il n'en est qu'un. »

Fatima ne put retenir un petit ricanement sec.

— Ce que veut par-dessus tout Abu Bakr, gronda-t-elle, c'est que je sois loin de mon père quand il entrera dans la couche de sa fille.

Gêné par cette franchise autant que par la colère de Fatima, Zayd baissa les yeux sans répondre. Finalement, Fatima se laissa glisser au bas de la mule. Elle saisit la main de Zayd.

— Je suis heureuse que tu aies depuis si longtemps envie d'être mon époux, dit-elle avec douceur. S'il en est un à qui j'aurais pu dire oui, c'est toi, Zayd ibn Hârita al Kalb. Que tu aies été esclave, je m'en moque, comme ma mère se moquait que son époux Muhammad soit pauvre et homme de rien. Mais sois sans regret : si on me laissait le choix de dire ma volonté, je te refuserais, comme je refuserais Ali. La vérité, c'est que je suis une femme sans désir d'époux. Mais cela, je le sais, Allah ne peut le vouloir, et mon père devra se résoudre à ce que sa fille Fatima soit destinée à se marier.

Sans un mot de plus, elle garda encore un instant la main brûlante de Zayd dans la sienne, comme cela aurait pu être si Allah avait permis qu'elle fût maîtresse de ses désirs.

Puis elle la lâcha, songeant, et enfermant aussitôt cette pensée loin dans son cœur sans que Zayd pût la deviner, qu'Allah la punissait de sa jalousie envers Aïcha.

La mère d'Ali, au soir, l'attira dans leur chambre commune. Sur la couche de Fatima, elle étendit une somptueuse tunique en fils de laine mêlés de soie. De savantes arabesques brodées serpentaient jusqu'à la taille, enserrant le plastron rehaussé de croissants d'argent, d'anneaux d'or et de cœurs en coquillage à la nacre d'un rose aussi tendre que les cieux de l'aube naissante. Il y avait là, Fatima le comprit au premier coup d'œil, tous les trésors que la vieille femme avait pu sauver dans sa fuite de Mekka.

Les joues rougies d'émotion, les yeux flamboyants d'espérance, sans libérer la main de Fatima qu'elle serrait à lui faire mal, la mère d'Ali chuchota sur le ton du secret :

— Une robe d'épousailles comme on les faisait à Mekka. Celles d'ici sont moins belles que les nôtres. Tout l'hiver je l'ai tissée en secret pour toi. La fille de notre Envoyé doit resplendir quand le jour arrivera. Et j'y ai souvent pensé : Ashemou serait très fière de te la voir porter ! Oh oui !

Elle se tut et ferma les paupières. Ses lèvres frémirent. Peut-être était-ce le souffle d'une prière.

Brusquement, elle rouvrit les yeux et dit :

— Fatima, tu ne tarderas pas à devenir femme ! Tu ne tarderas pas. Je le sais !

Elle se frappa la poitrine de la paume, répétant ce geste à chaque mot :

— Allah est grand et Muhammad est son nâbi !

Son regard fiévreux scrutait Fatima, qui ne bougeait ni ne laissait paraître le moindre sentiment. Alors un sanglot jaillit de la gorge de la vieille femme. Ravissement et soulagement, tout autant que peine et reproche. D'un geste convulsif, elle agrippa les épaules de la jeune fille, la pressa contre son sein, lui baisa les joues avant de la repousser, bouleversée. Elle quitta la pièce avec ce trottinement de vieille femme qu'elle avait acquis depuis leur arrivée à Yatrib.

Une fois seule, Fatima replia avec soin la tunique d'épousailles. La mère d'Ali ne se vantait pas : c'était un vêtement de reine, souple et lumineux, au tissage parfait, et dont la parure éblouissait.

Fatima la rangea avec soin dans son coffre à vêtements aux trois quarts vide. Un peu plus tard, quand la tante Kawla entra à son tour dans leur chambre commune, elle chercha des yeux le vêtement. Bien sûr, elle savait tout de la tunique d'épousailles. Sans doute connaissait-elle aussi le nom de l'époux selon la volonté d'Allah.

Mais elle se tut. Et Fatima aussi.

# Fatima retrouve son père

Muhammad attendit la nouvelle lune et d'avoir prononcé les prêches d'Achoura. Ce jour-là, devant les Soumis de Mekka et les nouveaux croyants, il parla de nouveau des voyages des prophètes, de Noé et de Moïse entraînant leur peuple loin des folies des hommes et de leurs malfaisances. Parmi les femmes, Fatima l'écoutait avec attention.

Depuis quelque temps, ces moments étranges où elle entendait la voix de son père et le voyait comme s'il était devenu un quasi-inconnu ne lui rongeaient plus la poitrine ni ne la mettaient plus en colère. Simplement, pour mieux les supporter, elle gardait les paupières closes et tâchait d'offrir aux vivants un visage paisible.

Cette fois-ci, pourtant, alors que le prêche se terminait, elle perçut une intonation nouvelle dans la voix de Muhammad. Elle crut sentir son regard sur elle. Ce qu'il n'avait pas fait depuis des lunes.

L'espoir au cœur, elle craignit malgré tout de se tromper.

La voyait-il vraiment ? Sa voix contenait-elle, comme il lui semblait soudainement, une émotion qui ne s'adressait qu'à elle ?

N'était-ce pas une folie de son désir et de son imagination ?

Fatima n'osa pas rouvrir les yeux. Cette illusion était si douce... À quoi bon la confronter à la vérité ?

Mais quand elle comprit que son père allait clore le prêche par la prière commune, émue comme cela ne lui était pas arrivé depuis longtemps, elle le regarda.

Ô Allah !

Elle ne s'était pas trompée. Son père le Messager la fixait.

Nettement et sans ambiguïté.

Son regard l'embrasa d'une douceur qu'elle croyait perdue à jamais.

Plus tard, elle réalisa que cet échange n'avait duré qu'un minuscule fragment de temps. Pourtant il effaça tout ce qu'il s'ensuivit, la prière, les saluts, les plaisanteries des femmes retrouvant l'usage de leur langue. Tout ce qui n'était pas les yeux de son père, elle l'oublia.

Achoura était un jour de jeûne et de chômage, comme le jour de Kippour chez les Juifs. La prière achevée, tous s'éparpillèrent dans la cour, désœuvrés et prêts aux bavardages. Certains des Aws et des Khazraj rentrèrent chez eux. Les plus jeunes s'éloignèrent vers les chemins de l'oasis. Solitaire, selon son habitude, Fatima alla machinalement s'asseoir à l'extérieur de l'enceinte, au pied du mur ouest où tant de fois durant l'hiver elle était venue tisser.

Elle avait emporté un mince tapis, qu'elle disposa sur le sol de poussière avant de s'y accroupir. Elle ferma les paupières et revit aussitôt le visage de son père qui la fixait par-dessus les têtes des croyants. Elle parvint même à se souvenir de ses mots. Le timbre si particulier de sa voix résonna distinctement dans sa tête. Affaiblie, mais très réelle, la douceur qui l'avait saisie un peu plus tôt durant le prêche lui revint. Un paisible sourire se dessina sur ses lèvres. Puis soudain elle hurla :

— Allah !

Son cri résonna contre le mur en même temps que le petit rire de Muhammad.

Il était là. Tout contre elle. En chair et en os, les épaules recouvertes de ce manteau ocre qu'il ne quittait jamais.

Sans plus de bruit qu'un oiseau, il s'était adossé au mur à son côté. Sa main gauche s'était posée sur le bras de sa fille. Voilà ce qui l'avait fait crier de surprise.

Fatima rit à son tour, masquant sa bouche. Le rire n'était pas sorti de sa poitrine depuis si longtemps ! Elle en avait oublié le bonheur qu'il engendrait. Sans réfléchir, elle agrippa les épaules de son père, comme autrefois, lorsqu'il n'était pas encore le Messager. Quand il la soulevait et l'emportait dans un tournoiement de toupie qui la faisait hurler de joie.

Il reçut l'embrassade avec tendresse, esquissa une caresse sur son dos et sa nuque. Il la regarda un long moment, puis il se raidit et la baisa sur le front, avant de la repousser doucement mais avec fermeté. Il murmura :

— Fatima, ma fille bien-aimée... J'ai une nouvelle à t'annoncer.

Elle dénoua ses bras, se recula, resserra sa tunique autour de sa taille pour lutter contre le frissonnement qui déjà effaçait l'affection de leur embrassade. Elle approuva d'un signe, ses yeux disant à son père qu'elle savait, qu'elle était prête à entendre les mots terribles qu'il allait prononcer.

Il prit le temps de scruter son visage.

— Ma fille bien-aimée, répéta-t-il.

Puis :

— Je m'aperçois que beaucoup de temps a passé depuis que je t'ai bien regardée. Tu n'es plus celle de Mekka. Tu es devenue une femme. Une belle femme.

Fatima rougit sous le compliment.

Mais elle soutint le regard de son père, ce qui ne lui était pas facile.

Il dit encore :

— Ne m'en veux pas si nous ne sommes plus aussi près l'un de l'autre. Ici, à Yatrib, tout est différent de Mekka. Allah exige beaucoup, beaucoup, de nous.

Il laissa passer un souffle. Son ton changea :

— L'ange est venu et m'a parlé de toi. La volonté d'Allah, le Clément et Miséricordieux, il me l'a dite : le temps de ta descendance est venu. Il a dit : Ta fille la Resplendissante est une parcelle de toi. Que le plus cher de ton clan, qui fut aussi le premier à t'écouter, l'épouse. Le temps viendra avec eux. La descendance de Fatima sera ta descendance.

Malgré cette douceur et cette voix mélodieuse qui donnait envie de se laisser bercer, Fatima résistait. Elle fit comme si elle ne comprenait pas encore le sens des propos de son père.

— Le Seigneur te connaît comme Il me connaît, poursuivit-il. Il est en toi comme Il est en moi. Sa volonté est notre volonté. Nulle crainte ne doit peser sur ta poitrine, ma fille bien-aimée : tout en toi est juste.

Cette fois, le silence dura un peu plus longtemps. Ce fut lui, son père, qui détourna le regard pour observer le terrain alentour. Une pauvre friche où ne poussaient que de vieux palmiers rabougris. Peut-être bien, en fin de compte, l'endroit le plus déshérité de Yatrib.

Il lissa sa barbe, ses yeux se plissèrent :

— Cet hiver, j'ai vu que tu venais souvent ici pour tisser et que tu aimais cette place.

Il tendit un bras vers quelques palmiers qui formaient une haie ajourée.

— Là-bas, c'est encore le terrain que nous avons acheté aux deux orphelins. Nous y construirons votre nouvelle maison. Ali, toi et votre descendance y habiterez.

Il se redressa et la fixa de nouveau, comme s'il attendait une réponse ou une approbation. Fatima demeura muette et les yeux secs.

— Les travaux commenceront dès demain, annonça-t-il avant de s'éloigner.

## La déclaration d'Ali

Avant le crépuscule, alors que Fatima se tenait devant les fours de la cuisine, Ali s'approcha. Vêtu de vert et de blanc, les yeux scintillants, les cils ombrés de khôl, la bouche émue, la barbe finement taillée et peignée. De l'étude des rouleaux du Livre qui occupait toutes ses journées, il avait acquis des gestes délicats et des mains élégantes. L'hiver et le peu de nourriture avaient aminci son visage et sculpté ses traits. Ce n'était plus un adolescent mais un homme au regard profond. Sa beauté n'en était que plus évidente.

Sa distinction et sa peau mate plaisaient grandement aux femmes, qui guettaient chacune de ses allées et venues. Lorsqu'elles le virent s'approcher, les grimaces et les gloussements ne manquèrent pas. Ali laissa glisser sur elles un regard absent, et marcha droit vers Fatima.

— Ma sœur... Fatima, je viens te parler...

Sa voix portait loin. Fatima attendit, le tamis à farine à la main. Ali hésita, jeta un coup d'œil autour de lui, esquissa un geste :

— Nous serions mieux ailleurs, murmura-t-il.

Il se détourna sans attendre. Fatima le suivit. Dans son dos, jaillirent aussitôt des petits rires et des murmures. Ali s'immobilisa devant la grande porte de la maison. De l'autre côté de la cour, sur le seuil des chambres communes, la tante Kawla et la mère d'Ali les observaient. Ostensiblement, Fatima leur tourna le dos.

Ali posa sur elle un regard insistant, cherchant ses mots, peut-être se les répétant. Fatima surprit dans ses yeux cette même brûlure, cette même intensité avec laquelle il l'avait fixée au matin de leur lutte contre les assassins de Mekka. Puis, au son sourd et mal assuré de sa voix, elle sut qu'il allait dire le vrai de ses sentiments :

— Notre père est venu devant moi il y a deux jours et m'a dit : « Allah m'a fait savoir Sa volonté. Tu prendras ma fille Fatima pour épouse. » Que tu ne veuilles pas de mari, je le sais, Fatima, comme tous ici. Pourtant, Allah a choisi. Tu es la fille de Son Envoyé. Comment pourrais-tu demeurer sans descendance ? Allah est Grand. Rien ne Lui échappe. Le fond de mon cœur et de mes pensées, Il les connaît, comme Il sait tout de toi. Il a vu que, chaque nuit, tu es dans mes rêves. Ce n'est pas nouveau, et j'ai souvent prié le Seigneur de me délivrer. Il ne m'a pas écouté. Depuis mon arrivée à Yatrib, si je n'ai pas croisé ton chemin, ce n'est pas parce que je savais avec quel air tu me toiserais. Loué soit Allah. Sans Lui, rien ne serait possible...

Dans un mouvement si soudain qu'il fit sursauter Fatima, Ali s'inclina profondément. Un genou dans la poussière, il empoigna un pan de la tunique de Fatima et la porta à ses lèvres.

Il y avait là tant de sincérité, de dévotion et de timidité que Fatima ne put retenir son propre geste. Sa main droite se posa sur les cheveux d'Ali. Elle murmura :

— Non, non, je t'en prie, relève-toi !

Il leva des yeux brillants de larmes. Malgré le désir qu'elle avait de se montrer froide et indifférente, elle eut grand-peine à taire les mots qui lui venaient à l'esprit : « Mon frère, mon frère... »

Non ! Ali ne serait jamais un frère ! Allah en avait décidé autrement. Pourquoi ne pouvait-elle se comporter comme les autres femmes qui, là-bas, dans les cuisines, l'enviaient ? Qu'Allah soit loué mille fois : l'époux qu'Il lui donnait n'était-il pas beau, tendre et si précieux pour tous ?

# Les épousailles

À nouveau, ils furent des dizaines à creuser, piétiner la glaise, charrier les briques et monter les murs. Moins de deux lunes suffirent à bâtir la maison des nouveaux époux. L'enceinte ne contenait qu'une chambre, un auvent de quarante pas de long, la resserre pour les jarres et les deux mules acquises par Ali, ainsi qu'un petit abri pour la cuisine.

La glaise rouge des toits fut recouverte de palmes fraîches avant l'arrivée des grosses chaleurs de l'été. Lorsqu'une solide porte en tronc de palmier fut dressée sur le mur est, face à la maison du Messager, la mère d'Ali et la tante Kawla annoncèrent à qui voulait les écouter :

— Les épousailles approchent. Elles seront pour la prochaine lune.

Elles décidèrent alors que Fatima serait dispensée des tâches ordinaires. Il n'était pas souhaitable qu'elle vaque seule hors de l'enceinte de la maison, y compris pour les corvées d'eau jusqu'au wadi. Une grande partie de ses journées fut alors ponctuée par les visites des femmes de Yatrib, celles du clan des Aws ou des Juives de la maison de ben Shalom. Bavardes, elles racontaient les mille et une histoires d'épousailles de l'oasis, sans même s'étonner du silence et de l'indifférence de Fatima. L'attention de la mère d'Ali ou de la tante Kawla semblait leur suffire. Tout au plus, avant de quitter la maison de l'Envoyé, ces commères entouraient-elles la future épouse.

— Bonheur et bénédiction ! s'écriaient-elles. Grande chance ! Que la paume d'Allah embellisse tes jours !

Elles l'embrassaient, la serraient contre leurs poitrines sèches ou rebondies sans jamais paraître se soucier des coups d'œil agacés que Fatima leur lançait. Et cela recommençait le lendemain, puis le jour suivant...

Un après-midi où elles s'éloignaient en jacassant, comme à leur habitude, une longue caravane apparut sur le chemin qui bordait le terrain des adeptes d'Allah. Après un silence chargé de suspicion et d'inquiétude, les femmes poussèrent de grandes exclamations de joie. La caravane convoyait ceux de Mekka qui s'étaient réfugiés à Axoum, chez le roi des Abyssins ! Allah soit Loué, ils rejoignaient enfin Yatrib !

Muhammad et ses compagnons accoururent pour les accueillir. Quand les chèches furent ôtés des visages et les femmes descendues des palanquins, la tante Kawla cria de joie en reconnaissant Omm Kulthum et 'Othmân ibn Affân.

L'un et l'autre avaient changé. 'Othmân était devenu plus solide et plus sévère. Omm Kulthum, autrefois ronde et les traits légèrement brouillés, avait acquis l'assurance d'une femme sûre de son autorité et accoutumée à voir ses désirs exaucés. Elle salua sa jeune sœur d'un air distant. Quand Kawla annonça les prochaines épousailles de Fatima et d'Ali, elle eut une remarque mordante :

— Ah, ma sœur, dit-elle, deviendrais-tu une fille comme les autres ?

Par chance, Fatima n'eut pas à répondre. Devant Muhammad, 'Othmân annonça que la très belle Ruqalya, son épouse adorée, était morte en voulant lui donner un fils. Cela faisait plus d'une année.

— Ta fille et moi avons à peine eu le temps de nous connaître, Messager, dit-il.

Selon la coutume, 'Othmân avait aussitôt pris Omm Kulthum pour épouse.

— Messager, rien n'effacera le souvenir de mon amour pour Ruqalya, ajouta 'Othmân avec nostalgie. Mais Allah a comblé les femmes de ta descendance comme nulles autres. Omm Kulthum, je l'ai découvert, recèle des trésors, et personne dans tout le Hedjaz et l'Abyssinie n'est un époux plus heureux que moi.

Chacun put ainsi déduire d'où venaient l'orgueil et le contentement d'Omm Kulthum.

L'arrivée de 'Othmân et des compagnons d'Afrique améliora l'existence quotidienne de la maisonnée. Chez le roi d'Abyssinie, les croyants d'Allah avaient pu faire du bon commerce. Ils arrivaient à Yatrib plus riches qu'à leur départ de Mekka. Leurs caravanes comptaient de précieux chevaux, des armes et des merveilles des pays lointains que l'on vendit aux commerçants de passage dans l'oasis.

Bientôt, et pour la première fois depuis de longs mois, les uns et les autres purent se vêtir d'habits neufs, et les écuelles des repas furent bien remplies. Une fois le spectre de la faim éloigné, Omar fut le premier à dire ce que beaucoup, chez les compagnons, pensaient :

— Enfin nous ne sommes plus comme des nourrissons, à téter du lait et à mâcher de la semoule ! Bientôt, nous verrons que nos exercices guerriers n'auront pas été inutiles.

De fait, les alentours de la maison de l'Envoyé d'Allah se peuplaient et bruissaient d'animation. À peine la maison d'Ali et de Fatima fut-elle achevée que d'autres murs furent érigés, afin que les nouveaux arrivants possèdent un toit au prochain hiver.

Un soir, alors que Fatima rejoignait sa couche, la tante Kawla la retint.

— Muhammad a envoyé des hommes armés dans le Sud, au-devant d'une caravane de Mekka, lui chuchota-t-elle.

Et, comme Fatima la fixait intensément, elle ajouta :

— Zayd est avec eux. Ton père l'a désigné parmi les douze qui sont partis. Il lui a dit qu'il devait se préparer à devenir un grand scribe guerrier.

À la faible lueur de la lampe à huile, la tante guettait la réaction de Fatima. Sa main ne quittait pas le bras de la jeune femme. Elle la sentit qui chancelait comme sous un coup, puis aussitôt se raidissait, vibrante de colère et d'amertume.

Qui pouvait ignorer que le plus cher désir de Fatima était d'accompagner ces guerriers ? Qu'elle voulait se tenir à leur côté, sa nimcha sortie de son fourreau et sa lance levée, prête à affronter les puants de Mekka ? Tel était son rêve depuis toujours, et peut-être bien son destin.

Allah le savait. Son père le savait.

Pourtant...

Allah avait choisi. Son père avait choisi.

Fatima Zahra bint Muhammad devait se comporter en femme ordinaire.

À quoi bon rêver et se laisser aigrir par la déception ?

Sans un mot, d'un mouvement sec, Fatima voulut libérer son poignet de la main de la tante Kawla. Celle-ci resserra ses doigts, la retint encore.

— Fatima...

La flamme de la lampe suspendue près de la porte de la chambre n'était ni haute ni stable. Elle jetait des ombres folles qui donnaient à chaque chose une apparence étrange. Mais que les lèvres de Kawla se missent soudain à trembler, Fatima en fut bien certaine. Elle sut la raison de ce tremblement avant même d'entendre les mots que la tante prononça :

— Pour tes épousailles aussi, ton père a décidé. Elles auront lieu demain.

Cela débuta comme un jour ordinaire. Puis, quand le soleil approcha du zénith, la tante Kawla et la mère d'Ali accompagnèrent Fatima au wadi Bathân. Une surprise l'y attendait : Aïcha s'y trouvait déjà, entourée des femmes de la maison d'Abu Bakr.

Répondant à la question muette de Fatima, la tante Kawla annonça :

— Pour elle aussi, ce jour est celui des épousailles.

— Mais elle n'est pas encore femme ! s'exclama Fatima.

— À celles qui le lui ont fait remarquer, ton père a répondu : « Femme, Aïcha l'est déjà dans mon cœur. Et elle me conduit chaque nuit à la rencontre du Seigneur mon Rabb. Pour ce qui est de la voie du plaisir, elle a tout le temps de fleurir. La patience est la sagesse de celui qui dépose sa hâte entre les mains de Dieu. »

Fatima se détourna. À cet instant Aïcha, depuis le milieu de la rivière, lui fit un signe de bienvenue. Kawla murmura :

— Sois douce avec elle, Fatima. Elle n'est qu'une enfant qui ignore encore tout des manigances des hommes et de la dureté du monde. Ne lui en veux pas. Ne sois pas injuste envers elle.

Fatima répondit au salut d'Aïcha. La promise de son père s'écria, radieuse :

— Viens ! Viens avec moi dans la rivière. On va nous marier ensemble. Que je suis contente !

Doucement la tante Kawla poussa Fatima vers le wadi.

Jusque tard dans l'après-midi, les deux promises durent se soumettre à d'interminables ablutions alternées de massages d'onguents, jusqu'à ce que leurs peaux soient plus douces qu'un voile de soie.

De temps à autre, les femmes lançaient des youyous stridulants. Ils résonnaient loin sur les rives du wadi. Bientôt des voisines arrivèrent, des inconnues appartenant aux clans des environs. Certaines portaient des couffins de linge à laver, d'autres des jarres, simples prétextes pour assouvir leur curiosité. Après les saluts et les présentations, elles aussi se mêlèrent au groupe qui entourait Aïcha et Fatima.

Les plus jeunes fêtèrent les fiancées avec autant de simplicité que si elles étaient toutes sœurs et filles d'un même clan. Les chants, les bénédictions et les promesses de bonheur jaillirent, ainsi que les rires et les caresses attendries. Bientôt une même gaieté les emporta toutes, jeunes et âgées, chacune oubliant la rudesse de sa vie.

Pour la toute première fois de son existence, Fatima, qui redoutait les assemblées féminines et s'en était toujours tenue à l'écart, se sentit heureuse et étrangement légère. Les plus jeunes, à peine femmes, se lancèrent, avec le même naturel et la même désinvolture qu'Aïcha, dans des jeux enfantins. Cédant à leur séduction et à leur bonne humeur, Fatima se joignit à elles. Durant un long moment, elle oublia le poids froid et sombre qui lui écrasait la poitrine depuis la veille.

Puis les ombres longues annoncèrent le crépuscule. La mère d'Ali la première frappa dans ses mains. Le silence se fit. Aïcha fut traitée de nouveau comme l'enfant prodige qu'elle était devenue. Les femmes de la maisonnée d'Abu Bakr l'enveloppèrent d'un grand linge d'un blanc éblouissant. Sans un au revoir, fouettant leurs chamelles et leurs mules, elles s'empressèrent de quitter la rivière.

La tante Kawla et la mère d'Ali prirent encore le temps d'enduire Fatima de pommades parfumées. Lorsqu'elle enfila la magnifique tunique tissée par la mère d'Ali, l'admiration, et peut-être même la jalousie, souleva de nouveaux youyous de la part de celles qui ne s'étaient pas encore résolues à partir.

Enfin la tante Kawla aida Fatima à s'installer dans le palanquin de la vieille chamelle qui les avait amenées jusqu'au wadi. La mère d'Ali jeta un voile de lin sombre sur les épaules de sa future belle-fille. Dans un réflexe, Fatima le repoussa. Avec un sourire ému la mère d'Ali retint son geste :

— Ne laisse pas la poussière du chemin souiller ta tunique avant que ton époux n'y pose les mains.

La chamelle se redressa et se mit tranquillement en marche, le palanquin de Fatima se dessinant à contre-jour dans le ciel rosissant. Une dernière fois, les souhaits de bonheur résonnèrent contre les falaises qui bordaient le chemin menant au vert de l'oasis.

Ce chemin, qui tant de fois avait paru long et fastidieux à Fatima lorsqu'elle en rapportait les jarres d'eau, lui sembla infiniment court.

Comme fut terriblement brève la prière sous le tamaris de la cour de son père, lorsque l'Envoyé et Ali lancèrent d'une même voix le commandement des Soumis :

— Oh moi, je dis qu'il n'est qu'un Dieu qui soit Dieu et qu'un nâbi qui soit Son nâbi, et qu'il est Muhammad !

— Oh moi, je dis que je crois en Dieu, en Ses anges, en Ses livres, en Ses messagers et en la réalité du jour dernier qui sera la réalité de ma destinée[1] !

Fatima et Aïcha reprirent ces paroles, puis, à leur suite, l'assemblée des croyants venus se serrer dans la cour. Elles jaillirent par-dessus les murs de l'enceinte avec tant de puissance que toutes les poitrines en tremblèrent.

Après quoi, Muhammad s'approcha d'Aïcha et Ali de Fatima. Ils déployèrent l'un et l'autre de fins manteaux de laine rouge, la couleur des fanions flottant depuis peu aux quatre horizons de la maison du Messager d'Allah.

D'un mouvement doux et élégant, ils en recouvrirent les épaules d'Aïcha et de Fatima.

Et ce fut tout.

Ali prit la main de Fatima et l'entraîna hors de la cour. Ils marchèrent jusqu'à leur demeure. Cela aussi fut très rapide : les deux maisons étaient proches.

Mais lorsqu'elle posa le pied dans ce qui désormais serait sa cour, la surprise immobilisa Fatima. Un magnifique tamaris y avait été planté, jetant tout autour de lui ses fines ramures roses.

La voix un peu rauque, Ali souffla :

— Ton père m'a dit : « Dans la cour de ta femme, n'oublie pas le tamaris. Fatima le portera dans son cœur jusqu'à ce qu'elle retrouve sa mère Khadija auprès d'Allah. »

Plus tard, quand les portes se refermèrent, quand les tentures tombèrent et les lampes remplacèrent le soleil, le trouble et la timidité envahirent Fatima et Ali, laissant place peu à peu à la tendresse.

1. Al-Bukhâry 1, 49 ; Mouslim 1, 45.

Au matin, alors que l'aube blanchissait les murs neufs qui encerclaient sa vie nouvelle, que les yeux d'Ali pour la première fois la découvrirent femme, Fatima dit :

— Tu as pris pour épouse la fille de l'Envoyé. Tu devras faire avec moi comme il a fait avec ma mère : tu n'auras pas d'autre épouse. Je ne t'en permettrai aucune autre tant que tu pourras me retrouver dans cette couche.

# Entre femmes

Une existence nouvelle commença. Les tâches et les journées de Fatima paraissaient pourtant semblables aux journées et aux tâches dans la maison de son père. Mais, en comparaison de la grande maison de Muhammad ou de celle de Khadija à Mekka, les murs, ici, semblaient si étriqués que Fatima se sentait comme dans une tunique mal ajustée.

En outre, dès le lendemain des épousailles, la mère d'Ali vint passer ses journées dans la cour de son fils, s'affairant au four et au lavage. Quand Fatima voulut aller chercher de l'eau au wadi, elle fut immédiatement à son côté.

— Non, non, ne va pas seule ! s'exclama-t-elle. Tu es une épouse ! C'en est fini de faire la fille.

Quand elle jugea la maison achevée, elle annonça à Fatima qu'il était temps d'ouvrir sa porte aux épouses des nouveaux croyants de Yatrib. Nombreuses étaient celles qui désiraient lui rendre visite, ainsi que l'exigeait la tradition. Fatima protesta :

— Elles m'ont vue tous les jours avant les épousailles. Je ne leur ai jamais décoché un mot. Cela ne leur suffit pas ?

La mère d'Ali rit doucement.

— C'était avant. Tu vas voir la différence.

Elle disait vrai. À la surprise de Fatima, dès qu'elles posèrent le pied dans sa petite cour, ces femmes bruyantes et d'habitude si peu attentionnées lui manifestèrent un respect et une déférence inattendus.

Selon la coutume, elles arrivèrent les mains chargées de présents. De la nourriture, surtout, mais parfois aussi un tissage ou un ustensile de cuisine. Elles s'installèrent en rond sous le tamaris et reprirent leurs bavardages sans fin. Soudain, l'une des plus jeunes remarqua :

— Fatima ! Nous parlons, parlons ! Et toi, tu ne dis rien ! Tu écoutes ou tu n'écoutes pas, comment le saurions-nous ?

— Je vous écoute et j'apprends.

— Que peux-tu apprendre de nous, toi, la fille de l'Envoyé ? Nous ne faisons que ratiociner, alors que toi, tu as sûrement beaucoup à raconter !

La surprise et une timidité inhabituelle clouèrent les lèvres de Fatima. Une vieille femme se mit à rire. Elle jeta un regard vers la mère d'Ali, pleine d'embarras.

— 'Orwa a raison. Fatima bint Muhammad est celle d'entre nous qui a le plus à raconter. Si jeune soit-elle, elle a déjà vécu plus de vies que nous toutes, qui allons de notre couche à la cuisine, et de la cuisine au wadi pour laver le linge. Mais la fille de l'Envoyé n'est ni bavarde ni arrogante. Elle préfère se taire quand, nous autres, nous aimons faire du bruit. Il en va toujours ainsi : ceux du moins s'agitent, ceux du plus aiment le silence.

Il y eut de nouveaux rires, des protestations, puis plusieurs femmes devinrent pressantes :

— Fatima, raconte ! Raconte-nous ! Nos époux sont un jour revenus dans nos maisons en s'écriant : « Un homme de Mekka est arrivé à Yatrib ! Il parle comme aucun autre. Les rabbis juifs assurent qu'il est un nâbi autant qu'Abraham et que Moïse ! » Ils étaient aussi excités qu'au retour de la guerre. Et maintenant, nous voici des Soumises au Rabb de ton père, qui est aussi ton Dieu Clément et Miséricordieux. Mais nous, nous ignorons comment tout cela est arrivé. Comment Allah a-t-Il choisi ton père à Mekka ? Nous n'en savons rien !

— Oh, oui, raconte, supplièrent-elles.

— Ne te soucie pas pour le temps et la nourriture. Nous t'apporterons tout ce qu'il te faut à ton époux.

Et ainsi, durant plusieurs jours, Fatima relata aux femmes de Yatrib l'existence à Mekka, depuis ses plus lointains souvenirs.

Quand elle en vint à évoquer comment le Perse Abdonaï lui enseignait à se battre comme un homme, les rires secouèrent si fort les poitrines et les ventres qu'elle dut se taire en attendant que le calme revienne.

Quand elle en vint à parler du Bédouin Abd'Mrah, elle ne put empêcher sa voix de vibrer. Les larmes gonflèrent les paupières de celles qui l'entouraient.

Quand elle rappela comment Ali avait bravé les lames des assassins, leurs yeux brillèrent.

La jeune femme qui, la première, avait remarqué son silence demanda :

— Et maintenant, tu ne te battras plus jamais contre les païens ?

La mère d'Ali répondit trop vite, à la place de Fatima :

— Maintenant, Fatima est une épouse. La vie qu'elle chevauche n'est pas un méhari ou un cheval.

Le double sens de ces mots déclencha une grande hilarité et bien des plaisanteries. Quand les bouches se refermèrent enfin, Fatima laissa peser son regard sur la mère d'Ali.

— La vie que je chevauche, dit-elle d'un ton égal, qui d'autre qu'Allah la connaît ?

Mais ce que la mère d'Ali avait en tête, chacune des visiteuses le savait.

La jeune épouse fut la bienvenue dans les jardins de Yatrib. Elle n'en repartait jamais sans des couffins remplis de fruits et de légumes. Lorsqu'elle remerciait, ses compagnes répondaient :

— Pourquoi nous remercies-tu, Fatima ? Tu es la fille de l'Envoyé. Ta place est tout près d'Allah, et il fait bon vivre à tes côtés.

Un jour, elles répétèrent ces paroles en présence de la tante Kawla et de la mère d'Ali. Kawla applaudit en clignant de l'œil en direction de la mère d'Ali :

— Ah ! s'exclama-t-elle. Fatima ! Toi qui ne voulais ni époux ni épousailles, vois comme Allah te guide vers le bonheur !

Que l'une et l'autre s'impatientent de la voir devenir mère ne devenait que trop visible. Quotidiennement, elles guettaient le ventre de Fatima, dans l'espoir d'une annonce qui ne venait pas.

Par bonheur, Ali ne faisait preuve d'aucune impatience. Le soir, après la prière, il regagnait la chambre de son épouse. L'assurance ou même l'arrogance qu'il lui arrivait de montrer au-dehors disparaissait alors. Il était attentif et, longuement, dans la petite clarté de la lampe, il aimait relater les nouveautés, les bons et les mauvais événements de la vie des croyants, dont Fatima était désormais tenue à l'écart.

Il levait les mains et disait :

— Notre père nous a demandé, à Zayd et à moi, de recopier tous les rouleaux du Livre que les Juifs de la madrasa veulent bien nous confier ! Mais Zayd est parti mener une razzia contre ceux de Mekka. Je dois écrire pour deux. Regarde mes doigts : la forme du calame s'y est creusée !

C'était vrai. Et la pulpe de ses doigts n'en devenait que plus fine et plus délicate.

Il disait aussi, moitié plaisant, moitié sérieux :

— Notre père joue beaucoup avec Aïcha. À les voir ensemble, nul ne pourrait imaginer qu'ils sont mari et femme. Aïcha possède une mémoire qui n'a rien de naturel. Quand notre père lui enseigne un verset, elle s'en souvient pour toujours. Abu Bakr est si fière d'elle qu'il m'a dit : « Aujourd'hui l'Envoyé te demande de recopier le Livre. Mais quand ma fille Aïcha en saura assez dans la langue des Hébreux pour lire elle-même, tes copies seront inutiles. Il lui suffira de lire le Livre une seule fois pour le connaître par cœur. Muhammad pourra alors puiser la vérité de Dieu en elle comme dans l'eau claire d'un puits. » Tamîn et Omar l'ont entendu. Ils s'en sont beaucoup amusés. Ensuite, ils m'ont confié en soupirant : « Ne prends pas les propos d'Abu Bakr pour des vérités. Quand il s'agit de sa fille, il est sans mesure ! »

Un soir, le front soucieux, Ali demanda :

— Te souviens-tu du poète qui avait insulté notre père devant la Ka'bâ ? D'Abu 'Afak, ce vieillard de Yatrib qu'Abu Lahab avait traîné sur l'esplanade pour qu'il crie en public que le Messager d'Allah n'est qu'un mauvais poète ?

— Aucune chance que j'oublie, fit Fatima. Cette nuit-là, j'ai entendu Yâkût préparer l'attentat contre mon père...

— Eh bien, ce vieux fou prétendument poète est allé aujourd'hui hurler devant les maisons des Banu Qaynuqâ. Il veut les dresser contre les Aws et les Khazraj parce qu'ils nous suivent dans la voie d'Allah. S'il ne tenait qu'à moi, je lui trancherais la gorge.

Fatima sourit dans la pénombre. Elle aimait cette colère d'Ali. Elle lui prit les mains, baisa du bout des lèvres les marques du calame.

Ainsi parlaient-ils de toutes choses, sans jamais évoquer le devoir d'enfant.

## La première razzia

Peu de temps après, un matin où elle soufflait sur les braises de son feu, Fatima entendit un tohu-bohu d'appels et des blatèrements de chameaux provenant de l'extérieur. À l'un des angles de la maison, un escalier avait été construit. Il menait à une petite terrasse protégée qui permettait de surveiller les alentours.

Fatima y grimpa. Elle découvrit une quinzaine de méharis montés par des hommes arborant le chèche vert des Soumis d'Allah. Ils encadraient deux ou trois prisonniers, des chevaux sellés sans cavalier et une caravane d'une vingtaine de chameaux lourdement bâtés.

De la maison de Muhammad, comme de partout, de la friche, des chemins et des jardins, accoururent des hommes et des enfants excités. Les salutations et les acclamations joyeuses montèrent jusqu'à Fatima. Au cœur du vacarme, elle perçut le rire de Zayd. Droit sur son méhari, il tenait les rênes de trois chevaux. Elle reconnut la manière qu'il avait de faire tournoyer élégamment sa monture avant de la contraindre à s'agenouiller.

Ainsi, les hommes que Muhammad avait envoyés dans le Sud afin d'attaquer les caravaniers de Mekka étaient de retour ! Ils avaient accompli leur razzia...

Ce jour-là, aucune femme ne vint rendre visite à Fatima. Le soleil disparaissait derrière les collines quand Ali réclama enfin qu'on lui ouvre la porte. À peine les huis furent-ils tirés qu'il bondit dans la cour, chevauchant un cheval râblé à la robe grise et dorée. Sous le regard envieux de Fatima, il ne résista pas au bonheur de montrer la grâce et la vivacité de l'animal : il le poussa dans un bref galop malgré le peu d'espace, tournant habilement autour du tamaris puis, pour finir, il bondit par-dessus la charrette des ânes grâce à laquelle on transportait désormais les jarres d'eau depuis le wadi.

Avant même de sauter de sa selle, le regard en feu, il annonça :

— Zayd l'a pris aux idolâtres de Mekka ! Il me l'offre pour nos épousailles. Il en a offert un tout semblable à notre père !

Exultant de bonheur, il fouilla sa tunique pour en retirer une boîte de bois parfumé.

— Et cela, c'est aussi Zayd qui l'offre à mon épouse !

La boîte contenait un bracelet magnifique, un gros anneau d'argent où l'on avait serti des boules d'ambre et d'ivoire. Un bijou comme Fatima en avait déjà vu, à Mekka, entre les mains des marchands revenus de Ghassan.

Tout à sa joie, Ali insista pour que Fatima le passe à son poignet. Ce qu'elle fit. Mais c'est le cheval qu'elle ne quittait pas des yeux. Ali hésita à peine. Il attrapa la taille de son épouse et la souleva jusqu'à la selle :

— À ton tour ! Essaie-le dans notre cour !

— Ali !

— Ne t'inquiète pas ! C'est ton époux qui te le propose. Qui me reprocherait de vouloir plaire à mon épouse comme bon me semble ?

Fatima était en tunique ordinaire. Elle s'agrippa au pommeau de la selle et, en position d'amazone, lança le cheval au petit trot. L'animal était docile et ne semblait pas peureux. Tout de même, Fatima n'osa pas le pousser au galop, et encore moins sauter comme l'avait fait Ali. Son bonheur était déjà bien assez grand. Quand elle immobilisa sa monture, son visage resplendissait de plaisir. Ali la prit dans ses bras alors qu'elle se laissait glisser à terre.

— Qu'Allah soit mille fois béni de t'avoir créée, murmura-t-il tout contre ses lèvres. 'Othmân ne cesse de nous rebattre les oreilles avec la beauté de tes sœurs. Par bonheur, il ne connaît rien à la tienne.

Plus tard, à son retour de la prière et du prêche que Muhammad avait adressé aux guerriers victorieux, dans la lumière sourde de la chambre, l'humeur d'Ali se fit plus sombre :

— Le sang a coulé à la razzia. Un mort chez les mécréants.

Il n'avait pas besoin d'en dire plus, Fatima comprit : la lune nouvelle était celle du mois sacré de rajab. Durant ce mois, et selon les lois païennes de Mekka et du Hedjaz, nul ne devait verser le sang, et surtout pas lors d'une razzia.

Ali raconta ce qu'il s'était passé :

— Comment notre père a su que cette caravane se dirigerait vers le sud après avoir feint d'aller en direction de l'ouest, il ne le confie à personne. Mais il le savait. Il a envoyé les nôtres se poster près de Nakhla, sur la route de Ta'if. Si loin de Yatrib que ceux de Mekka ne pouvaient se douter du piège qui leur était tendu. Ils étaient si sûrs d'eux qu'ils ont mené leur caravane sans inquiétude. Des aveugles ! Quand les nôtres ont lancé la razzia, au lieu de s'enfuir en voyant qu'ils n'étaient pas de force, ils ont levé leurs lames. Le sang a coulé.

— Que dit mon père ? demanda Fatima.

— D'abord il a grondé : « Par le Seigneur, je ne vous ai pas demandé de combattre durant le mois sacré ! » Sa voix était si pleine de colère que, pour tous, la joie de la victoire s'est transformée en honte. Ensuite il est allé réclamer conseil à son Rabb auprès d'Aïcha. Il a offert son doute et sa faute. Le Seigneur ne l'a pas fait attendre. Il lui a répondu par la voix de l'ange. Si bien que ce soir, au prêche, l'Envoyé a dit : « Le sang du mois sacré est un péché. Mais plus grave encore est, devant Allah, la sédition des incroyants ! Ceux-là ne sanctifieront aucun mois pour cesser de vous combattre et de vous chasser de vos tentes[1]. »

1. Coran 2, 217.

Ali inclina le front, comme il aimait à le faire après avoir répété les paroles d'Allah et de Son Envoyé. Quand il se redressa, le regard de Fatima était sur lui. Il saisit sur-le-champ ce qu'elle lui signifiait en silence.

— Oui, tu as raison, acquiesça-t-il. Notre père ne l'a pas dit, mais chacun l'a entendu : le temps est proche de la guerre contre Mekka.

Côte à côte sur la couche, leurs yeux brillant dans le peu de lumière, ils se comprenaient. Cela faisait si longtemps qu'ils désiraient se venger de ceux qui les avaient insultés, humiliés, et devant qui ils avaient dû fuir !

Ali savait lire les pensées de son épouse tout autant que les sombres rouleaux du Livre sur lesquels il s'usait les yeux à la madrasa. Il eut un regard plein de tendresse :

— Je sais à quoi tu songes. J'ai vu ton air quand tu as monté mon cheval tout à l'heure. Je le connais, cet air-là, depuis toujours. Tu imagines que ton père pourrait de nouveau avoir besoin de sa Fatima Zahra près de lui. Et peut-être qu'Allah ne s'y opposerait pas. Si cela doit être, moi, Ali, ton époux...

Les doigts de Fatima lui fermèrent la bouche.

— Non.

Elle lui agrippa la main, la ferma en un poing qu'elle posa sur son ventre.

— Allah a décidé de mon devoir. Ce que ta mère attend avec tant d'impatience est arrivé. Comme elle dit : ce n'est pas pour moi le moment de chevaucher un méhari ou un cheval.

Ali hésita, osant à peine comprendre :

— Fatima...

— Mon ventre est plein, mon époux. La lune est passée sans que revienne mon sang de femme.

## Un fils !

Que Fatima soit enceinte, les croyants d'Allah, ceux de Mekka comme ceux de Yatrib, l'apprirent très vite. Aussitôt, la mère d'Ali vint habiter dans la maison de son fils. On lui construisit une petite chambre sous le grand auvent.

À la moindre occasion, la tante Kawla et les femmes de Yatrib venaient pépier sous le tamaris. Bientôt, des jeunes filles proposèrent à Fatima de la remplacer dans les tâches les plus ardues. Chaque jour, l'une ou l'autre s'écriait :

— Laisse, fille d'Allah ! Laisse. Ce n'est pas à toi de faire ça !

On apprit alors quelles richesses devaient transporter la caravane que ceux de Mekka préparaient. La nouvelle attisa les rêves de nouvelles razzias, avec la bénédiction d'Allah.

Yatrib se trouvait à un emplacement idéal sur les routes qui reliaient Mekka au très riche pays de Ghassan. Tôt ou tard, les malfaisants de Mekka devraient y faire passer leurs marchandises. Pour les affronter, il fallait recruter de solides combattants, nombreux et bien armés.

La rumeur des ambitions des croyants d'Allah courut sur la poussière du Hedjaz. Nombreux étaient ceux que l'arrogance de Mekka avait humiliés. Et que les guerriers d'Allah aient osé braver la loi du désert interdisant les combats de sang durant le mois sacré de rajab apparut comme une preuve de cette puissance que l'on attribuait désormais à Muhammad.

Des hommes porteurs de lance, de nimcha ou d'arc affluèrent à Yatrib. En moins d'une saison, le vaste terrain nu, déplaisant et stérile qui avait été acheté avec l'aide du Juif ben Shalom en vue d'y accueillir la maisonnée de l'Envoyé se couvrit de monde. On y planta des tentes, serrées entre les maisons des compagnons érigées depuis peu. Cela commençait à ressembler à une bourgade pareille à celles des riches clans juifs, les Banu Qaynuqâ et les Banu Qurayza.

Du haut de sa terrasse, qu'elle ne quittait plus guère, Fatima observait attentivement ce manège. Comme toujours, Ali lui racontait avec force détails ce qu'il en était de cette agitation.

Un soir, alors que Fatima avait remarqué une animation plus vive qu'à l'ordinaire autour de la maison de son père, Ali annonça l'arrivée du dernier des oncles du Messager :

— Abu Hamza ! Lui qui nous couvrait d'insultes à Mekka ! Il a poussé son chameau jusque devant la porte de l'Envoyé. Sans même attendre que sa bête s'agenouille, il a sauté à terre et a couru se prosterner devant lui. Notre père se tenait sous le tamaris. Il dînait avec Abu Bakr, Omar et Tamîn, tout juste de retour de Ghassan. Pour un peu, Abu Hamza aurait pu prendre un mauvais coup. Omar a cru qu'il en voulait à la vie de notre père. Il s'est précipité, le poignard hors du fourreau. Abu Hamza s'est roulé dans la poussière comme un ver en hurlant : « Envoyé, Envoyé ! Mon neveu ! Pardonne-moi, pardonne à ton oncle Abu Hamza ! Que ton Rabb ne me foudroie pas. J'ai tant fauté ! S'il te plaît, Muhammad, mon neveu, retiens Omar ! S'il te plaît, Envoyé d'Allah le Tout-Puissant, ne me rejette pas... J'ai tué deux chameaux sous moi pour accourir et me jeter à tes pieds. Je veux me convertir et me soumettre à Allah ! Qu'Il me pardonne ! »

Ali se tordait de rire tant il prenait plaisir à singer les suppliques et les grimaces d'Abu Hamza, un homme long et sec comme un palmier sans palme, rusé jusqu'à la sournoiserie, mais redoutable au combat tant il était inconscient du danger.

— Il a si bien gémi et pleuré, reprit Ali, que tout le monde l'a entouré, ravi de la mascarade. Il est toujours aussi vilain, et si maigre qu'on se demande s'il lui arrive de manger. Notre père l'a fait se relever pour le conduire à la prière des convertis. Ensuite, Abu Hamza nous a dit pourquoi il est venu jusqu'ici si précipitamment : ceux de Mekka sont fous de rage contre nous. Qui s'en étonnerait ? Ils ne parlent que de venger la razzia de Nakhla et la vie qui y a été prise. Mais Abu Hamza dit aussi : Abu Lahab ne trouve pas autant de soutiens qu'il l'espérait. Il crie très fort car il est impuissant. Omar a dit à notre père : « Ils ont peur de nous. Poussons notre avantage, Envoyé. Pourquoi attendre ? » Abu Hamza a ajouté : « Oui, c'est pour ça que je vous rejoins. Ils se conduisent comme des pleutres. Abu Lahab menace, mais ce ne sont que des mots. En outre, il me reste encore assez d'oreilles à Mekka pour savoir où passera la richesse des puissants dans les temps à venir ! »

Ali, les yeux scintillants, guettait la réaction de Fatima.

— Et qu'a dit mon père ? demanda-t-elle.

— Il a caressé sa barbe, selon son habitude, avant de déclarer qu'il était temps pour lui d'aller raconter des contes à Aïcha avant qu'elle ne s'endorme. Mais on sait ce qu'il pense. Abu Hamza n'a pas la langue fiable. Ce n'est pas devant lui qu'il faut révéler ce que nous déciderons. Si Allah le veut, la première vraie bataille sera pour bientôt.

Allah le voulait. Et même, Il voulut tout ensemble.

Tandis que le ventre de Fatima s'arrondissait, le nombre des tentes s'accrut encore autour de la maison de Muhammad. Jour après jour arrivaient des cavaliers armés qui aussitôt pliaient la nuque pour se convertir. Certains venaient de Mekka, apportant leur lot d'informations ou de mensonges.

— Omar sait reconnaître les bons et les mauvais. Il en rejette autant qu'il en recrute. Même s'il est exigeant, bientôt nous serons deux cents ou trois cents prêts à combattre ! s'exclama un soir Ali avec ravissement.

Reprenant son ancienne habitude de passer ses nuits sous l'auvent de la cour de Muhammad, auprès de Zayd et d'Omar, il cessa de rejoindre Fatima. Ce qui convint très bien à la tante Kawla et à la mère d'Ali.

— Ton ventre devient trop gros, dirent-elles. Ta couche n'est plus celle de ton époux. Elle est déjà celle de ton fils à venir.

— Comment savez-vous que ce sera un fils et non une fille ? se moqua Fatima.

— Nous le savons parce qu'Allah ne peut vouloir qu'un fils pour Ali et pour l'Envoyé ! répliqua la mère d'Ali.

— Vous devriez avoir honte de tant de vanité ! s'écria Fatima. N'entendez-vous pas vos paroles ? On croirait que vous connaissez la volonté d'Allah mieux que Lui-même ! Courez donc implorer Sa Clémence et Sa Miséricorde avant qu'Il ne vous foudroie.

Ce qu'elles firent. Puis elles colportèrent partout ces paroles de Fatima, qui impressionnèrent jusqu'à Muhammad. Un soir où il venait prendre de ses nouvelles et lui apporter celles de la grande maison, Ali déclara, après avoir baisé les lèvres et le ventre de son épouse en murmurant des bénédictions :

— Quand il a su ce que tu avais répliqué à ma mère, notre père est allé au-devant des femmes : « Écoutez les paroles de ma fille Fatima et retenez-les. Ce qui sort de sa bouche est pur et pensé selon le vœu de Dieu. Dans tout Yatrib, il n'en est pas une qui soit plus droite dans la volonté d'Allah. »

Ali sourit devant la rougeur de fierté qui monta aux joues de Fatima. Une fois de plus, comme il avait pris goût à le faire, il caressa son gros ventre avant de glousser :

— Quand notre père a lancé ces mots, il se trouve que je regardais Abu Bakr. Si tu avais vu sa tête ! Immédiatement il a pensé à Aïcha. Il était furieux ! Il a attendu un moment où il se croyait seul avec notre père pour lui demander : « Muhammad, est-ce vraiment ce que tu penses ? Que ta fille est la seule droite de Yatrib devant Allah ? Ton épouse Aïcha ne l'est-elle pas autant ? » La jalousie lui poussait les yeux hors de la tête.

— Qu'a répondu mon père ?

— Il a posé la main sur l'épaule d'Abu Bakr en disant : « Abu Bakr, Aïcha est une merveille qu'Allah m'a confiée par le chemin de ta vie. Mais elle n'est encore qu'une enfant. Dans quelques saisons, quand elle sera assez femme pour que je rejoigne sa couche, Allah nous dira qui elle est pleinement. »

Le bonheur de cette réponse compensa la peine de Fatima, déçue de ne plus recevoir la visite de son père. Chaque fois qu'elle laissait paraître sa déception, la tante Kawla disait :

— Il est bien trop occupé avec tout ce qu'il se passe en ce moment !

Et la mère d'Ali, avec la maladresse qui la caractérisait, s'empressait d'ajouter :

— Les grands-pères redoutent les naissances autant qu'ils les espèrent. Ils ont vu trop de vies s'éteindre au cours des accouchements et craignent d'avoir le cœur brisé. Sur ce point, l'Envoyé d'Allah est comme tous les autres.

Et, hélas, espaçant ses visites, Ali n'était pas d'un grand réconfort :

— Notre père s'enferme tous les jours avec Tamîn, qui reçoit des messagers de Tabouk. Zayd et Omar murmurent qu'une caravane de Mekka quittera Ghassan avant la fin de la saison. Peut-être durant le mois de ramadan. Selon Tamîn, ce serait la plus riche caravane de Mekka qu'on ait vue depuis longtemps. Notre père parle avec ceux qui veulent combattre. Il sonde leurs cœurs. Il dit : « Allah ne veut pas de guerriers de demi-mesure, ni de bras souillés. » Chaque matin, il participe aux joutes, comme nous tous. Mais il pense à toi. Avant la prière de midi, il me demande toujours : « Comment se porte ton épouse ? »

Le ventre de Fatima devint si imposant qu'elle commença à se déplacer moins aisément. Il lui fut vite difficile de monter sur la petite terrasse d'où elle pouvait contempler les va-et-vient des hommes et des femmes vivant dans les tentes. Pourtant, elle s'obstina : dans ces moments de solitude, loin de l'attention des autres et de leurs babillages, elle jouait avec le bracelet offert par Zayd. Comme un talisman, il lui permettait de s'imaginer parmi ces hommes qui se préparaient au combat.

Hélas, Kawla et la mère d'Ali ne furent pas longues à lui interdire ce plaisir. Elle refusèrent de la laisser monter sur la terrasse. Commencèrent alors ces jours où, sur le visage de toutes les femmes qui venaient la visiter, Fatima pouvait lire la crainte de l'enfantement. Les sourires et les plaisanteries s'effacèrent peu à peu, remplacés par de mauvaises grimaces. Les regards guettaient, s'alourdissaient, fuyaient.

Personne ne prononça le nom de Ruqalya, la sœur morte en couches. Toutes l'avaient cependant en tête, car l'on affirmait que la faiblesse de l'enfantement était une malédiction de famille. Si bien que Fatima ordonna à la tante Kawla :

— Ne laisse plus ces femmes entrer ici ! Elles ne croient pas assez en Allah pour avoir confiance. Je refuse de supporter leurs peurs !

— Fatima, ne sois pas dure avec celles qui ne le méritent pas. Elles t'aiment ! Elles s'effrayent pour toi, qui enfantes pour la première fois.

— Je ne suis pas Ruqalya et je ne l'ai jamais été, tante Kawla. Cessez donc de trembler ! Allah et mon père m'ont voulue épouse. Ce n'est certainement pas pour m'anéantir. Tremblez plutôt pour ceux qui affronteront bientôt la pourriture de Mekka ! Ma bataille est plus aisée que la leur.

Le lendemain au matin, la tante Kawla entra dans la chambre, toute pâle :

— Ils sont tous partis cette nuit pour aller attaquer la caravane des Quraychites, annonça-t-elle, confirmant l'intuition de Fatima. Muhammad a fait un prêche avant que le ciel ne soit clair. Il a dit : « Ceux de Mekka nous ont chassés de nos maisons et nous ont contraints à l'abandon de tous nos biens pour leur propre enrichissement. Allah rendra justice et remettra ce dû en notre main ! »

Les yeux humides, la mère d'Ali marmonna :

— Ton époux est venu te voir avant de partir. Tu dormais. Il a posé la main sur ton ventre sans te réveiller.

Cinq jours s'écoulèrent, sans nouvelles véritables mais abondants en rumeurs. Ceux de Yatrib étaient partis plus de trois cents... Abu Lahab et Abu Sofyan conduisaient la caravane de Mekka avec toute une troupe bien préparée... Les richesses qu'ils transportaient étaient merveilleuses et il n'y avait pas un marchand de Mekka qui n'y ait placé sa fortune... Les hommes d'armes d'Abu Lahab et d'Abu Sofyan possédaient trois ou quatre fois plus de chevaux que les guerriers du nâbi... Sans l'aide miséricordieuse d'Allah, la razzia courait à l'échec...

Les rumeurs devinrent plus folles encore, et Fatima cessa de les écouter. Des élancements par instants lui cisaillaient le ventre et les reins, lui coupant le souffle. Le silence de la peur se resserra autour d'elle.

Sans savoir pourquoi, ou peut-être parce qu'elle imagina que seul un futur homme pouvait lui jeter de pareils coups dans le ventre, elle se persuada soudain qu'un fils allait lui venir. Alors que, peu de temps auparavant, cette pensée l'avait offusquée, elle en fut heureuse et y puisa des forces. Au moins, songea-t-elle, au contraire d'une fille, un fils pourrait combattre à son goût en s'en remettant à la seule volonté de Dieu.

Puis vinrent d'autres secousses, si violentes qu'elles parurent disloquer ses entrailles. Son ventre se mit à ruisseler.

Le jour était bien levé quand le garçon poussa son premier vagissement. Les exclamations des femmes assurèrent qu'il était beau et solidement vivant. Fatima sombra dans une hébétude étrange, légère, presque indolore. Plus rien de son corps malmené ne se rappelait à elle.

En larmes, la mère d'Ali posa le bébé entre ses seins tendus.

— C'est un garçon ! Allah est Clément, bénit soit-Il dans tous les cieux ! Tu as un fils ! Il est beau, il est parfait ! Il sera grand !

Et toutes répétaient ces mots.

Fatima baisa la tête de son fils sur la partie la plus fragile. Elle sentit le pouls d'une vie toute neuve contre ses lèvres. Serrant l'enfant contre elle, elle laissa les femmes la laver soigneusement, puis enfin s'endormit, gagnée d'une paix qu'elle n'avait encore jamais éprouvée.

## La victoire de Badr

Quand elle se réveilla, elle était seule. Au-dehors le vacarme était si violent qu'elle crut qu'un malheur était arrivé. Elle se dressa sur sa couche. Le couffin de son nouveau-né était vide ! Son cœur bondit. Elle hurla, appelant Kawla en même temps qu'elle tentait de se lever.

La portière de la chambre battit. La mère d'Ali apparut, le nourrisson blotti contre sa poitrine. Fatima gémit :

— Mon fils !

La mère d'Ali ne répondit pas. La tante Kawla se précipita pour contraindre Fatima à se recoucher. D'autres femmes entraient déjà dans la pièce exiguë, surexcitées, parlant toutes ensemble. Le chaos et le bruit effrayèrent le nouveau-né. À son tour, il hurla.

Fatima ordonna :

— Donnez-moi mon fils !

La mère d'Ali l'abandonna enfin. Le vacarme s'affaiblit et des rires nerveux retentirent. L'enfant s'apaisa entre les seins de sa mère. Kawla caressa le front de Fatima, releva quelques mèches collées par la sueur.

— Ils sont victorieux, fit la tante en se mettant à pleurer. Ils ont vaincu ceux de Mekka. Ils ont capturé toute la caravane des mécréants !

Un messager était arrivé un peu plus tôt, annonçant la nouvelle : Muhammad avait conduit les guerriers d'Allah au travers des pièges et des ruses des idolâtres. Ceux-ci avaient cru le tromper en choisissant de passer par la route des puits de Badr. Mais Allah avait averti Son Envoyé, et la fourberie d'Abu Sofyan s'était retournée contre lui. On disait qu'Abu Lahab était mort.

— Les mécréants ont fui devant les nôtres comme des ânesses chauves ! Ils ont abandonné leurs richesses ! exulta une femme en se frappant la poitrine de bonheur.

Une autre se laissa tomber aux pieds de la couche de Fatima en s'écriant :

— Fille d'Allah, ton fils est né pendant la bataille et la victoire !

La mère d'Ali s'effondra, enlaçant Fatima et son petit-fils.

— Ils disent qu'Ali va bien ! Ils disent qu'il s'est comporté en héros !

La tante Kawla la première reprit ses esprits :

— L'enfant a survécu. La mère a survécu. Et si vous continuez, vous allez les rendre fous avec vos cris et vos larmes ! gronda-t-elle. La victoire d'Allah et de son nâbi ne va pas s'envoler ! Alors laissez la mère et le fils respirer !

Durant les jours qui suivirent, le chaos régna sur les maisons des Soumis d'Allah. Alors que les hommes restés à Yatrib quittaient l'oasis pour aller à la rencontre des vainqueurs, les femmes se livraient à leurs tâches du mieux qu'elles pouvaient, quoique s'interrompant sans cesse pour colporter de nouvelles rumeurs.

Certaines racontaient que ceux de Mekka avaient été deux mille. Mais ni le nombre des guerriers et de leurs chevaux, ni la qualité de leurs armes ne les avaient aidés. L'Envoyé avait appelé son Rabb à l'aide. Et Dieu lui avait envoyé Ses anges.

D'autres croyaient savoir que Muhammad avait tranché la gorge des puissants de Mekka qui étaient depuis si longtemps ses ennemis. Désormais, la ruine attendait les arrogants païens.

Et l'on espérait que, bientôt, les familles des réfugiés pourraient être enfin réunies.

D'autres encore, roulant des yeux et claquant la langue, chuchotaient que les guerriers d'Allah n'étaient pas pressés de rentrer. Quantité de femmes, épouses et esclaves, accompagnaient la caravane des Mekkois, assuraient-elles. Et qui pouvait douter que les vainqueurs prendraient tout le temps d'en user avant de rejoindre Yatrib ? Ce sujet aigrissait les conversations et engendrait bien des humeurs acides.

Ces bavardages sans fin atteignirent Fatima jusque dans sa cour, tandis qu'elle soignait son fils en subissant les mille et un conseils de la mère d'Ali :

— Ne t'inquiète pas quand il pleure, c'est qu'il a faim, disait-elle, se retenant à grand-peine de prendre le bébé dans ses bras. Laisse-le un peu brailler. Cela lui fera la voix. Surveille son front et crains la fièvre. Ce qui sort de son ventre aussi. C'est par là qu'on apprend si la maladie guette. Ne le laisse pas téter dès qu'il lui en prend l'envie, tu en ferais un capricieux. Ne l'oblige pas non plus quand il ne veut pas, tu lui casserais la volonté. L'art d'élever les enfants, c'est cela : permettre et refuser. Regarde Ali. N'ai-je pas réussi ?

La question du nom de l'enfant revenait sans cesse. Aux sempiternelles interrogations des femmes, Fatima répondait :

— Est-ce à moi de choisir ? Mon père et Ali sont ceux qui décideront. Et ne soyez pas de mauvais augure. Allah connaît mon fils et l'aide à vivre ses premiers jours.

C'était vrai. La tradition voulait qu'afin de ne pas attirer la maladie et la mort, on ne nomme pas un enfant trop vite. Tout de même, la grand-mère ne pouvait s'empêcher, du matin au soir, de donner mille noms à son petit-fils. Le bébé supportait cet acharnement, ses grands yeux noirs, sévères et très semblables à ceux de sa mère, fixés sur la vieille femme.

Le quatrième jour, Fatima, excédée, ordonna à Kawla d'interdire l'entrée de sa chambre à toutes.

— Elles verront mon fils à la prière du soir. Cela suffira.

Sidérée autant qu'offensée, la mère d'Ali protesta :

— Tu ne parles pas de moi !

— De toi comme des autres, mère.

— J'habite ici. C'est la décision de mon fils.

— Alors habite ici en silence jusqu'au retour de mon époux. Ensuite, Allah décidera, répliqua sèchement Fatima.

## Le retour des vainqueurs

Le lendemain, un peu après la prière du zénith, Fatima entendit les enfants hurler la nouvelle dans l'oasis : les guerriers d'Allah et de son Prophète approchaient de Yatrib !

Elle se précipita sur sa terrasse. Mais, dans l'air brûlant, elle ne vit de la longue colonne victorieuse qu'un immense nuage de poussière qui se levait comme un rêve au-dessus des palmiers.

Elle redescendit dans sa cour, se précipita pour enfiler la plus belle de ses tuniques et prendre son fils dans le couffin où il dormait. Sans se soucier de ses cris de protestation, elle le serra sur sa poitrine à l'aide d'un long voile noué autour de son cou. L'instant suivant, elle talonnait les flancs de sa mule au milieu de ceux qui, comme elle, couraient à la rencontre des héros.

Elle les rejoignit alors qu'ils étaient à l'orée de l'oasis. Tout devant, son père, vêtu de son vieux manteau ocre, montait un méhari aux flancs recouverts d'une riche tapisserie bleu et or. À sa gauche, Fatima reconnut le cheval gris et doré d'Ali. Puis la haute et maigre silhouette d'Hamza, et encore celle d'Omar. Au contraire de Muhammad, qui avait la tête recouverte de son chèche habituel, ces quatre-là portaient encore leurs casques surmontés d'aigrettes et de pointes d'argent.

Omar brandissait l'oriflamme rouge et vert d'Allah en hurlant :

— Dieu est grand, Muhammad est son nâbi !

Et, chaque fois, la foule reprenait ce cri en brandissant les mains au ciel.

En s'approchant, Fatima distingua une chamelle trois pas en retrait à la droite de Muhammad. Elle était surmontée d'un grand palanquin, dont le dais rouge se balançait doucement.

Le cœur de Fatima se serra. Le sang lui battit dans les tempes et la gorge.

Seule, s'agrippant d'une main au rebord du palanquin et agitant l'autre en souriant, sa chevelure retenue par un peigne aux pierres scintillantes, Aïcha saluait la foule comme une reine sous le regard brûlant de fierté d'Abu Bakr.

De l'assemblée, des rires, des cris, des baisers, des appels pleins de dévotion montèrent vers elle :

— Aïcha ! Aïcha ! Dieu et Ses anges sont avec toi !

Ainsi, malgré les bavardages, les racontars et les rumeurs dont on lui avait rebattu les oreilles, pas une fois on ne lui avait rapporté la seule chose qui valait la peine : c'était en compagnie d'Aïcha que son père était parti mener son premier grand combat contre les infidèles.

Fatima tira sur la longe de sa mule, l'immobilisant en travers du chemin de la colonne victorieuse. Un instant, la mule fut bousculée de gauche, de droite, par la foule énervée qui tourbillonnait tout autour. L'enfant se mit à hurler, terrifié par le bruit et les secousses.

Ali le premier les découvrit dans le chaos. Se détachant de ses compagnons, il lança son cheval au milieu de la multitude, s'ouvrant un chemin au petit trot. Ce n'est qu'en l'entendant rire et hurler « Mon fils est né ! Mon fils est né ! » que Fatima enfin se ressaisit.

Du haut de sa selle, rayonnant, Ali s'exclama encore :

— Mon épouse, mon fils !

Plaçant son cheval tout contre la mule, il bascula agilement sur sa selle pour baiser le front de Fatima et retirer l'enfant du voile qui le retenait contre la poitrine de sa mère.

À peine prit-il le temps de dévisager avec émerveillement le nourrisson. Se dressant sur ses étriers, il le brandit à bout de bras et, toujours debout, d'une secousse habile des talons, il fit tournoyer sa monture dans un mouvement qui écarta brusquement l'attroupement qui déjà se formait autour de lui. S'époumonant par-dessus le vacarme, il lança :

— La victoire et mon fils ! Allah est grand !

De la foule mais aussi des rangs des combattants, comme dans un écho assourdissant, son nom jaillit :

— Ali ! Ali ! Gloire à Ali ! Gloire aux champions d'Allah ! Gloire à Abu Hamza, gloire à Ubaïda. Allah est grand !

Dans cette folie de bruits et de gesticulations, Ali approcha enfin son cheval du méhari de l'Envoyé. Muhammad s'inclina. Sa longue main effleura la tête de l'enfant. Il murmura une bénédiction. Alors seulement, il chercha des yeux sa fille Fatima.

Tendue comme la corde d'un arc, elle voulut capter ce regard. Mais il parut glisser sur elle. Un sourire, un léger signe de contentement... déjà il se détournait, s'offrant à l'exaltation de ceux qui le réclamaient de partout : Abu Bakr, venu à son côté, le Juif ben Shalom, qui le saluait la main sur le cœur, les puissants des Khazraj, ceux qui n'avaient pas combattu mais lui présentaient cérémonieusement leur admiration et leur soumission. Une fois de plus, ce n'était pas son père qui était devant elle, mais l'Envoyé d'Allah.

Et, dans cet instant, le seul regard que capta celui de Fatima fut celui d'Aïcha, radieuse, toute-puissante, comblée et acclamée dans son palanquin d'épouse du Messager.

## Le récit de la bataille

La grandeur de la victoire de Badr et la gloire des combattants d'Allah surpassèrent tout ce que l'on avait pu imaginer.

Pour la première fois de mémoire d'homme depuis des générations, les orgueilleux Mekkois avaient été défaits au combat et ne devaient leur survie qu'à la fuite. En outre, la richesse de la caravane capturée par les combattants de l'Envoyé était si extraordinaire que sa perte affaiblirait durablement la puissance de Mekka. Dans le même temps, elle proclamait la nouvelle force des Soumis d'Allah jusqu'aux confins nord et sud du Hedjaz.

Ce fut à Abu Bakr que revint l'honneur de dire devant les croyants assemblés la vérité de la bataille.

Très tôt, Abu Sofyan apprit la rumeur du désert annonçant la menace qui pesait sur sa riche caravane. Il rusa, usant de subterfuges pour échapper aux guerriers d'Allah. Il alla même jusqu'à dérouter sa caravane vers la mer. En vain : ses espions lui apprirent qu'il n'éviterait pas le combat. Pour son malheur, il choisit de livrer celui-ci aux puits de Badr, un cul-de-sac où il croyait pouvoir surprendre les combattants de l'Envoyé.

Abu Sofyan était un païen, un mauvais et un revanchard, mais aussi un homme lucide. Il comprit que Muhammad cherchait autant à se venger des anciennes humiliations qu'à s'emparer des trésors qui alourdissaient les paniers des six cents chameaux de sa caravane. Celle-ci était protégée par trois cents hommes aguerris, ce qui aurait largement suffi pour une razzia ordinaire. Mais la bataille à venir n'aurait rien d'ordinaire.

Parvenu à deux jours de galop de Mekka et autant de Yatrib, Abu Sofyan appela ses alliés à la rescousse. Les vieux ennemis de Muhammad, Abu Lahab, ainsi que le père, le frère et l'oncle de Hind, l'épouse d'Abu Sofyan, se réjouirent à la perspective du combat. En une nuit ils enrôlèrent sept cents guerriers, et dès le lendemain accoururent, riant à gorge déployée, convaincus de leur supériorité.

Parvenus aux palmiers de Badr, ils découvrirent les lignes de guerriers ordonnées par Muhammad. Elles étaient rigoureusement disposées pour un grand combat de front. Cavaliers, archers et piqueurs, méharistes à longues lames, tous attendaient l'ordre d'attaque.

Abu Lahab et Abu Otba comprirent qu'il s'agirait d'une guerre impitoyable. Mais ils ne s'en soucièrent pas. L'assurance de leur nombre redoublait leur vanité naturelle. Ils s'avancèrent pour narguer les lignes de Yatrib resserrées autour des puits, surveillés par les guerriers d'Allah.

Sûrs de les reprendre sans difficulté à leur ennemi et de pouvoir bientôt abreuver leur gorge sèche, ils galopèrent ici et là, braillant leurs insultes coutumières :

— Nâbi ! Nâbi de Yatrib, puisque c'est ainsi que les Juifs t'appellent, hurla Abu Lahab, renonce pendant qu'il en est encore temps ! Déguerpis avant de rejoindre ton Allah en enfer !

— Abu Lahab, répliqua Muhammad, ta langue pourrit depuis ta naissance ! Aujourd'hui elle se putréfiera pour de bon dans la poussière de Badr.

— Ne sois pas si arrogant, fils de rien ! beugla Abu Otba. Ta langue à toi est aussi bien pendue que des dattes vérolées ! Nous sommes mille, et chacun de nous en vaut dix des tiens, sans couilles que vous êtes !

Les rejoignant, le fils et le frère d'Abu Otba gesticulèrent en gueulant :

— Fuis, fuis, suceur d'Al'lat !

Fou de rage sous cet affront, Abu Hamza dit à l'Envoyé :

— Pas possible ! On ne peut pas entendre cela sans réagir. La loi de la guerre autorise les combats face à face. Que cette vermine se choisisse trois champions pour des combats singuliers. Nous serons trois à leur montrer qui manque de couilles !

Les Mekkois ne pouvaient refuser. Les trois Otba furent désignés : le père 'Ataba Abu Otba, le fils Whalid ibn Otba, le frère Shîba al Otba.

Muhammad conversa avec Omar et Abu Bakr. Chez les croyants, les volontaires étaient nombreux. Abu Otba mit en jeu sa famille. Muhammad ne pouvait faire moins : Ali et Abu Hamza furent désignés, ainsi que leur cousin Ubaydah ibn al Harith, l'un des premiers soumis à Allah, converti peu de temps après Abu Bakr.

Ce furent des combats terribles, menés à cheval et à la grande nimcha. Celui d'Ubaydah fit trembler les spectateurs les plus endurcis. À la seconde charge, Shîba al Otba parvint à lui trancher la jambe gauche. Le sang en gicla comme d'une fontaine.

Alors que la jambe d'Ubaydah roulait sous les sabots de son cheval, Shîba fit pivoter sa monture afin de lui porter le coup de grâce. Il croyait trouver Ubaydah à terre, mais le guerrier d'Allah se tenait encore sur sa selle.

— Al Otba ! Tu m'as coupé la jambe, hurla-t-il. Sois-en remercié ! Dieu est Dieu et Il peut tout ! Son Paradis est peuplé de vierges à la beauté inouïe. Inch Allah, je serai entre leurs bras pour l'éternité quand tu arriveras en enfer !

La férocité avec laquelle il cracha ces mots tétanisa Shîba. D'un coup de poignet sans pareil, Ubaydah fit voler sa nimcha. Elle déchira l'air, et la tête de Shîba tomba dans la poussière... Comme il l'avait souhaité, Ubaydah eut le temps de voir sa victoire avant de se glisser entre les bras des vierges du paradis.

Tant de courage galvanisa Ali et Abu Hamza. Ce dernier perça Abu Otba de sa lance. Mais, avant de lui assener le coup mortel, il attendit que sa victime puisse voir Ali ouvrir le ventre de son fils.

La défaite de leurs champions fit courir une sueur de terreur sur le corps des Mekkois. Abu Lahab, craignant la débandade, leur fit honte :

— Quoi ? Nous sommes mille et ils sont trois cents ! Si vous n'avancez pas, qu'Al'lat vous ferme ses cuisses à jamais et crache sur vos fils et petits-fils !

Profitant de ce répit, Muhammad s'engouffra dans la cabane de commandement où il avait mis à l'abri son épouse Aïcha. Comme souvent, là où se tenait l'épouse de l'Envoyé, Djibril[1] se trouvait aussi. Le découvrant, Muhammad s'exclama :

— Ange Gabriel, les mécréants ne mentent pas. Ils sont mille et nous sommes trois cents. Sans l'aide du Seigneur, nous serons vaincus. Si telle est Sa volonté, que cela soit !

Gabriel répondit :

— Sois heureux, nâbi. Dieu sait ce qu'il en est. Il m'envoie à ton secours avec mille anges.

Muhammad s'écria :

— Mille anges...

— Trois mille s'il le faut, ô Muhammad !

— Trois mille...

— Cinq mille s'il le faut !

Muhammad, éberlué, répéta :

— Cinq mille !

Il se rua hors de la cabane et courut vers ses braves :

— Dieu nous envoie trois mille anges pour nous soutenir !

Il se baissa pour ramasser de la poussière de Badr et la jeter dans la direction des Mekkois :

— Que vos mensonges vous aveuglent !

Et c'est ce qui advint. Abu Sofyan et Abu Lahab avaient choisi le mauvais emplacement : l'après-midi, leurs archers se retrouvèrent face au soleil. Ils ne purent voir la pluie de flèches que ceux de Yatrib lancèrent sur eux. Ils ne purent que

1. L'ange Gabriel.

l'entendre tandis qu'elle martelait sans relâche leurs boucliers et leurs cuirasses avant de s'enfoncer dans leurs nuques, leurs ventres, leurs cœurs...

Puis la tornade des anges et des Soumis d'Allah s'abattit sur eux.

Abu Lahab fut parmi les premiers à succomber. Ce fut comme si la terre du Hedjaz engloutissait enfin un détritus empoisonné.

Ceux de Mekka comprirent : leurs idoles de pierre et de bois les protégeaient moins encore que leurs boucliers.

Ils se débandèrent au galop. Abu Sofyan conduisit leur fuite comme il les avait conduits à la bataille.

— Voilà ce qu'il en fut, conclut Abu Bakr devant le silence de tous. Il n'en est plus un, aujourd'hui, et aussi loin que le regard se porte entre Yatrib et Mekka, qui ignore le pouvoir qu'Allah accorde à ses croyants.

Ce récit de la bataille, Fatima l'entendit de nouveau de la bouche d'Ali, et à plusieurs reprises.

Son jeune époux n'était plus le même homme que celui qui l'avait quittée moins d'une lune plus tôt. Il avait vaincu et tué sous les yeux de tous. Son nom courait sur les lèvres des hommes autant que sur celles des femmes. Il était riche. Plusieurs chevaux maintenant piétinaient dans sa cour, devenue trop petite. Des armes, des cuirasses et des casques s'entassaient sous son auvent. Trois esclaves de Bisâ ayant appartenu aux Mekkois s'affairaient dans les cuisines. Désormais, elles conduiraient l'âne au wadi pour rapporter l'eau et iraient acheter la nourriture.

Et, par-dessus tout, le sourire de l'Envoyé lorsqu'il s'adressait à son gendre en disait long sur l'affection qui les nouait comme les doigts d'une main.

Pourtant, tout n'était pas que joie. Après les caresses de Fatima, Ali se montrait souvent songeur et trop silencieux. Il se réveillait en sursaut, le front moite et la mâchoire grinçante.

Fatima l'enlaçait, l'apaisait de douces paroles, baisait sa tempe. Au matin, Ali soupirait :

— Allah m'inflige une leçon. J'ai pris la vie d'un homme qui avait mon âge. Dieu ne veut pas que je m'en fasse un ruban de vanité.

Alors que Fatima tenait leur fils contre son sein pour le rassasier, il s'écria soudain :

— Notre fils n'a pas de nom ! Comment est-ce possible ? Qu'Allah nous pardonne !

— Il ne devait pas être nommé avant votre retour, répondit calmement Fatima. C'est à toi et à mon père de le faire.

Ali approuva :

— Tout à l'heure, je demanderai sa préférence à l'Envoyé.

— Non. Tout à l'heure, tu selleras nos chevaux. Nous irons dans la cour de mon père. Je veux qu'il prie avec nous pour qu'Allah accueille son petit-fils sous Sa paume.

Ali plissa les paupières. La rage grondait dans le ton de Fatima. Ce qu'elle avait retenu depuis des jours jaillit d'un coup :

— Mon père n'est pas venu me voir pendant que j'étais grosse. Il n'est pas venu me voir avant de partir combattre ceux de Mekka. Au retour, il m'a souri de loin et a posé sa paume sur le front de notre fils comme si c'était le petit-fils d'un autre. Se désintéresse-t-il absolument de sa descendance ?

— Non !

Ali secoua la tête, mais sans oser soutenir le regard de Fatima. Il répéta :

— Bien sûr que non !

Il sourit en caressant le dos replet de son fils qui tétait goulûment, indifférent à la colère de sa mère.

— Il ne se détourne pas de toi, ajouta-t-il avec douceur. Il lui faut s'occuper de son épouse. Abu Bakr raconte à qui veut l'entendre que les anges d'Allah ont accompli à Badr plus de prodiges qu'on ne le croit. Sur le chemin du retour, Aïcha est devenue femme. Notre père en ruisselle de bonheur autant que d'avoir tranché la tête d'Abu Lahab. Qui pourrait lui en vouloir ? Lui qui nous a conduits à une si grande victoire, qu'il goûte au bonheur de son épouse vierge sans attendre ! Et si Dieu le veut, peut-être aura-il lui aussi un fils avant l'hiver.

Fatima ne répliqua pas.

## Le bonheur de la descendance

Aux premières ombres du soleil leurs chevaux parvinrent à la porte de la grande maison. Attirant tous les regards, ils posèrent pied à terre à l'intérieur de l'enceinte et se dirigèrent vers le tamaris. Les épaules couvertes du manteau rouge de ses épousailles et son fils serré contre sa poitrine, Fatima lança à une servante :

— Préviens mon père que sa fille est ici pour le voir.

La servante répondit :

— Il prie Allah dans le masdjid avec ses compagnons.

— Nous patienterons, rétorqua Fatima.

L'attente ne dura pas longtemps. Bientôt, Muhammad sortit de la longue pièce sous l'auvent qui désormais servait de mosquée. Il avait le visage et les mains encore humides de ses ablutions.

Ali s'inclina, mains sur la poitrine.

— Père, mon épouse et moi voulons que tu nommes ta descendance.

Muhammad observa l'enfant avec stupeur, avant de s'adresser à Fatima :

— Ton fils n'a pas de nom ? s'étonna-t-il.

— Mon fils est ton sang autant que celui d'Ali. Quel nom pourrait-il porter qui ne vienne pas de toi ?

Sa voix tremblait un peu, mais elle ne détourna pas les yeux de ceux de son père. Un attroupement se forma autour d'eux. Omar, Tamîn, Zayd, Al Arqam, tous ceux qui venaient d'achever la prière, s'approchèrent. Abu Bakr vint se placer tout à côté de Muhammad. Chacun vit son regard dédaigneux sur le nourrisson.

Muhammad tendit les mains. Fatima y déposa l'enfant. L'Envoyé caressa son front. L'enfant, qui babillait, se tut en ouvrant de grands yeux étonnés.

Muhammad chantonna :

— « Nous lui donnâmes Isaac et Jacob et les guidâmes tous ; et Noé tout autant, Nous l'avions guidé dans sa descendance[1]... » Ce fils sera sous mon manteau. Que la volonté d'Allah s'accomplisse ! N'est-il pas la chair de ma fille Fatima, qui est une partie de moi-même ?

Il souleva l'enfant entre Ali, Fatima et lui.

— À vous tous je dis : Voici Hassan qui est né parmi nous ! Pouvait-il porter un autre nom que celui du plus beau, du plus fort, du plus puissant ? Hassan ! Hassan ! Que Dieu le Clément et Miséricordieux t'accorde le butin des longues vies : la sagesse et l'humilité devant ton Rabb !

D'un seul élan, la cour lança :

— Longue vie à Abu Muhammad Hassan ibn Ali Abu Talib, fils de Fatima et chair de la chair de l'Envoyé d'Allah !

Tous prièrent dans l'enceinte du masdjid pour la protection des jeunes années de l'enfant. Quand Muhammad redéposa Hassan dans les bras de Fatima, leurs mains se touchèrent. Sous le linge qui enveloppait l'enfant, Muhammad retint le bout des doigts de sa fille. Tout bas, se détournant de ceux qui autour les observaient et tendaient l'oreille, il dit :

— Abandonne ta colère contre moi, Fatima. Et ne laisse pas ton fils loin de moi. Chaque fois que tu le conduiras vers moi, mon bonheur sera grand de vous voir, toi autant que lui.

1. Coran 6, 84.

Muette, soudain tremblante, Fatima se contenta d'opiner. Hassan, fatigué et affamé, s'impatienta. Fatima fit un mouvement pour s'écarter. Muhammad, serrant plus fort ses doigts, l'obligea à lui faire face, à se rapprocher plus encore de lui.

— Fille, as-tu oublié ce qu'un jour je t'ai dit à Ta'if ? chuchota-t-il.

— Père...

— J'ai dit : Aucune autre ne peut m'apporter ce que m'apporte ma fille Fatima. J'ai dit : Fatima bint Muhammad, chaque parcelle de toi est une parcelle de moi. J'ai dit : Nul n'ira contre cela. J'ai dit : Ne doute pas. Allah est notre guide en toute chose, jusqu'à la poussière qui passe nos narines. T'en souviens-tu, ma fille ?

Maintenant, des larmes perlaient aux paupières de Fatima.

— Oui.

Muhammad encore donna une secousse à son bras, remuant brutalement le petit Hassan, dont les yeux stupéfaits fixaient la barbe agitée de son grand-père.

— Alors ne te laisse pas aveugler par ton orgueil et ton impatience, fit Muhammad d'une voix dure et nette. Crois-tu qu'Allah ne désire pas, lui aussi, nous voir de nouveau agenouillés dans la sainte Ka'bâ de Mekka ? Badr n'est qu'un début. Désormais, les mécréants, les hypocrites et les menteurs savent de quoi sont capables les Soumis d'Allah. Ils viendront nous menacer devant nos murs. Crois-tu alors que la fille ne sera pas utile au père, maintenant qu'elle a donné la vie à demain ?

Et, comme si c'était là la prolongation de ses mots, l'Envoyé ordonna que toutes les maisons des croyants de Yatrib élèvent d'une hauteur d'homme les murs de leurs enceintes. Comme les plus riches maisons des Juifs de l'oasis, bâties pour soutenir des assauts, elles devaient aussi se munir de tours de guet où l'on pourrait placer des archers.

Durant ces nouvelles journées d'activité, Ali découvrit sur le visage de Fatima les marques étincelantes du bonheur. Cela, il ne l'avait pas vu depuis ce matin où ils s'étaient tenus côte à côte devant la porte d'Al Arqam pour braver Yâkût et ses assassins.

Il sut attendre d'être dans leur chambre, à la lumière sourde de la lampe, pour demander :

— D'où te vient ce bonheur, Fatima, mon épouse ?

— De mon père.

Ali attendit qu'elle se tourne vers lui pour murmurer :

— Notre père l'Envoyé m'a dit qu'Allah l'avait comblé deux fois. Une fois en lui adressant une épouse qui saurait être la mémoire de ses paroles. Une fois en lui adressant une fille qui saurait être la lame de sa descendance.

# Personnages et clans

FAMILLE DE FATIMA ZAHRA BINT MUHAMMAD

**Muhammad ibn 'Abdallâh** (clan des Hashim) : son père

**Khadija bint Khowaylid** (clan des Khowaylid) : sa mère.

**Zaynab** : sa sœur aînée. *Épouse de Lass ibn ar Rabi* (fils du clan des ennemis de Muhammad)

**Ruqalya** : sa deuxième sœur. *Épouse de Utbal ibn Lahab* (fils d'Abu Lahab, ennemi de Muhammad), puis de 'Othmân ibn Affân (clan des Omayya Abd Sham, ennemi de Muhammad)

**Omm Kulthum** : sa troisième sœur. *Épouse de Utaybâ ibn Lahab* (fils d'Abu Lahab, ennemi de Muhammad)

**Al Qasim** : son frère défunt

**Zayd ibn Hârita al Kalb** : fils adoptif de Muhammad. Ancien esclave originaire du pays de Kalb

**Ali ibn Talib** : fils d'Abu Talib adopté par Muhammad. Futur époux de Fatima

**Abu Talib 'Abd Manâf ibn Abd al Muttalib** : père d'Ali. Père adoptif et oncle de Muhammad (chef du clan des Abd al Muttalib)

**Muhavija bint Assad al Qoraych** : cousine de Khadija bint Khowaylid (clan des Qoraych)

**Kawla bint Hakim** : tante de Muhammad

**Waraqà ibn Nawfal** : cousin de Khadija, sage et lettré

**Aïcha bint Bakr** : fille d'Abu Bakr et future épouse de Muhammad

ALLIÉS DE MUHAMMAD IBN 'ABDALLÂH ET DE FATIMA

**Abu Bakr ibn Abd Qofâfa** (clan des Taym) : père d'Aïcha, dernière épouse de Muhammad

**Tamîn al Dârî**

**'Othmân ibn Affân (clan des Omayya Abd Sham)** : second époux de Ruqalya

**Al Arqam ibn Abd Manâf**

**Moç'ab ibn Omayr**

**Omar ibn al Khattâb al Makhzum**

**Najâshi**, prince d'Axoum : chrétien chez lequel se réfugient Ruqalya et Omm Khultum

CHEZ LES BÉDOUINS, ALLIÉS DE FATIMA

**Abd'Mrah ibn al Uzfullah Abd Ubdah** : il sauve la vie de Muhammad lors de l'attentat devant le grand marché

**Ibn Uraïqat** : cousin d'Abd'Mrah qui se met au service de Fatima et de Muhammad durant l'Hégire

**Lâhla bint Gaâni**

**Haffâ** : guérisseuse

MAISONNÉE DE MUHAMMAD IBN 'ABDALLÂH

**Ashemou bint Shir al Dhat**, dite Ashemou de Loin : esclave affranchie

**Abdonaï** : esclave perse affranchi, intendant et homme de confiance de Khadija puis de Muhammad

**Bilâl** : esclave éthiopien affranchi

ENNEMIS DE MUHAMMAD

**Abu Sofyan al Çakhr**

**Otba ibn Rabt'â** (clan des Abd Sham) : père de la première épouse d'Abu Sofyan

**Abu Lahab 'Abd al Uzzâ 'Abd al Muttalib** : beau-père de Ruqalya et Omm Kulthum, filles de Muhammad

**Yâkût al Makhr** : mercenaire

**Abu 'Afak** : poète de Yatrib

**Amr'Nufsya** : poète de Mekka

**Amr' ibn al Ass** : n'est que la bouche d'Abu Sofyan

**Omm Jamîl bint Harb** : la première épouse d'Abu Lahab, dit-elle. Et aussi la sœur d'Abu Sofyan

CLANS ENNEMIS

Al Çakhr (Abu Sofyan)
Abd Harb
Abd Kilab
Abd Sham
Ommaya, Ommayya Abd Sham
Abd Ozzâ
Makhzum
Abd Manâf
Al Qoraych
Thaqîf
Abd al Muttalib

CLANS DE YATRIB[1]

**Juifs**

Banu Qurayza
Banu Nadir
Banu Qaynuqâ

**Polythéïstes**

Aws
Khazraj

1. La dénomination des différents clans est extrêmement complexe. Pour des raisons de compréhension nous avons réservé l'appellation « Banu » aux clans juifs.

PERSONNAGES DE YATRIB

Ubadia ben Shalom ou Ubadia (Abd Allah) ibn Salam en arabe : Juif de Yatrib, clan des Banu Salma

Hubâb ibn al Mundhir

Abu Ayyûb : marchand

Huyayy ibn Akhtab

Abu Yassûr

*Remerciements*

Merci à Clara Halter.

# Table

*Première partie*
Mekka



*Deuxième partie*
Ta'if

*Troisième partie*
L'Hégire



*Quatrième partie*
Yatrib

*(suite du même auteur)*

MARIE
(Robert Laffont, 2006)
JE ME SUIS RÉVEILLÉ EN COLÈRE
(Robert Laffont, 2007)
LA REINE DE SABA
(Robert Laffont, 2008)
*Prix Femmes de paix 2009*
LE JOURNAL DE RUTKA
(Robert Laffont, 2008)
LE KABBALISTE DE PRAGUE
(Robert Laffont, 2010)
L'INCONNUE DE BIROBIDJAN
(Robert Laffont, 2012)
FAITES-LE !
(Kero Éditions, 2013)
KHADIJA
(Robert Laffont, 2014)
RÉCONCILIEZ-VOUS
(Robert Laffont, 2015)

*Cet ouvrage a été composé et mis en pages*
*par* ÉTIANNE COMPOSITION
*à Montrouge.*

*Impression réalisée par*

BRODARD & TAUPIN

*La Flèche*

*en janvier 2015*

Dépôt légal : février 2015
N° d'édition : 54219/01 – N° d'impression : 3008033
*Imprimé en France*